中宣部2022年主题出版重点出版物

"十四五"国家重点图书出版规划项目

纪录小康工程

全面建成小康社会
云南变迁志
YUNNAN BIANQIANZHI

本书编写组 编著

云南出版集团
云南人民出版社

责任编辑：解彩群
封面设计：石笑梦　马　滨
版式设计：王欢欢　马　滨

图书在版编目（CIP）数据

全面建成小康社会云南变迁志/本书编写组编著 .—昆明：云南人民出版社，
　2022.10
（"纪录小康工程"地方丛书）
ISBN 978－7－222－21071－4

Ⅰ.①全… Ⅱ.①本… Ⅲ.①小康建设－概况－云南 Ⅳ.① F127.74

中国版本图书馆 CIP 数据核字（2022）第 093930 号

全面建成小康社会云南变迁志
QUANMIAN JIANCHENG XIAOKANG SHEHUI YUNNAN BIANQIANZHI

本书编写组

云南出版集团　云南人民出版社　出版发行
（650034　昆明市环城西路609号）

昆明理煋印务有限公司印刷　新华书店经销

2022年10月第1版　2022年10月昆明第1次印刷
开本：710毫米×1000毫米 1/16　印张：22.75
字数：300千字
ISBN 978－7－222－21071－4　定价：80.00元

邮购地址 650034　昆明市环城西路609号
图书销售中心　电话：（0871）64108507

版权所有·侵权必究
凡购买本社图书，如有印制质量问题，我社负责调换。
服务电话：（0871）64191534

总　序
为民族复兴修史　为伟大时代立传

　　小康，是中华民族孜孜以求的梦想和夙愿。千百年来，中国人民一直对小康怀有割舍不断的情愫，祖祖辈辈为过上幸福美好生活劳苦奋斗。"民亦劳止，汔可小康""久困于穷，冀以小康""安得广厦千万间，大庇天下寒士俱欢颜"……都寄托着中国人民对小康社会的恒久期盼。然而，这些朴素而美好的愿望在历史上却从来没有变成现实。中国共产党自成立那天起，就把为中国人民谋幸福、为中华民族谋复兴作为初心使命，团结带领亿万中国人民拼搏奋斗，为过上幸福生活胼手胝足、砥砺前行。夺取新民主主义革命伟大胜利，完成社会主义革命和推进社会主义建设，进行改革开放和社会主义现代化建设，开创中国特色社会主义新时代，经过百年不懈奋斗，无数中国人摆脱贫困，过上衣食无忧的好日子。

　　特别是党的十八大以来，以习近平同志为核心的党中央统揽中华民族伟大复兴战略全局和世界百年未有之大变局，团结带领全党全国各族人民统筹推进"五位一体"总体布局、协调推进"四个全面"战略布局，万众一心战贫困、促改革、抗疫情、谋发展，党和国家事业取得历史性成就、发生历史性变革。在庆祝中国共产党成立100周年大会上，习近平总书记庄严宣告："经过全党全国各族人民持续奋斗，我们实现了第一个百年奋斗目标，在中华大地上全面建成了小康社会，历史性地解决了绝对贫困问题，正在意气风发向着全面建成社会主义现代化强国的第二个百年奋斗目标迈进。"

这是中华民族、中国人民、中国共产党的伟大光荣！这是百姓的福祉、国家的进步、民族的骄傲！

全面小康，让梦想的阳光照进现实、照亮生活。从推翻"三座大山"到"人民当家作主"，从"小康之家"到"小康社会"，从"总体小康"到"全面小康"，从"全面建设"到"全面建成"，中国人民牢牢把命运掌握在自己手上，人民群众的生活越来越红火。"人民对美好生活的向往，就是我们的奋斗目标。"在习近平总书记坚强领导、亲自指挥下，我国脱贫攻坚取得重大历史性成就，现行标准下9899万农村贫困人口全部脱贫，建成世界上规模最大的社会保障体系，居民人均预期寿命提高到78.2岁，人民精神文化生活极大丰富，生态环境得到明显改善，公平正义的阳光普照大地。今天的中国人民，生活殷实、安居乐业，获得感、幸福感、安全感显著增强，道路自信、理论自信、制度自信、文化自信更加坚定，对创造更加美好的生活充满信心。

全面小康，让社会主义中国焕发出蓬勃生机活力。经过长期努力特别是党的十八大以来伟大实践，我国经济实力、科技实力、国防实力、综合国力跃上新的大台阶，成为世界第二大经济体、第一大工业国、第一大货物贸易国、第一大外汇储备国，国内生产总值从1952年的679亿元跃升至2021年的114万亿元，人均国内生产总值从1952年的几十美元跃升至2021年的超过1.2万美元。把握新发展阶段、贯彻新发展理念、构建新发展格局、推动高质量发展，全面建设社会主义现代化国家，我们的物质基础、制度基础更加坚实、更加牢靠。全面建成小康社会的伟大成就充分说明，在中华大地上生气勃勃的创造性的社会主义实践造福了人民、改变了中国、影响了时代，世界范围内社会主义和资本主义两种社会制度的历史演进及其较量发生了有利于社会主义的重大转变，社会主义制度优势得到极大彰显，中国特色社会主义道路越走越宽广。

全面小康，让中华民族自信自强屹立于世界民族之林。中华民族有五千多年的文明历史，创造了灿烂的中华文明，为人类文明进步作出了卓越贡献。近代以来，中华民族遭受的苦难之重、付出的牺牲之大，世所罕见。中国共产党带领中国人民从沉沦中觉醒、从灾难中奋起，前赴后继、百折不挠，战胜各种艰难险阻，取得一个个伟大胜利，创造一个个发展奇迹，用鲜血和汗水书写了中华民族几千年历史上最恢宏的史诗。全面建成小康社会，见证了中华民族强大的创造力、坚韧力、爆发力，见证了中华民族自信自强、守正创新精神气质的锻造与激扬，实现中华民族伟大复兴有了更为主动的精神力量，进入不可逆转的历史进程。今天，我们比历史上任何时期都更接近、更有信心和能力实现中华民族伟大复兴的目标，中国人民的志气、骨气、底气极大增强，奋进新征程、建功新时代有着前所未有的历史主动精神、历史创造精神。

全面小康，在人类社会发展史上写就了不可磨灭的光辉篇章。中华民族素有和合共生、兼济天下的价值追求，中国共产党立志于为人类谋进步、为世界谋大同。中国的发展，使世界五分之一的人口整体摆脱贫困，提前十年实现联合国2030年可持续发展议程确定的目标，谱写了彪炳世界发展史的减贫奇迹，创造了中国式现代化道路与人类文明新形态。这份光荣的胜利，属于中国，也属于世界。事实雄辩地证明，人类通往美好生活的道路不止一条，各国实现现代化的道路不止一条。全面建成小康社会的中国，始终站在历史正确的一边，站在人类进步的一边，国际影响力、感召力、塑造力显著提升，负责任大国形象充分彰显，以更加开放包容的姿态拥抱世界，必将为推动构建人类命运共同体、弘扬全人类共同价值、建设更加美好的世界作出新的更大贡献。

回望全面建成小康社会的历史，伟大历程何其艰苦卓绝，伟大胜利何其光辉炳耀，伟大精神何其气壮山河！

这是中华民族发展史上矗立起的又一座历史丰碑、精神丰碑！这座丰碑，凝结着中国共产党人矢志不渝的坚持坚守、博大深沉的情怀胸襟，辉映着科学理论的思想穿透力、时代引领力、实践推动力，镌刻着中国人民的奋发奋斗、牺牲奉献，彰显著中国特色社会主义制度的强大生命力、显著优越性。

因为感动,所以纪录;因为壮丽,所以丰厚。恢宏的历史伟业,必将留下深沉的历史印记,竖起闪耀的历史地标。

中央宣传部牵头,中央有关部门和宣传文化单位,省、市、县各级宣传部门共同参与组织实施"纪录小康工程",以为民族复兴修史、为伟大时代立传为宗旨,以"存史资政、教化育人"为目的,形成了数据库、大事记、系列丛书和主题纪录片4方面主要成果。目前已建成内容全面、分类有序的4级数据库,编纂完成各级各类全面小康、脱贫攻坚大事记,出版"纪录小康工程"丛书,摄制完成纪录片《纪录小康》。

"纪录小康工程"丛书包括中央系列和地方系列。中央系列分为"擘画领航""经天纬地""航海梯山""踔厉奋发""彪炳史册"5个主题,由中央有关部门精选内容组织编撰;地方系列分为"全景录""大事记""变迁志""奋斗者""影像记"5个板块,由各省(区、市)和新疆生产建设兵团结合各地实际情况推出主题图书。丛书忠实纪录习近平总书记的小康情怀、扶贫足迹,反映党中央关于全面建成小康社会重大决策、重大部署的历史过程,展现通过不懈奋斗取得全面建成小康社会伟大胜利的光辉历程,讲述在决战脱贫攻坚、决胜全面小康进程中涌现的先进个人、先进集体和典型事迹,揭示辉煌成就和历史巨变背后的制度优势和经验启示。这是对全面建成小康社会伟大成就的历史巡礼,是对中国共产党和中国人民奋斗精神的深情礼赞。

历史昭示未来，明天更加美好。全面建成小康社会，带给中国人民的是温暖、是力量、是坚定、是信心。让我们时时回望小康历程，深入学习贯彻习近平新时代中国特色社会主义思想，深刻理解中国共产党为什么能、马克思主义为什么行、中国特色社会主义为什么好，深刻把握"两个确立"的决定性意义，增强"四个意识"、坚定"四个自信"、做到"两个维护"，以坚如磐石的定力、敢打必胜的信念，集中精力办好自己的事情，向着实现第二个百年奋斗目标、创造中国人民更加幸福美好生活勇毅前行。

目 录

■ 一、光辉的印记 ... 1
 （一）两次到访云南　总书记的深切关怀 ... 2
 （二）两次回信云南　总书记的深情牵挂 ... 13
 （三）牢记嘱托　云南实现全面小康 ... 18

■ 二、千年的跨越 ... 43
 （一）"不让一个兄弟民族掉队" ... 44
 （二）从"一族一策"到"一族一帮" ... 57
 （三）从刀耕火种到精耕细作 ... 71
 （四）告别"忧居"开启"优居" ... 82
 （五）下活"产业棋"　奏响"富民曲" ... 97
 （六）小康路上走出"幸福节奏" ... 115

■ 三、伟大的变迁 ... 133
 （一）幸福生活新图景 ... 135
 （二）以督促战啃硬骨 ... 149
 （三）美丽动脉助脱贫 ... 155
 （四）百万群众出穷山 ... 170

（五）产业支撑拔穷根 195
（六）山海相牵心相连 213
（七）民族团结谱新篇 226

▍四、幸福的日子 235

（一）靶向发力　补齐短板增活力 237
（二）精准施策　鼓起百姓"钱袋子" 257
（三）教育帮扶　为振兴"插上翅膀" 274
（四）健康托底　让群众有"医"靠 292
（五）就业保障　托起"稳稳的幸福" 309
（六）山乡巨变展新颜，走上幸福小康路 327
（七）移风易俗入民心，时代新风扑面来 344

▍后　记 355

一、光辉的印记

党的十八大以来，习近平总书记两次考察云南，两次回信云南。总书记的谆谆教导，为云南确定了新坐标、明确了新定位、赋予了新使命。

七年来，云南省委、省政府团结带领全省各族干部群众，牢记嘱托，主动服务和融入国家发展战略，闯出了一条高质量发展的路子。把民族团结进步示范区建设作为全省经济社会发展的重大定位，一以贯之，大力推进，少数民族群众生活和民族地区经济社会发展获得前所未有的进步；牢固树立绿水青山就是金山银山的理念，以更高标准、更严要求推进生态文明建设，守护好七彩云南的蓝天白云、绿水青山、良田沃土；持续推进面向南亚东南亚辐射中心建设，在"硬联通""软联通""心联通"上发力，击鼓催征，云南全力构筑对外开放新高地……

时间见证前进的步伐，岁月铭刻奋斗的足迹。4700多万云南各族儿女牢记嘱托、感恩奋进，坚决把总书记交办的事情办好，以艰苦卓绝的努力、奋楫笃行的定力，克服重重困难和严峻挑战，以脱贫攻坚统揽经济社会发展全局，统筹疫情防控和经济社会发展，镇守边关、视死如归，决战决胜脱贫攻坚，全面建成小康社会，实现"十四五"良好开局，奋力谱写新时代云南高质量发展新篇章。

如今，云南不断巩固拓展脱贫攻坚成果，坚定实施乡村振兴战略。产业更兴旺了，乡村更美丽了，家家户户更富裕了……乡亲们正以崭新的面貌拥抱幸福小康生活。

腾冲市三家村的基层干部自发组成宣讲团，用"总书记情满司莫拉"的故事凝聚党群合力，推动发展，村里更美了，村民更富了，大伙精气神更足了，乡村振兴的"司莫拉实践"正在推进。

"更好的日子还在后头！"贡山独龙族怒族自治县独龙江乡的乡亲们铭记总书记的回信精神，把脱贫作为迈向更加幸福美好生活的第一步，齐心协力谋发展，家家有产业，户户能增收。2020年全乡农村经济总收入比2015年增长了155.32%，人均收入增长了190.22%。

笃行致远，惟实励新。云南各族群众万众一心、创先争优、奋力担当，把总书记交办的每一件事、每一个过程、每一个环节、每一个步骤都落实落细、做好做成，在新时代的新征程上交出更加绚丽的云南答卷。

本章节跟随总书记考察云南的足迹，讲述昭通市鲁甸县龙头山镇、大理市湾桥镇古生村、贡山县独龙江乡、腾冲市清水乡三家村中寨司莫拉佤族村、沧源县几年来发生的变化。在总书记的深情牵挂中，云南各族群众正朝着更好的日子奔去！

（一）两次到访云南　总书记的深切关怀

1. 习近平在云南考察工作时强调：坚决打好扶贫开发攻坚战　加快民族地区经济社会发展

中共中央总书记、国家主席、中央军委主席习近平近日在云南调研时强调，要全面贯彻党的十八大和十八届三中、四中全会精神，用全面建成小康社会、全面深化改革、全面依法治国、全面从严治党引领各项工作，加快贫困地区、民族地区经济社会发展，为到2020年如期实现全面建成小康社会奋斗目标加紧奋斗。

新年伊始，万象更新。元月的云南大地，阳光明媚，山川展绿，生机盎然。1月19日至21日，习近平在云南省委书记李纪恒、代省长陈豪陪同下，来到昭通、大理、昆明等地，看望鲁甸地震灾区干部群众，深入企业、工地、乡村考察，就灾后恢复重建和经济社会发展情况进行调研。

2014年8月3日，云南昭通市鲁甸县发生6.5级地震，对群众生命财产和基础设施造成巨大损失。地震发生后，习近平总书记第一时间作出重要指示，要求全力以赴做好受灾群众安置和灾后恢复重建工作。5个多月过去了，灾区群众生活过得怎么样？恢复重建工作进展得如何？灾区群众还有哪些要求和期盼？总书记十分关心和牵挂。19日一大早，习近平从北京乘坐飞机直接前往昭通，一下飞机，就转乘汽车一路颠簸前往鲁甸县。

在震中的鲁甸县龙头山镇，习近平踏上废墟查看灾情。在受损严重变形的龙头山镇镇政府大门废墟前，习近平听取了当地干部关于灾区恢复重建的情况介绍。他强调，灾区恢复重建一定要搞好规划，生活恢复和生产恢复一起抓，灾后恢复重建和扶贫开发一起抓，重建家园步伐要加快。要把住房质量放在首位，提高抗震水平，建设抗震民居，确保灾区群众住有所居、住有所安。当前最紧要的工作，是安排好群众生活，确保受灾群众安全温暖过冬。

在甘家寨受灾群众异地过渡安置点，习近平察看了临时党支部、警务室、消防室，接连走进5个帐篷看望群众，嘘寒问暖，详细了解群众生活保障情况。总书记走进邹体富老两口和孙子住的帐篷，吃饭、补助、收入等问得十分仔细。总书记摸了摸棉被，问"暖和不暖和"，邹体富老两口回答"暖和"。儿童活动室里，孩子们玩游戏、唱儿歌，脸上荡漾着笑容。习近平走到孩子们中间，牵着孩子们的手，驻足观看他们的蜡笔画，祝他们健康成长。住在这里的受灾群众听说总书记来了，纷纷跑出帐篷，簇拥到总书记身边，习近平热情同他们握手。他对大家表示，党中央始终关心着大家。天灾无情人有情。老天爷把大家的家园毁了，党和政府一定要帮助大家建设一个更加美好的家园！我们13亿多人民就是一个大家庭，全国各族人民就是一个大家庭，一方有难、八方支援。只要大家一条心，有党和政府支持，有全国人民支援，再大的坎都能迈过去。大家要增强对美好生活的信心，不怕灾害，不怕困难，用自己勤劳的双手，把新家园建设得更好！

总书记的到来，给当地干部群众极大鼓舞。一位当地干部激动地说，明天是大寒，总书记大寒节气之前来看望灾区群众，大伙写了一首诗送给总书记："大寒节令送大爱，龙头喜降丰年雪。千家万户彤彤日，十万乌蒙尽开颜。"

昭通市位于乌蒙山区，全市11个县（市、区）中有10个属于乌蒙山集中连片特困地区，扶贫开发任务重、难度大。总书记对这里的扶贫开发工作高度重视。19日下午，在地震灾区板房学校，习近平听取了当地扶贫开发工作汇报。他指出，扶贫开发是我们第一个百年奋斗目标的重点工作，是最艰巨的任务。现在距实现全面建成小康社会只有五六年时间了，时不我待，扶贫开发要增强紧迫感，真抓实干，不能光喊口号，决不能让困难地区和困难群众掉队。要以更加明确的目标、更加有力的举措、更加有效的行动，深入实施精准扶贫、精准脱贫，项目安排和资金使用都要提高精准度，扶到点上、根上，让贫困群众真正得到实惠。

云南是拥有少数民族种类最多的省份，习近平对民族地区发展和少数民族群众生活十分关心。20日上午,他来到大理白族自治州大理市湾桥镇古生村。古生村位于洱海边,是一个典型的白族传统村落,已有1000多年历史。总书记步行穿过村中街巷。街巷道路整洁,溪水环流,绿树成荫,洋溢着浓浓的民族气息。习近平同当地干部边走边聊,向他们了解村民增收和古村落保护情况。他强调,新农村建设一定要走符合农村实际的路子,遵循乡村自身发展规律,充分体现农村特点,注意乡土味道,保留乡村风貌,留得住青山绿水,记得住乡愁。在洱海边,习近平仔细察看生态保护湿地,听取洱海保护情况介绍。他强调,经济要发展,但不能以破坏生态环境为代价。生态环境保护是一个长期任务,要久久为功。一定要把洱海保护好,让"苍山不墨千秋画,洱海无弦万古琴"的自然美景永驻人间。

离开洱海边,习近平来到村民李德昌家。小院宽敞明亮,红花朵朵,绿意盎然,体现了坊、阁、照壁相结合和青瓦白墙的白族传统建筑风格。习近平同村民们围坐在一起,拉家常、聊民情、谈生产、问生计,村民们争先恐后向总书记讲述农村的变化。习近平听后十分高兴。他强调,党和政府还会不断增加农业农村投入,支持农村建设发展,支持农民增收致富,大家的日子一定会更好。总书记离开时,村道两旁聚集了很多村民,纷纷向总书记问好,习近平同围拢过来的村民握手,向远处的村民挥手致意。

20日上午,习近平来到大理国家级经济技术开发区力帆骏马车辆有限公司,走进技术中心,了解企业开展技术创新、扩大出口等情况,鼓励企业加大创新力度,提高制造水平,扩大产品出口,优化市场服务,牢牢占领产业发展制高点。

20日下午,习近平来到正在建设中的昆明火车南站,考察"八出省、四出境"铁路通道重要枢纽建设情况。在工程项目部,他详细了解工程设计和施工进度，听取云南省发展滇中新区规划建设情况和加强互联互通、建设面向西南开放大通道情况介绍，要求加快基础设施建设，形成有效支撑云南发展、更好服务国家战略的综合基础设施体系。

20日傍晚，习近平在驻地亲切会见了独龙族群众代表。2014年元旦前夕，云南省贡山县干部群众致信习近平，报告了多年期盼的高黎贡山独龙江公路隧道即将贯通的喜讯，习近平复信祝贺。一年过去了，总书记惦记着乡亲们。习近平同独龙族群众代表一起观看反映当地生产生活变迁的视频短片，同他们亲切交谈，勉励他们立足自身优势，自力更生，奋发图强，努力实现新的发展。

考察期间，习近平听取了云南省委、省政府工作汇报，对云南经济社会发展取得的成绩和各项工作给予肯定。希望云南主动服务和融入国家发展战略，闯出一条跨越式发展的路子来，努力成为民族团结进步示范区、生态文明建设排头兵、面向南亚东南亚辐射中心，谱写好中国梦的云南篇章。

习近平强调，我国经济发展进入新常态，并没有改变我国是世界上最大的发展中国家这一国际地位。一定要牢牢抓住发展这个党执政兴国的第一要务不动摇，在推动产业优化升级上下功夫，在提高创新能力上下功夫，在加快基础设施建设上下功夫，在深化改革开放上下功夫，扎扎实实走出一条创新驱动发展的路子来。

习近平指出，要坚持城乡统筹发展，坚持新型工业化、信息化、城镇化、农业现代化同步推进，实现城乡发展一体化。要把生态环境保护放在更加突出位置，像保护眼睛一样保护生态环境，像对待生命一样对待生态环境，在生态环境保护上一定要算大账、算长远账、算整体账、算综合账，不能因小失大、顾此失彼、寅吃卯粮、急功近利。民族团结是我国各族人民的生命线，要坚持和完善民族区域自治制度，坚定不移执行党的民族政策，广泛开展民族团结教育，注重把建设各民族共有精神家园作为战略任务来抓，使各民族人心归聚、精神相依。

习近平强调，关于从严治党，党中央的态度很鲜明，就是要采取一切措施，认真地而不是敷衍地、深入地而不是表皮地解决党内存在的各种矛盾和问题。各级党组织要在从严治党上进一步做起来、实起来。无论哪一层级、哪一领域的党组织，都应该严肃认真对待党赋予的职责，按要求进行严格的组织管理。党组织要管理党员、干部，党员、干部要自觉接受党组织管理，也是我们党的一个重要规矩。解决党内存在的问题，根本在于严格管理标准、延伸管理链条、落实管理责任，使每个党员、干部都及时纳入组织管理，使党组织对每个党员、干部都做到情况明、问题清、措施实。各级党组织要切实履行管党责任，结合实际建立健全管党机制。各级领导干部特别是主要领导干部要时时处处严格要求自己，努力做让党放心、让人民满意的好干部。

2. 习近平春节前夕赴云南看望慰问各族干部群众 向全国各族人民致以美好的新春祝福 祝各族人民生活越来越好 祝祖国欣欣向荣

中华民族传统节日农历春节即将到来之际，中共中央总书记、国家主席、中央军委主席习近平来到云南，看望慰问各族干部群众，向全国人民致以新春祝福。

云南大地，蓝天白云，繁花似锦，生机勃勃。1月19日至21日，习近平在云南省委书记陈豪、省长阮成发陪同下，来到腾冲、昆明等地，深入农村、古镇、生态湿地、年货市场、爱国主义教育基地考察调研，给各族干部群众送去党中央的关怀和慰问。

保山市所辖腾冲市清水乡三家村曾是建档立卡贫困村，2017年全村已实现脱贫。19日下午，习近平来到三家村，了解脱贫攻坚情况。当地干部告诉总书记，近年来，三家村积极发展乡村旅游、种养殖业、劳务输出，完善基础设施、改善人居环境，贫困发生率从2014年的21%降至目前的0.45%。习近平对此表示肯定。他强调，全面建成小康社会，一个民族都不能少。要加快少数民族和民族地区发展，让改革发展成果更多更公平惠及各族人民。

习近平走进三家村中寨司莫拉佤族村，了解乡村振兴和建设少数民族特色村寨情况。"司莫拉"在佤语中意为幸福的地方。该村有500多年历史，是中国传统村落、少数民族特色村寨，佤、汉、白、傣等多个民族和谐共处。

习近平来到村民李发顺家，一一察看客厅、卧室、厨房、卫生间、猪舍等，了解居住环境。随后，习近平在院子里同李发顺一家制作当地节日传统食品大米粑粑，并聊起家常，详细询问李发顺一家脱贫情况。李发顺告诉总书记，以前因为缺少劳动力，加上两个孩子要上学，生活一度十分困难。这几年通过养猪、碾米、外出打工等，收入提高了不少，2017年已经脱贫，一家人都参加了城乡居民基本医疗保险，孩子有学上，房子干净结实，生活越过越红火。习近平听了十分高兴。他指出，乡亲们脱贫只是迈向幸福生活的第一步，是新生活、新奋斗的起点。要在全面建成小康社会基础上，大力推进乡村振兴，让幸福的佤族村更加幸福。

温暖的阳光铺洒在广场上，村民们跳起了欢快的佤族舞蹈。按照当地风俗，习近平敲响三声佤族木鼓，祝福来年风调雨顺、国泰民安。村民们热烈鼓掌，纷纷向总书记问好。习近平给大家拜年，祝乡亲们生活越来越幸福。乡亲们唱着《阿佤人民唱新歌》，簇拥着总书记走出村口，歌声笑声在村寨久久回荡。

随后,习近平来到和顺古镇考察调研。和顺是古代川、滇、缅、印南方陆上"丝绸之路"的必经之地,保存了比较完整的明清古建筑群。和顺自古就有崇文尚教、重视家风家训的传统,和顺图书馆是一个乡村图书馆,建馆已有90多年。习近平走进图书馆,了解古镇历史文化传承和振兴文化教育情况。他沿着和顺小巷,察看古镇风貌,了解西南丝绸古道形成发展、和顺古镇历史文化传承等情况。沿途游客和村民纷纷向总书记问好,习近平频频挥手致意,给大家拜年。

和顺是我国著名哲学家艾思奇的故乡。习近平来到古镇深处的艾思奇纪念馆,了解艾思奇毕生致力于马克思主义哲学研究和宣传、推动马克思主义哲学大众化中国化的事迹。习近平指出,艾思奇同志是党的优秀理论家和杰出理论工作者,他倡导的思想与时代相结合、理论与实际相结合、哲学与人民相结合的精神,要继续发扬光大。新时代坚持和发展中国特色社会主义,需要大批能把马克思主义中国化讲好的人才,讲人民群众听得懂、听得进的话语,让党的创新理论"飞入寻常百姓家"。

20日,习近平前往昆明考察调研。当天下午,他首先来到滇池星海半岛生态湿地,听取云南省和昆明市加强生态环境保护、筑牢西南生态安全屏障总体情况汇报,察看滇池、抚仙湖、洱海水样和滇池生物多样性展示。滇池生态环境一度遭到破坏,成为我国污染最严重的湖泊之一,经过多年不懈治理,生态环境大为改善。习近平详细询问滇池保护治理和水质改善情况。他强调,党的十八大以来,我们提出的生态文明理念深入人心。这个理念符合人类社会发展规律,顺应人民群众对美好生活的期盼。推动经济高质量发展,决不能再走先污染后治理的老路。只要坚持生态优先、绿色发展,锲而不舍,久久为功,就一定能把绿水青山变成金山银山。习近平指出，云南生态地位重要，有自己的优势，关键是要履行好保护的职责。滇池是镶嵌在昆明的一颗宝石，要拿出咬定青山不放松的劲头，按照山水林田湖草是一个生命共同体的理念，加强综合治理、系统治理、源头治理，再接再厉，把滇池治理工作做得更好。

昆明国际会展中心正在举办第十四届昆明新春购物博览会。习近平来到这里，视察博览会年货街。货架上，农副产品一应俱全，节日民俗用品年味十足，少数民族和周边国家特色产品琳琅满目……习近平走到摊位前，商家、顾客围拢上来，争相向总书记问好。习近平仔细询问春节前市场供应情况。他表示，从过去物资稀缺到今天物产丰富，我们国家发生了翻天覆地的变化，人民生活连年改善。"菜篮子"、"米袋子"、"果盘子"，都是事关民生的大事。有关部门要做好工作，确保节日期间市场供应充裕，质量安全可靠，让群众过一个安定祥和的春节。

展厅外广场上挤满了前来置办年货的群众。看到总书记来了，大家围拢上来，齐声欢呼"习主席好"。习近平同大家亲切握手，向云南群众、向全国各族人民、向港澳台同胞和海外侨胞致以新春祝福，祝福大家新的一年里身体健康、阖家幸福、和气致祥、事业进步，祝愿各族人民安心、顺心、开心，生活越来越好，祝愿伟大祖国欣欣向荣。

离开会展中心，习近平乘车前往位于云南师范大学校园内的国立西南联合大学旧址考察调研。1937年全面抗战爆发后，北大、清华、南开三校被迫南迁，几经辗转安顿在昆明。在昆8年，西南联大广大师生遵循刚毅坚卓的校训，满怀科学救国的理想，同舟共济、同仇敌忾，抗战中大批学生投笔从戎、效命疆场，抗战胜利后联大师生积极参加反内战民主运动，谱写了可歌可泣的爱国主义篇章。

习近平沿途察看"一二·一"运动纪念广场、西南联大原教室、革命烈士纪念碑、西南联大纪念碑等标志性建筑。他走进西南联大博物馆参观，详细了解西南联大在抗战艰苦条件下赓续中华民族文化血脉、为国家培养人才的历史。他强调，教育同国家前途命运紧密相连。我们教育的目的就是培养社会主义建设者和接班人。要坚持正确办学方向，落实党的教育方针，加强高素质教师队伍建设，培养有历史感责任感、志存高远的时代新人，为实现中华民族伟大复兴提供有力人才支撑。在博物馆门前，习近平同云南师范大学教职员工、寒假留校实践的大学生志愿者代表、博物馆工作人员一一握手，并向师生员工们致以新春的问候。

21日上午，习近平听取了云南省委和省政府工作汇报，对云南各项工作取得的成绩给予肯定，希望云南正确认识和把握在全国发展大局中的地位和作用，坚决贯彻党中央重大决策部署，统筹推进稳增长、促改革、调结构、惠民生、防风险、保稳定工作，努力在建设我国民族团结进步示范区、生态文明建设排头兵、面向南亚东南亚辐射中心上不断取得新进展，谱写好中国梦的云南篇章。

习近平指出，新时代抓发展，必须坚定不移贯彻创新、协调、绿色、开放、共享的新发展理念，推动经济高质量发展。要树立正确政绩观，处理好稳和进、立和破、虚和实、标和本、近和远的关系，坚持底线思维，强化风险意识，自觉把新发展理念贯穿到经济社会发展全过程。要加快建设现代化经济体系，把握供给侧结构性改革这条主线，健全推动发展先进制造业、振兴实体经济的体制机制，推动传统制造业优化升级，加快发展新兴产业，推进基础设施建设，抓好农业生产，着力巩固脱贫攻坚成果，深入做好易地搬迁工作，推动形成主体功能明显、优势互补、高质量发展的区域经济布局。要巩固依法整治旅游市场乱象的成果,推动旅游产业持续健康发展。要树牢绿水青山就是金山银山的理念,驰而不息打好蓝天、碧水、净土三大保卫战。要主动服务和融入国家重大发展战略,以大开放促进大发展,加快同周边国家互联互通国际大通道建设步伐。要加强同周边国家文化交流工作,促进民心相通。

  习近平强调,要认真贯彻落实党的十九届四中全会精神,确保支撑中国特色社会主义制度的根本制度、基本制度、重要制度在云南得到坚决贯彻落实,不断增强边疆民族地区治理能力。要始终坚持党的领导,完善党的领导制度,纵向要到底,横向要到边。要坚持走中国特色解决民族问题的正确道路,全面深入持久开展民族团结进步创建,打牢中华民族共同体思想基础。要深入贯彻党的宗教工作基本方针,坚持我国宗教的中国化方向。要实施好促进民族地区和人口较少民族发展、兴边富民行动等规划,不断提高各族群众生活水平。要坚持和发展"枫桥经验",深入开展扫黑除恶行动,加大对涉毒、涉恐、走私、诈骗、偷越边境、越境赌博等跨境违法犯罪的打击力度,坚决打掉背后的黑势力和"保护伞"。要健全强边固防工作机制,切实维护边疆稳固。

  习近平指出,要坚持以人民为中心的发展思想,全面落实党中央各项惠民政策,抓住人民群众最关心最直接最现实的利益问题,全力做好普惠性、基础性、兜底性民生建设,让各族群众有更多获得感、幸福感、安全感。要决战脱贫攻坚,聚焦深度贫困地区,聚焦工作难度大的县乡村,按照"五个一批"的办法,强化分类施策、挂牌督战,着力攻克最后的堡垒,牢牢把握"两不愁三保障"基本标准,严格验收。要防止因后续政策支持不足返贫或因病因伤返贫。要坚持"富脑袋"和"富口袋"并重,加强扶贫同扶志扶智相结合,加强开发式扶贫同保障性扶贫相衔接。

习近平强调，主题教育有期限，践行初心无穷期。要推动广大党员、干部继续努力，真正使"不忘初心、牢记使命"成为加强党的建设永恒课题和全体党员、干部终身课题，激发奋进新时代的力量。要学习党史、新中国史，懂得党的初心和使命之可贵，理解坚守党的初心和使命之重要。云南有光荣的革命传统，有很多感人肺腑的动人故事。要把这些故事作为"不忘初心、牢记使命"教育的生动教材，引导广大党员、干部不断检视初心、滋养初心，不断锤炼忠诚干净担当的政治品格。要解放思想、与时俱进，用新发展理念破除老观念，用高质量发展开创新局面。要培育积极健康的党内政治文化，涵养风清气正的政治生态。要深入开展反腐倡廉警示教育，举一反三，防微杜渐，避免重蹈覆辙。要强化权力制约监督，加强各方面监督。领导干部要加强自我约束，坚决反对特权思想，教育管理好配偶和亲属。要坚持好干部标准，树立鲜明用人导向。

（二）两次回信云南　总书记的深情牵挂

1.习近平回信勉励云南贡山独龙族群众　同心协力建设好家乡守护好边疆　努力创造更加美好的明天

2019年4月10日，中共中央总书记、国家主席、中央军委主席习近平给云南省贡山县独龙江乡群众回信，祝贺独龙族实现整族脱贫，勉励乡亲们为过上更加幸福美好的生活继续团结奋斗。

习近平表示，你们乡党委来信说，去年独龙族实现了整族脱贫，乡亲们日子越过越好。得知这个消息，我很高兴，向你们表示衷心的祝贺！

习近平指出,让各族群众都过上好日子,是我一直以来的心愿,也是我们共同奋斗的目标。新中国成立后,独龙族告别了刀耕火种的原始生活。进入新时代,独龙族摆脱了长期存在的贫困状况。这生动说明,有党的坚强领导,有广大人民群众的团结奋斗,人民追求幸福生活的梦想一定能够实现。

习近平强调,脱贫只是第一步,更好的日子还在后头。希望乡亲们再接再厉、奋发图强,同心协力建设好家乡、守护好边疆,努力创造独龙族更加美好的明天!

独龙族是我国28个人口较少民族之一,也是新中国成立初期一个从原始社会末期直接过渡到社会主义社会的少数民族,主要聚居在云南省贡山县独龙江乡。当地地处深山峡谷,自然条件恶劣,一直是云南乃至全国最为贫穷的地区之一。2018年,独龙江乡6个行政村整体脱贫,独龙族实现整族脱贫,当地群众委托乡党委给习近平总书记写信,汇报独龙族实现整族脱贫的喜讯,表达了继续坚定信心跟党

怒江州贡山县独龙江乡乡村新貌

走、为建设好家乡同心奋斗的决心。

云南贡山县独龙江乡的乡亲们：

你们好！你们乡党委来信说，去年独龙族实现了整族脱贫，乡亲们日子越过越好。得知这个消息，我很高兴，向你们表示衷心的祝贺！

让各族群众都过上好日子，是我一直以来的心愿，也是我们共同奋斗的目标。新中国成立后，独龙族告别了刀耕火种的原始生活。进入新时代，独龙族摆脱了长期存在的贫困状况。这生动说明，有党的坚强领导，有广大人民群众的团结奋斗，人民追求幸福生活的梦想一定能够实现。

脱贫只是第一步，更好的日子还在后头。希望乡亲们再接再厉、奋发图强，同心协力建设好家乡、守护好边疆，努力创造独龙族更加美好的明天！

习近平

2019 年 4 月 10 日

（习近平给云南省贡山县独龙江乡群众的回信）

2. 习近平回信勉励云南省沧源县边境村的老支书们　引领乡亲们永远听党话跟党走　唱响新时代阿佤人民的幸福之歌

2021 年 8 月 19 日，中共中央总书记、国家主席、中央军委主席习近平给云南省沧源佤族自治县边境村的老支书们回信，勉励他们发挥模范带头作用，引领乡亲们建设好美丽家园，维护好民族团结，守护好神圣国土。

习近平在回信中说，读了来信，了解到脱贫攻坚给阿佤山带来的深刻变化，感受到了阿佤人民心向党、心向国家的真挚感情，我很欣慰。

临沧市沧源佤族自治县县城新貌

习近平指出,你们都是老支书,长期在边境地区工作生活,更懂得边民富、边疆稳的意义。脱贫是迈向幸福生活的重要一步,我们要继续抓好乡村振兴、兴边富民,促进各族群众共同富裕,促进边疆繁荣稳定。希望你们继续发挥模范带头作用,引领乡亲们永远听党话、跟党走,建设好美丽家园,维护好民族团结,守护好神圣国土,唱响新时代阿佤人民的幸福之歌。

云南省沧源佤族自治县地处祖国西南边陲,是全国最大的佤族聚居县,当地佤族群众素有爱国守边的光荣传统。党的十八大以来,当地加快脱贫攻坚步伐,贫困群众的生产生活条件明显改善,住房安全、饮水安全、看病住院、子女上学等都有了保障。到2019年底,该县67个贫困村、4万多贫困人口全部脱贫。近日,该县班洪乡、班老乡9个边境村的10位老支书给习近平总书记写信,汇报佤族人民摆脱贫困、过上好日子的情况,表达了世世代代跟着共产党走、把家乡建设得更加美丽富饶的坚定决心。

云南省沧源县边境村的老支书们：

　　你们好！读了来信，了解到脱贫攻坚给阿佤山带来的深刻变化，感受到了阿佤人民心向党、心向国家的真挚感情，我很欣慰。

　　你们都是老支书，长期在边境地区工作生活，更懂得边民富、边疆稳的意义。脱贫是迈向幸福生活的重要一步，我们要继续抓好乡村振兴、兴边富民，促进各族群众共同富裕，促进边疆繁荣稳定。希望你们继续发挥模范带头作用，引领乡亲们永远听党话、跟党走，建设好美丽家园，维护好民族团结，守护好神圣国土，唱响新时代阿佤人民的幸福之歌。

　　请向乡亲们问好！

习近平
2021年8月19日

（习近平给云南省沧源县边境村老支书们的回信）

（三）牢记嘱托　云南实现全面小康

1. 从废墟上崛起的龙头山蝶变美丽的旅游小镇

2014年8月3日，一场6.5级强烈地震夺去了昭通市鲁甸县龙头山516人的生命，68人失踪，龙头山镇成为一片废墟。

在鲁甸地震后6年中，灾区干部群众抹干泪水重建家园，满怀信心脱贫奔小康，龙头山从一片废墟上崛起一座新集镇，再蝶变为一个美丽旅游小镇。

——废墟上重建家园

2017年1月19日，鲁甸地震过去两年半。

此时的龙头山，废墟已经消失，一座崭新的集镇已基本建成，一排排崭新的民居整齐有序，一条条宽敞的街道整洁干净，新建的乡卫生院和乡龙泉中学已投入使用，校园内有宽敞的足球场和室内篮球场。老百姓于2015年春节前迁入了新房，镇党政机关还在租民房办公，镇党委书记李善云在出租房临时办公室的炉火边说道："今年内一定要全部完成龙头山恢复重建任务！"

地震时，山体滑坡掩埋了龙头山镇龙泉社区甘家寨，造成21人遇难、31人失踪。89户幸存村民全部安置到集镇中央新建的小区。在新甘家寨里，69岁的甘正芬和72岁的邹体富夫妇正在新房中擦拭门窗，门框上贴着春联"乔迁新居谢党恩，地震无情人有情"。

来到龙头山原集镇遗址，山坡上原乡政府大院还保留着一栋歪斜的三层办公楼和一栋一楼被压扁的小楼，作为地震遗址公园，让后人永远记住这场灾难。山坡下原来的集镇街道正在施工，准备建造鲁甸抗震救灾纪念馆。

2017年11月2日,此时的龙头山,乡党委、政府机关在全镇最后搬进了新楼,抗震救灾纪念馆已建成开馆,意味着鲁甸地震三年恢复重建全面完成。

原来的荒山秃岭上处处可见绿色花椒林,被花椒林簇拥的村寨露出点点青瓦白墙。光明村种植了1.3万多亩花椒,村党总支书记谭德军因最早带领村民种花椒而被称为"花椒书记"。如今村里成立了两个合作社,种植花椒和林下养鸡,每个合作社吸收几十个贫困户参加,大家有了长效致富的产业。

"小小花椒树,致富大产业。现在龙头山种植花椒6.8万亩,带动了灾区群众脱贫,全镇贫困人口不到2000人。"李善云说。

——龙头山人的新生活

2020年8月11日,地震已经过去6年,龙头山又是一番新景象。

在清香扑鼻的光明村花椒林中,一串串绿中带黄的花椒压弯了枝头。68岁的王云坤是花椒种植大户,近几年种植花椒300多株,还教其他村民种植技术。"我家原来种烤烟,现在种花椒,去年花椒收入4万多元,今年虽然有疫情,至今也卖了3万多元,比种烤烟划算!"王云坤说,让他更开心的是,身边埋头干活的大孙子考上了大学。

"2018年全村278户村民就全部脱贫了,现在人均纯收入8200多元,村里正在建设新时代文明实践站。"村党总支书记肖慈勤说。全村种花椒400多亩,去年(2019年)花椒收入7000多万元。在广东东西协作项目和县委组织部的扶持下,村里新成立了鹌鹑养殖合作社和养牛合作社。花椒林边就有刚建成的鹌鹑养殖车间,4万只鹌鹑叽叽喳喳地争相吃食,管理人员正弯着腰捡拾鹌鹑蛋。

甘家寨的邹体富家里热闹非凡,孙媳妇郑家丽一边打扫火锅店,一边照看才 1 岁的孩子。她有 3 个孩子,老二在地震后搭的帐篷里出生。近两年,丈夫邹建国在外面跑运输,她就在新家开了火锅店,每月纯收入四五千元。邹体富的儿子邹家荣地震前夫妻离婚,双方各带一个儿子,不料随母亲生活的小儿子在地震中遇难,年仅 11 岁。不忍看前妻孤苦一人,邹家荣便把前妻接回家一起生活,破镜重圆。天灾之后,龙头山人更珍惜亲情!

幸福感增强的还有年过七旬的邹体富、甘正芬老两口。甘正芬抱着重孙爽朗地说:"地震那年心情不好,身体也不好。这几年政策好,心情好了,身体也好多了。去年儿子出钱,让我们老两口去旅游,今年如果没有疫情,我们就去北京看天安门了。"邹家荣憨厚一笑:"现在我们生活好了,应该出去外面走走看看。"

当天,在大家提议下,邹体富、甘正芬就和在家的儿子、孙媳妇和重孙一起坐在客厅沙发上合影,灿烂的笑容绽放在一家四代人的脸

一、光辉的印记

上，定格在龙头山人的心底。

——蝶变的旅游小镇

与龙头山集镇一山之隔的沙坝路段，是山前打通的都香高速营盘隧道，隧道前方正在修高速出口收费站。李善云说："穿过隧道就是龙头山集镇，我做梦都没想到这里会通高速，今后从昭通走高速半小时就能到龙头山，就会有更多的游客来，龙头山旅游小镇就能发展起来了。"

"龙头山这几年发展花椒产业和劳务输出，今年所有贫困人口全部脱贫摘帽。目前要发展旅游小镇，促进乡村振兴。"李善云描绘着龙头山的发展蓝图。

龙头山旅游小镇的蓝图正在逐步变成现实，集镇入口旁新建了一座朱提银文化馆。昭通古称朱提，朱提产银自古闻名，早在西汉

鲁甸县龙头山镇新居

及三国时期，朱提银就成为朝廷主要经济来源之一，而朱提银主要矿区乐马厂就位于龙头山镇大佛山下，乐马厂矿冶遗址是昭通市市级文物保护单位。近年来，龙头山形成打造"全国朱提文化体验第一镇、抗震救灾红色文化、全国花椒产业示范镇"的思路，积极建设旅游小镇。2019年全镇接待旅客15万余人次，旅游业收入达1500万元。

恢复重建和建设旅游小镇，使龙头山镇凤凰涅槃，也深刻改变着龙头山人的生活。许多村民开起了农家乐和民宿。邹建国看到震后恢复重建工程多，就买了辆货车跑运输，一年收入1万多元。恢复重建结束后，龙头山附近修建都香高速路，邹建国又抓住机遇，分别在鲁甸县和巧家县组建了两个运输车队，为高速路施工运输材料，生意日益红火。

龙头山的变化给山里的孩子们带来更多希望。龙头山龙泉中学不仅有新建的美丽校园，还有良好的学习环境，有云南师范大学研究生支教团连续6年支教，学生从不到2000人增加到3000人。2020年鲁甸县中考状元是龙泉中学毕业的谢德平。谢德平家原来是贫困户，地震后有了新家、新学校，他学习更加勤奋。"读昭通一中的高中，将来想考北京大学。"这是谢德平的愿望。

谢德平的愿望不是梦，龙头山孩子们的未来不是梦，从废墟上崛起的龙头山的未来更不是梦。

2. 古生村"新生" 不愁金山银山

峰峦叠嶂，阳光穿透层云，洒在洱海如镜的湖面上。一股清澈的溪流从脚下石板涌出，漫过滩涂和水柳，欢快向前，会它千顷澄碧。和风如诉，身边有块金字勒石：一定要把洱海保护好！

2015年1月20日上午，习近平总书记就是在这里与当地干部合影,并留下殷殷嘱托:"立此存照,过几年再来,希望水更干净清澈。"

当年,习近平总书记沿着湖边小道,信步来到古生村李德昌家,同村民们围坐在一起,拉家常、聊民情、谈生产、问生计。5年了,李德昌还保持着家中陈设如故——乡愁小院里,时不时有游人来访,那块白族扎染还静静铺在藤桌上。

"洱海更清了,乡愁更浓了。"李德昌说。

——治污筑防线,湖滨绿葱茏

李德昌家门口,一条六七米宽的"洱海绿道"即将完工。绿道偎着洱海,恰好位于距离湖岸线15米的"绿线"上。

"这几年整治力度很大,收污水、拆违建、修绿道,都是真刀实枪地干,大家的环保意识也越来越强。洱海越来越清,快赶上我们小时候了。"李德昌说。以前有些房子盖到湖边上,污水进湖防不胜防,这条环湖绿道是给洱海"透气"呢!

熊英力觉得老李形容得贴切,作为工程指挥部副指挥长,他认为绿道是洱海治污最后一道防线。绿道外侧,是绿意葱茏的湖滨。下到湖边,参差的水草可见根部,小鱼群游穿梭。水面上,野鸭子和红嘴鸥嬉戏。绿道内侧,一块人工湿地施工已近尾声,种下大青树、滇朴、芦苇、狗牙根等本土草木。

熊英力说:"为突出生态功能,我们特意'去景观化'。"

2016年11月,云南省"采取断然措施,开启抢救模式"治理洱海,大理白族自治州随后在洱海流域展开"七大行动"。"三线划定"成为强力举措,其中"绿线"以内的各类建筑全部拆除,对涉及的1806户居民实施生态搬迁。而"洱海绿道"就是这条"绿线"的"变现",全长129公里,2019年完成50公里。

洱海畔古生村

在村里走走,路遇张四萍正忙活。她伸着头四处打量,不放过路边、旮旯里的每片垃圾,用网兜捞起沟渠里的落叶。张四萍是古生村的保洁员,每月能拿补助1600元。"现在是废水全收、垃圾不乱丢,你看村里多干净!"

——看得见山水,留得住乡愁

李品红是隔壁村的村民,半年前投资40万元买了辆巴士,和妻子承包下古生村到大理古城北门之间的公交线路,全程要半个小时。如今,每天有10辆公交车往返古城和古生村。

"总书记跟我们说,新农村建设一定要走符合农村实际的路子,遵循乡村自身发展规律,充分体现农村特点,注意乡土味道,保留乡村风貌,留得住青山绿水,记得住乡愁。"古生村党总支书记何桥坤介绍说,"村里现在有完善的垃圾清运系统,公交出行便利,唱歌跳舞随时，公共服务变新了，传统风貌却更'古'了。"

这一点，李德昌的儿媳妇赵财红感受很深。"我家院落被称为'乡愁小院'，总书记夸赞接地气。几拨人想租去搞经营，被我爸怼回去了。我也觉得，丢了乡愁就像丢了魂。"

古生村有建于明代的福海寺、凤鸣桥，建于清代的古戏台、龙王庙，还有让人留恋的传统节庆和乡土田园。村里人不管出去多久，一回来就能找到记忆中的家乡。

2016年以来，古生村实施民居建筑风貌整治，挂牌保护7户古院落，一座座"三坊一照壁"的白族传统建筑，青瓦白墙，飞檐翘角，古意盎然。文物古迹修旧如旧，村中心300多年的大青树也旺相了。

游客在李德昌家的来访册上感叹：在这里找到了久违的感觉！

——农文旅结合，古生村"新生"

离公交车场不远，就是古生村的两大块高效农业基地——2017年，两家公司流转了村里1200多亩土地，不施化肥，不打农药，每亩每年给村民上千元租金。

古生村人均8分地，长期以来种的是水稻、烤烟、大蒜和蔬菜。为严格控制洱海面源污染，观光农业、绿色食品的概念和组织方式，改变着这个上千年历史的传统村落。

土地流转后，村民闲不住，广开增收门路。有的去大理、昆明打工，干旅游、搞餐饮、卖服装；有的组织施工队，在附近村子承揽建房和环保工程；有的留在村里发展，开客栈或者做手工刺绣……

李家的老邻居，52岁的何利成开起"聆海佳园"客栈，这是村里目前唯一一家客栈。

何利成的创业经历，和洱海的命运休戚相关。1996年，洱海首次大面积暴发蓝藻，当地取缔机动打鱼船，何利成的渔船成了摆设；2003年蓝藻再次暴发，按照退田、退塘、退房的要求，何利成承包鱼塘告终。而这次"三线划定"，他家的客栈拆了190多平方米，原来的前台，后撤到厨房位置，客房从9间减到7间。

但何利成对这次整治感受不同，反而觉得环境好有利于客栈长远发展。儿子何晓航放弃了在大理旅游集团的工作，回来接手客栈，新增网络订房，还瞄准大城市的老年人来休闲长居的市场。

2019年，李德昌在外地经商的儿子李银东也回到了村里，经营起白族特色手工艺品。"如今古生村山更绿水更清，再借政策东风发展产业，不愁金山银山。政府帮我们走'农文旅结合'的路子，我觉得能行。"李银东说。

3. 佤族古寨绽新颜　幸福的地方更幸福

由于历史原因，加之自然条件差、基础设施落后，很多佤族群众长期生活在贫困中。云南腾冲市清水乡三家村中寨司莫拉佤族村就曾是这样：这个有着500多年历史的古寨，直到2014年，全寨72户304人中，还有建档立卡贫困户16户71人，贫困发生率23.4%，村民年人均可支配收入仅4500多元。可喜的是，脱贫攻坚以来，这里有了显著的变化：2017年，整村脱贫出列；2019年，建档立卡户全部脱贫，村民人均可支配收入达到11448元，是2014年的2.5倍。

2020年1月19日，中共中央总书记习近平来到中寨司莫拉佤族村考察，看望慰问各族干部群众，勉励大家在全面建成小康社会基础上，大力推进乡村振兴，让幸福的佤族村更加幸福。按照当地风俗，总书记还敲响三声佤族木鼓，为乡亲们送上新春的祝福。

为了赞美今天的好日子，当地人创作了歌曲《三声鼓响》来讴歌新生活、祝福新时代："一声鼓响春常在，风调雨顺新时代……二声鼓响百花开，国泰民安新时代……三声鼓响都是爱，四海升平新时代……"

——佤族古寨绽放新颜

司莫拉，佤语意为"幸福的地方"。这几年，为了让中寨司莫拉佤族村成为名副其实的幸福寨子，当地聚焦"两不愁三保障"，大力完善基础设施，改进公共服务，使村容村貌焕然一新。

房子结实敞亮。以前的司莫拉，"看寨不是寨，茅草垒成堆；夏恐屋漏雨，冬怕冷风吹"。住房是村民们的老大难问题。如今，通过扶贫安居、危房改造等项目，寨子里危房没有了，不少人家住上了宽敞明亮的"大五架"瓦房，人住得舒坦，家中的粮食、物品也有了遮风避雨的地方。

道路一通百顺。司莫拉地处半山腰，以前村里村外都是土路，群众平时出门办事，要走好几里才能坐上公交车。遇到阴雨天，往往"一脚陷好深"，想出村难上加难。如今，通乡路、村组路、串户路基本硬化，路灯也安起了，村口每天有5趟公交车直达乡里、市里。道路畅通后，村民外出打工、购销物资便利多了，村里也开始客来客往，人气兴旺了许多。

公共设施齐全。以前的司莫拉，学校、卫生所设施简陋，自来水水质比较差，还不时断流，村民能歌善舞，但连个像样的场地都没有。如今，村小学教学楼、运动场、教学设备样样达标，卫生所里诊断、治疗、取药都有独立空间，水源地扩建了、水管更新了，大礼堂、文化广场也修好了，村民足不出村就能享受到相当不错的公共服务。

寨子成了景区。以前的寨子，杂物乱堆，垃圾乱扔，生活污水随意排放、顺坡流淌，加之旱厕露天、家禽散养，一到夏天臭味刺鼻，苍蝇、蚊子到处飞。如今的寨子，家家都是"最美庭院"，房前屋后满是绿植，厕所干净卫生，污水统一收集，还建起了佤族民俗文化陈列馆、梯田景观区。2017年，司莫拉入选中国少数民族特色村寨，2019年获批国家AAA级旅游景区，成了一个留得住传统、记得住乡愁的地方。

说起司莫拉佤族村的新生活，村民们都觉得方便了、顺心了、人活络起来了。最让大伙自豪的是，寨子里上大学的孩子多了，从2008年考取第1个开始，到2019年已经有16个。不少村民说，孩子们有文化，将来就能给寨子带来更大的变化。

司莫拉佤族村

一、光辉的印记

——实干谱写幸福新歌

政策帮扶是起点，自己实干才有长久的幸福。脱贫攻坚以来，村里坚持志智双扶，努力提升劳务经济和特色产业的成色，村民的干劲越来越足，发展的路子越拓越宽。

鼓起实干劲头。过去寨子贫穷落后，主要原因是大家思想观念保守。有些人觉得，把家里的几亩耕地、林地弄好，日子能过就行了。还有人觉得，农村人只能种点庄稼、干点体力活，对学习新技术、开拓新门路没有信心。为了引导村民走出封闭、摆脱贫困，由党员、致富带头人和新乡贤组成的宣讲队，经常开"火塘会"、办讲座，同群众一起话未来、谋发展。村里组织村民到外地参观，设立"爱心脱贫超市"，一点一滴激发大家的干劲。走访中，我们看到一位大嫂在路边卖桑葚，戴着头巾，神情略显忸怩。同行的乡干部介绍说，传统佤族妇女不爱抛头露面，以前出门做买卖是难以想象的事，如今也有了商品意识，都在琢磨怎么把日子过得更好。

做足务工文章。腾冲的旅游市场开发早，就业机会多，务工经济一直是寨子里的"支柱产业"。2014年，全村有90多名劳力外出打工，但由于没有手艺，多数人只能干挑沙灰、搬砖头等苦力活。还有不少四五十岁的壮劳力，常年守在寨子里，基本就是"半就业"状态。这几年，在上级帮助下，村里对适龄劳动力开展了多轮培训，确保人人都能掌握一到两门实用技能。村委会还经常同周边的机场、茶园、景区联系，千方百计为村民特别是贫困户寻找就业岗位。2019年，村里外出务工超过130人，实现工资性收入308万元，是2014年的1.6倍。贫困户赵兴凯、杨洁夫妇在腾冲机场务工，两人月收入加起来将近6000元，一家四口顺利脱贫。尝到甜头的赵兴凯主动找村干部帮忙申请创业贷款，他说自己打算开个冷饮小吃店，来村里看风景的人多了，生意肯定差不了。

壮大特色种养。司莫拉村民以种养为生，但长期以来都是个人单干，缺技术、规模小、效益差，遇到年景不好，养家糊口都成问题。为了摆脱这种状况，村里连续开展种养提质增效活动。在生猪饲养上，选用优良品种，推广新的技术，让村民学会了科学配料、分圈饲养，养猪效益明显提升。在种植上，实行产业资金补贴，鼓励村民调整优化结构，扩大经济作物面积。几年下来，茶、核桃、油茶、万寿菊等栽种面积达到1550亩，占到全寨耕地面积的70%。尽管核桃、油茶等尚未到丰产期，但农业调结构的效果已经初步显现，2019年，村里家庭经营性收入65万元，比2014年增加40%。

——党群一心振兴乡村

在座谈走访时，村民们聊着聊着，就会很自然地沉浸到总书记到村里时的场景中。品味那份特殊的记忆，回首走过的脱贫历程，大家说得最多的就是，"党的扶贫政策比太阳还要温暖"，"党群一心是脱贫的最大秘诀"。

人心齐，泰山移。几年前，同很多贫困村一样，司莫拉的党组织也有软弱涣散的问题，干部"说话没人听、办事没人跟"，群众"各自为政"。村"两委"认为，搬走压在佤族群众身上的贫困大山，首先要干群一条心，关键是党员、干部要带好头。于是，有段时间，村党组织经常开展的一项活动就是清理生活垃圾，开始时群众站在边上看，慢慢就有人跟着干，现在几乎没人再乱扔垃圾了。为了帮群众寻找适宜种植的经济作物，有的村干部自己先掏钱试种，即使赔了上万元也没有怨言。村里还创立"三员三长制"，推选群众当矛盾纠纷调解员、安全生产监管员、乡风文明宣传员和路长、巷长、院长，村里大大小小的事情，都是干群一起商量着办。村党总支书记赵家清说："以前做工作，常因群众不理解而难过；现在干群、党群是一股绳，大家都一门心思想着怎么把寨子发展好。"

摆脱贫困的佤族群众，用最朴实的方式表达着自己的感恩。村里广场上的两个亭子，分别被称为"感恩亭"、"思源亭"，寓意"吃水不忘挖井人，幸福不忘共产党"。村民们满怀深情地说，是总书记带领大家走上了康庄大道。

佤族有一句谚语：生命靠水，兴旺靠木鼓。如今的中寨司莫拉佤族村，清泉汩汩流淌，鼓声绵绵不绝，村民对未来也有了更多的憧憬：发挥绿水青山优势，用好佤族民俗文化，发展农旅结合，融入腾冲旅游圈……司莫拉人相信，牢记总书记的嘱托，跟着共产党走，自强不息，苦干实干，新时代的幸福之歌一定会越唱越嘹亮。

4. 幸福不忘共产党　美丽独龙入画来

"高黎贡山高哟，独龙江水长哟，共产党的恩情比山高来比水长……"一首表达感恩之情的歌，在怒江大峡谷中回荡。

从怒江傈僳族自治州到首都北京，3000多公里的空间距离，隔不断习近平总书记的深情牵挂。

"一次批示、一次会见、一次回信、一次听取工作汇报"，习近平总书记的亲切关怀和殷切嘱托，提振了"怒江缺条件，但不缺精神、不缺斗志"的精气神，打开了怒江发展的新气象。

将感恩之心转化为奋进之志。在全面小康路上，怒江没有掉队；在建设社会主义现代化新征程上，怒江大步向前。

迈进2022年，怒江奔涌如昨，大江之上，日新月异，一路向好。

——峡谷巨变　美丽家园入画来

春绿独龙江。

顺着独龙江公路而行，沿途江水蜿蜒，卉木萋萋，独龙江进入了一年中最美的季节。

陡峭的石砌台阶上，独龙江乡孔当村腊配村小组组长兰正文与10余名独龙族同胞正在背运鹅卵石和水泥，准备在房前屋后打造四季见绿、一年有花的美丽庭院。

"孔当村是游客们进入独龙江乡看到的第一个村庄，我们除了发展好产业，还要在家门口打造景观，这样幸福才会长久。"兰正文说。

2019年4月10日，得知独龙族整族脱贫，习近平总书记给独龙江乡的乡亲们回信，勉励大家同心协力建设好家乡、守护好边疆。

独龙江乡沸腾了。习近平总书记和居住在中国最边远乡镇之一的独龙族人民的心，跨越万水千山紧紧相连。

独龙族群众一直是习近平总书记放不下的牵挂。2014年，得知高黎贡山独龙江公路隧道贯通，习近平总书记作出重要批示；2015年1月20日，正在云南考察调研的习近平总书记特地抽出时间，亲切会见了贡山独龙族怒族自治县干部群众代表。

在习近平总书记的关怀下，独龙族于2018年在全国28个人口较少民族中率先实现整族脱贫，开启发展新纪元。怒江州也在2020年底如期打赢脱贫攻坚战。

一步跃千年的沧桑巨变背后，是中国共产党"一个民族都不能少"的庄严承诺与使命接力。

"脱贫只是第一步，更好的日子还在后头。"牢记习近平总书记嘱托，怒江奋力前行。

打开锁闭山门，坚持交通先行。保泸高速公路建成通车，彻底结束了怒江不通高速的历史；兰坪丰华通用机场建成通航，怒江人民实现了千年"飞天梦"；145座大桥横跨三江，过江靠溜索的历史一去不复返。如今的怒江，已构建起通省达边的现代交通网络。

航拍独龙江乡

发展离不开产业的支撑。怒江调结构、育支柱，有色产业在巩固中发展，百亿绿色铅锌加快推进。绿色能源产业在发展中壮大，全州电力装机接近450万千瓦。绿色香料产业、峡谷特色农业不断培育壮大，"绿色食品牌"逐步叫响。独龙江AAAA级旅游景区、傈僳音乐特色小镇等8个AAA级旅游景区以及一批半山酒店等，成为怒江旅游的新名片。

村寨和城市面貌焕然一新，怒江州各族群众人居环境持续改善。颇具现代化气息的怒江新城、福贡新城、兰坪新城拔地而起，10.2万名群众通过易地扶贫搬迁住进新家园，全州城镇化率提高到52.6%。89个建设中的省州县美丽村庄，如珍珠般洒落大地，将怒江装扮一新。

经济社会的历史性跨越，让曾经贫困的怒江，向着生态之州、产业之州、文化之州迈进。

——携手共进　铸牢中华民族共同体意识

怒族火塘燃起来，各族群众聚起来。夜幕降临，福贡县匹河怒族乡老姆登村的小慧传习馆里传出的歌声、乐器声悠扬动听。

每天晚上，当地群众都把这里挤得满满当当，传习馆主人江小村夫妇免费教授他们民族舞蹈、歌曲、乐器。

作为脱贫攻坚战的亲历者和受益者，江小村这些年种植茶树，开起民宿，日子越过越舒心，夫妻俩也有了更多精力投入到当地不同民族文化的保护与传承中。

"生活越来越好，我要用最好的音乐让身边的各族同胞紧紧联系在一起。"江小村一边拨弄着怒族乐器达比亚一边说。

怒江州少数民族人口占比高达93.96%，22个民族世代守望相助，成为民族文化大观园。新征程上，怒江各族儿女不忘习近平总书记"让各族群众都过上好日子"的期待，共同团结奋斗、共同繁荣发展。

福贡县易地扶贫搬迁安置点福泽社区的新时代文明实践书吧中，傈僳族、怒族、白族、汉族工作人员共建新时代女性课堂、共产党员矛盾纠纷调解队，用家乡话讲述家乡事。贡山县丙中洛镇甲生村，怒族、藏族、傈僳族、独龙族、汉族群众，给入藏路上的背包客、骑行者提供汇聚大峡谷各民族特色的美食，在相互交融的同时又增加了收入。在怒江州约450公里的边境线上，各族群众携手共筑守边护边的铜墙铁壁。

一幅民族团结的怒江画卷徐徐铺展。随着成功创建全国民族团结进步示范州，全州少数民族地区各项社会事业全面发展，少数民族村寨建设、民族文化保护传承等工作不断巩固提升，乡村基础设施不断完善，民族文化品牌影响力不断提升。

在各民族的交往交流交融中，洋溢着来自中华民族大家庭的融融暖意。在怒江迈向全面小康的路上，定点扶贫、东西部扶贫协作、社会各界力量倾力帮扶,"扶上马,送一程",至今,上海浦东新区、中交集团等地区和单位的对口帮扶仍在继续。

——逐绿而行　打造生态保护先行区

上午6时,高黎贡山国家级自然保护区泸水管护分局姚家坪管护站办公室的灯亮了,负责人王兴旭和管护队员们准备上山巡护。

乘车至垭口,茂密的植被阻挡了汽车前行的道路,队员们下车徒步完成耗时5天的巡护工作。

一路上,林木掩映、飞鸟做伴,王兴旭和队员们登上海拔3780米的管护区内最高点大凹子,在山洼中浸湿了鞋袜,疲惫却兴奋:"每次巡山都是一个重新认识高黎贡山的过程。"

高黎贡山犹如一座"绿色长城"屹立在祖国西南边陲,高黎贡山国家级自然保护区怒江片区占其总面积的80%,达32.41万公顷。在这莽莽山野中,6000多种高等植物和141种国家一、二级重点保护野生动物共享绿色净土,怒江州也被誉为"生物物种基因库""具有国际意义的陆地生物多样性关键地区"和"种子植物模式标本产地"。

坚决筑牢祖国西南生态安全屏障,高山峡谷中,31045名生态护林员用双脚丈量青山、守护绿意。

历史上,怒江的生态曾因贫困而遭到破坏;如今,"求温饱"转变为"要环保",绿色发展成为怒江的坚定选择。

草果、茶叶等茁壮成长,绿色产业初具规模,良好的生态还吸引了不少游客前来探秘,绿水青山就是金山银山的理念在怒江落地生根。

伴随思想观念、发展方式的转变,一份绿色"成绩单"令人欣喜:全州森林覆盖率达到78.90%,居云南省第二位,生态环境状况优良指数居全省首列。全州累计完成营造林建设87.75万亩,陡坡地生态治理6万亩，完成"怒江花谷"生态建设23.77万亩。高黎贡山国家级自然保护区、云岭省级自然保护区、"三江并流"国家级风景名胜区、新生桥国家森林公园、箐花甸国家湿地公园等自然保护地的建设，让"绿色宝库"提档升级，"绿色家底"更加殷实。

坚定实践习近平生态文明思想，怒江逐绿而行，夯实科学发展、绿色发展、和谐发展的根基。

——再谋跨越 激活发展一池春水

"怒江脱贫摘帽了，但仍然是欠发达、后发展地区，在区域发展竞赛中不进则退、慢进也是退。"3月29日，在怒江州推进作风革命、加强机关效能建设工作推进会议上，怒江州委书记纳云德一语道出怒江州加速发展的重要性。

5年来，怒江州都保持着地区生产总值年均13.1%的增速，高于全省平均水平。但作为长期欠发达地区，未来发展中怒江面对的挑战仍然不小。

自加压力、负重奋进，怒江提出到2025年主要经济指标增速高于全省平均水平，到2030年经济社会发展总体达到全省平均水平，到2035年与全国全省同步基本实现社会主义现代化的发展目标。

旌旗摇，号令响。全省上下深入开展的作风革命、效能革命激起了怒江发展的一池春水。怒江州委、州政府迅速成立由州委书记、州长任"双组长"的怒江州推进作风革命、加强机关效能建设工作领导小组，各级各部门坚持党政同责，层层压实责任。同时，制定出台了《怒江州贯彻实施〈云南省推进作风革命加强机关效能建设的若干规定（试行）〉工作清单》，认真落实项目工作法、一线工作法和典型引路法，持续实施领导干部联系企业、联系项目、联

一、光辉的印记

系基层、包乡包村包边境线等工作制度，创新实施双月看现场搞观摩、单月抓督导破难题工作机制，认真落实项目工作日、重大项目集中开工等机制，为重实干、抓落实、提服务、促实效提供了有力的制度保障。

《怒江州农村居民和脱贫人口持续增收三年行动计划（2022—2024年)》《怒江大峡谷环境提升三年行动计划（2022—2024年)》《怒江州城乡绿化美化三年行动计划》和优化营商环境11个配套文件为未来3年画好了作战图，明确了2022年10个重大建设项目、未来3年着力推动的10个重大项目、2022年着力抓好的10个招商引资项目、十大特色庄园和10个"乡愁领地"，蓄积势能，要在现代化征程中再谋跨越。

一切伟大成就都是接续奋斗的结果，一切伟大事业都需要在继往开来中推进。新征程上，怒江上下将始终牢记习近平总书记的殷殷嘱托，传承发扬脱贫攻坚精神，感恩奋进、勇毅前行，与全国全省一道开启全面建设社会主义现代化国家新征程，向第二个百年奋斗目标进军。

5. 书写山乡传奇　阿佤人民唱响新时代幸福之歌

"村村寨寨哎，打起鼓敲起锣，阿佤唱新歌……"20世纪60年代，一首《阿佤人民唱新歌》传唱大江南北，也让云南边疆的佤山佤寨走进人们的视野。

2021年8月19日，习近平总书记的回信，再次让世界聚焦沧源。在这片神奇美丽的土地上，各族群众团结友好、和睦共进，用勤劳的双手，共同建设美丽幸福的阿佤山。

世界佤乡，秘境沧源。作为革命老区的临沧市沧源佤族自治县，生态良好、风景秀美、民族风情浓郁，是阿佤人民的幸福家园。这里，回荡着新时代阿佤人民的幸福之歌。

——老支书喜说"山乡传奇"

站在阳台上望着对面绿海般的原始森林，72岁的佤族老人岩翁想起从北京来的信函传到阿佤山那个激动人心的上午。

2021年8月19日，习近平总书记给沧源县边境村的老支书们回信，勉励他们发挥模范带头作用，引领乡亲们建设好美丽家园，维护好民族团结，守护好神圣国土。

收到总书记的回信，当地干部群众备受鼓舞。作为写信的老支书之一，岩翁见证、亲历了阿佤山的巨变。他是一名佤族汉子，数十年来跟命运搏斗，与贫困抗争；他更是一名党员，在各级党委、政府的支持下，带领群众从刀耕火种走上如今的康庄大道，谱写着平凡而又伟大的山乡传奇。

走进沧源县班洪乡班洪村的"电商＋农特产品"集散中心，岩翁满脸喜悦，这个拿起来看看，那个端起来瞧瞧。货架上摆放着的笋干、蜂蜜、茶叶等农特产品，都来自阿佤山的田间地头，是当地产业发展由单一到多样化的缩影。

"原先我们这里水田少，只能种些旱谷，一年有好几个月吃不饱饭，对产业发展完全没什么概念，能把肚子填饱就行。"回忆过去，这位佤族老人的声音有些沉重。

地处西南边陲的沧源县是全国最大的佤族聚居县，有着山青、水绿、竹翠、景美的生态名片。但由于山高水阻、交通闭塞等原因，沧源佤族人民曾长期处于深度贫困中。

岩翁回忆，20世纪60年代，佤族群众的生产方式还很落后。每年12月份，村民们就会上山砍树，伐倒一大片后再翻晒土地，春节前后再划出一道防火线烧荒，连续几日都是火光满天，到了三四月份，各家各户在分好的荒地上撒谷子，等谷子长出来，再撒些草木灰当肥料。

刀耕火种式的生活一直在延续。"粮食产量相当低，亩产就50多公斤。吃不饱的时候，我们就上山挖些野菜和山药。"岩翁说。20世纪80年代，他担任村支书后干的第一件事就是修水沟、挖水田。

通过改造田地，粮食单产有了明显提高。尤其是家庭联产承包责任制推行之后，村民种庄稼的积极性提高了。岩翁想，吃饭的问题解决了，还得带动村民增收。在政府扶持下，班洪村从无到有逐步发展起橡胶和茶叶等产业。

"现在，我们村的高优茶叶就有800多亩，只要管理得好，不愁卖不上好价钱。"岩翁说。近年来，在政策扶持下，班洪村依托南滚河国家级自然保护区的旖旎风光，瞄准乡村旅游的发展契机，将生态优势转换成经济优势，持续带动村民增收致富。

班洪村的变迁不仅仅体现在产业发展上。1979年，班洪村有了通往乡上的第一条毛路；1998年，全部村民用上了电；2003年，实施退耕还林项目；2019年，全村脱贫出列……对于村里发生的大事件，岩翁记得比谁都清楚。说起这些，他眼里泛光。

"共产党，西代勐！"在佤语里，"西代勐"是"很好、极好"的意思。岩翁说，要是没有党和政府的关心关怀，他们不可能过上这么幸福的生活。"我常跟晚辈们讲，要牢记共产党的恩情，永远听党话、跟党走。"

全面建成小康社会，一个民族都不能少。党的十八大以来，沧源加快脱贫攻坚步伐，贫困群众的生产生活条件明显改善，住房安全、饮水安全、看病住院、子女上学等都有了保障。到2019年底，该县67个贫困村、4万多贫困人口全部脱贫。

——村民说:"这就是我们的幸福"

在沧源县班洪乡班洪村下班坝自然村,像杨艾少一样回来支持家乡建设的年轻人越来越多。现在,杨艾少是班洪村村集体开办的蜂蜜加工厂的负责人。经营两年多时间来,蜂蜜加工厂的生意越来越好,带动群众增收的效果也不错。

2019年,杨艾少的加工厂收购村民们的花蜜差不多20吨,按每公斤80元计算,直接带动大家增收近160万元。加工后的蜂蜜产品,一些直接卖给游客,一些则借助电商平台销售到了很多大城市。班洪村下班坝自然村借助独特的生态资源优势,挖掘"班洪抗英、班洪四大嫂"历史革命文化故事,大力发展乡村旅游。2021年"十一黄金周"期间,接待游客近1.2万人,收入10.6万元。

沧源县农业农村局局长刘世珍说:"县里这两年在推进乡村治理示范点建设工作中,始终把发展产业作为重头戏,或是依托红色文化、民族特色、生态资源发展乡村旅游,或是打造田园综合体走农旅融合路子,让农民群众实现持续稳定增收。"

沧源县糯良乡班老村班鸽自然村打造的田园综合体将要对外开放。除了流转出去的335.8亩土地能带来稳定租金收入外,群众还有什么增收致富的途径呢?糯良乡乡长马志坚说,为了能带动更多的村民,乡党委、政府很早就开始谋划,组织村民开展厨艺、电瓶车驾驶等技能培训,并成立了旅游专业合作社,开发了消防员、治安管理员等岗位,让群众在家门口就能务工增收。

糯良乡在增收致富的同时,还调动了村民融入产业发展的积极性,激发了大家参与村庄治理的主动性,这首"富民曲"唱得真好。

沧源县勐董镇龙乃村永丁自然村是典型的抵边村寨,站在村口的观景台上远望,绿色山区上,佤族特色民居与飘扬的红旗,在蔚蓝的天空下闪着光,村寨一片祥和。

一、光辉的印记

"喏，村里最漂亮的那间房就是我家的。"村民肖美英一家过去住的是茅草房，通过脱贫攻坚和边境小康村建设，如今一家人不仅住上了新房，生活更是发生了翻天覆地的变化。

龙乃村的变化只是沧源县加快边境小康村建设的一个剪影。2019年以来，沧源县以"基础牢、产业兴、环境美、生活好、边疆稳、党建强"为目标，多措并举，示范引领，全域推进，着力实施边境小康村建设，边境村寨的村容村貌得到大幅提升。

在边境小康村建设中，龙乃村在加强基础设施建设的同时，以"党支部+公司+合作社+村集体+农户"的模式建设生态猪养殖小区，并以村集体入股的方式，鼓励村内的大户成立合作社，发展养牛、竹子、茶叶等产业，并通过培训提高产量产值和销量，在不断壮大村集体经济的同时，增加群众收入。龙乃村党支部书记赵爱

临沧市沧源佤族自治县班洪乡班洪村下班坝村小组新貌

军介绍，2020年龙乃村集体经济达20万元，全村的人均纯收入达到12638元，呈现出组织强、边民富、边疆兴、边防固、边关美的良好态势。

走进龙乃村，映入眼帘的是红顶白墙的民居房、干净整洁的柏油路，村里篮球场、活动室、卫生室等公共服务设施配套齐全。用肖美英的话说，如今家家户户都有产业，村里各样设施齐全，小病也不用出村，生活和城里人没有区别，这就是我们的幸福！

"阿佤唱新歌！共产党光辉照边疆，山笑水笑人欢乐，社会主义好！哎，架起幸福桥！哎，道路越走越宽阔，越宽阔……"穿越半个多世纪，阿佤新歌经典依旧，仍在传唱，并不断赋予新时代的内涵。沧源，未来可期！

二、千年的跨越

作为全国贫困人口和贫困县最多、贫困程度最深的省份之一，贫困曾是云南千百年来的典型特征，摆脱贫困，则是云南人民世世代代的梦想。

云南有27个深度贫困县、3539个深度贫困村，主要分布在迪庆、怒江、昭通、曲靖、红河、文山、普洱等州（市），2017年，27个深度贫困县有贫困人口247.14万人，占全省贫困人口的一半。

云南又是我国"直过民族"主要聚居区，独龙族、德昂族、基诺族、怒族、布朗族、景颇族、傈僳族、拉祜族、佤族等民族从原始社会等社会形态直接过渡到社会主义社会。一段时间里，"直过民族"群众发展条件落后，贫困问题突出，是脱贫攻坚的"硬骨头"。

聚焦深度贫困地区，云南各族干部群众上下同心、尽锐出战，以"咬定青山不放松"的韧劲、"不破楼兰终不还"的拼劲，精准务实、全力以赴，突出问题导向，优化政策供给，下足"绣花"功夫，着力激发贫困人口内生动力，着力夯实贫困人口稳定脱贫基础，着力加强扶贫领域作风建设，切实提高贫困人口获得感。

把11个"直过民族"和人口较少民族列入脱贫先行攻坚计划，云南因地制宜、因族施策、精准帮扶，创新实施"一个民族聚居区一个行动计划、一个集团帮扶"攻坚模式,整合扶贫、发展改革、教育、交通等20个行业部门,动员三峡集团、华能集团、大唐集团、云南中烟公司、云南烟草专卖局、招商局集团等投入对口帮扶,总投入426亿元,实施能力素质提升、劳务输出、安居工程、特色产业培育、基础设施改善、生态环境保护六大工程25类项目,有效落实精准扶贫、精准脱贫各项举措。

2020年底,与全国同步,云南全省现行标准下农村贫困人口全部脱贫,88个贫困县全部摘帽,8502个贫困村全部出列。云南11个"直过民族"和人口较少民族历史性告别绝对贫困,实现整体脱贫,继一步跨千年进入社会主义社会后,实现了从贫困落后到迈入全面小康的第二个"千年跨越",兑现了"全面建成小康社会,一个民族都不能掉队"的庄严承诺。

从磅礴巍峨的乌蒙山区,到碧水红花的怒江两岸,从深度贫困村到边疆民族小康村,脱贫攻坚的阳光照耀到了每一个角落,无数人的命运因此而改变,无数人的梦想因此而实现,无数人的幸福因此而成就。

为记录和展现党的十八大以来,云南"直过民族"和人口较少民族、深度贫困地区脱贫攻坚伟大历程和生动实践,本章节从全省88个贫困县中选择部分具有代表性的贫困村和贫困自然村作为典型记录地点,全面忠实展现云南"直过民族"和人口较少民族、深度贫困地区以脱贫攻坚实现千年跨越的历程。

(一)"不让一个兄弟民族掉队"

2015年1月,习近平总书记考察云南,对云南发展和脱贫攻坚

二、千年的跨越

作出重要指示，在亲切会见独龙族干部群众时，嘱咐全面实现小康，一个民族都不能少。

殷殷嘱托，拳拳爱心。

这是党的十八大以来，以习近平同志为核心的党中央，把打赢脱贫攻坚战作为全面建成小康社会的底线任务和标志性指标，确定了精准扶贫精准脱贫的基本方略，全面打响脱贫攻坚战，全面开启中国反贫困斗争伟大决战时代画卷的一个瞬间；

这也是中国共产党向人民、向历史作出的庄严承诺——坚决打赢脱贫攻坚战，确保到2020年，所有贫困地区和贫困人口一道迈入全面小康社会的一个缩影。

"横戈从百战，直为衔恩甚。"云南省委、省政府牢记总书记的嘱托，向党中央、国务院立下"军令状"，把脱贫攻坚作为最大的政治任务、最大的历史使命、最大的民生工程、最大的发展机遇，回应全省各族人民的期待，带领全省人民攻坚克难，致富奔小康，从磅礴乌蒙到雪域高原，全省各族干部群众撸起袖子加油干，云岭大地处处掀起决战脱贫攻坚、推动跨越发展的热潮，"决不让一个兄弟民族掉队，决不让一个贫困地区落伍"的承诺响彻彩云之南的村村寨寨。

——政府帮扶结硕果

在红河哈尼族彝族自治州绿春县平河镇，有一个美丽的小村庄，不但实现了从贫困到富裕的"千年跨越"，而且大步迈上了奔小康的高速路，这就是大头村委会拉祜寨。曾经这里，由于地处偏远、林密地少、资源匮乏，村里大部分村民住竹棚，吃饭靠救济，生活无着落，是一个集"民族直过区、特少民族村、边境特困村"为一体的典型深度贫困村。

多年来，为了不让一个兄弟民族掉队，绿春县委、县政府坚决践行承诺，把拉祜寨作为全县脱贫攻坚、民族团结和强边固防工作的突破口，探索出"基层党建＋脱贫攻坚＋综合治理＋民族团结"的党建引领工作模式，先后投入各级扶贫资金544万元，平整土地30亩，新建安居房32套，配齐了引水管道、村民活动室、广场及公厕等基础设施。2017年1月，33户拉祜族群众全部入住新房。

同时，绿春县委、县政府在拉祜寨实施"户户红旗飘"工程，采取法治知识、思想工作、精神文明、教育、医疗、爱心、政策、技术、卫生服务上门的"九上门"工作法，引导拉祜族群众感党恩、跟党走。开展道德星、卫生星、守纪星、健康星"四星"评比，在潜移默化中提升拉祜群众脱贫的自信心与内生动力。

绿春县平河镇大头村委会拉祜寨

二、千年的跨越

安居还要乐业,为了改变拉祜族群众长期主要依靠国家政策性补贴的单一经济来源,变"输血"为"造血",绿春县引进龙头企业,通过"合作社+农户+基地"模式,在拉祜寨大力发展产业,种植"雪芽100号"茶叶165亩、花椒100亩,示范种植黑木耳12亩。合理开发村民房前屋后的闲置土地,示范种植高原梨1100余株。在驻村工作队的指导、带动下,拉祜寨村民发展产业的能力逐步恢复和提升,人均收入从2016年的1600元提升到7000余元,2019年底全村如期实现高质量脱贫。

拉祜族群众,在党和工作组的帮扶下,在全族的共同努力下,从根本上实现了生活上脱贫、精神上脱困;拉祜寨,真正迎来了美好生活,真正实现了从原始社会到社会主义社会的"千年跨越"。

如今的拉祜寨,家家户户干净卫生,房前屋后新修葺了围栏,围栏里种满了各种蔬菜,干净的墙面上写有"蔬菜林果是农村最好的绿化"的标语。拔除穷根,革除陋习,在党的政策帮扶下,全村已经摒弃等、靠、要的思想,党建引领解决了"两不愁三保障",村民们积极学习各种生产技能,实现种植、养殖业兼顾,恢复生产和产业发展靠双手实现的思想蜕变。

拉祜寨,这个几近蛮荒的边陲村落华丽蝶变为富民兴边的美丽村寨,一跃千年,昔日暗淡的村容村貌不见踪影,拉祜人民的脸上满是灿烂的笑容,一个生机勃发的边境小康村在祖国西南边陲绽放异彩。

——绿水青山茶飘香

一条平整的水泥硬化路蜿蜒入村,一栋栋新楼房错落有致,在满眼翠绿的茶园环围中格外耀眼;楼房的庭内院外,干净整洁,繁花似锦。

布朗族聚居的勐海县布朗山乡曼果村委会南温上寨，曾因地处偏远、交通不便而贫困。随着精准扶贫工作的推进，在当地党委、政府的扶持和各挂包帮单位的帮助下，发生了喜人的变化。

"我们村寨有着优良的大树茶资源，过去由于交通环境恶劣而无人问津，导致村民经济收入低下而致贫。"南温上寨村民小组长岩帕苏介绍，2017年，政府出资为村寨修通了一条通往外界的水泥路，又将村寨内的道路全部实行硬化，并且在部分地段打上了坚固的挡墙，村寨的基础设施得到了根本性改变。

为了巩固脱贫攻坚成果，实现产业的可持续发展和人居环境的提升，勐海县劳动就业服务中心联手企业进村，对村民进行了茶叶制作培训。成立合作社对村民的茶叶实行统一销售，一旦出现滞销情况，就由企业实行保底收购。与此同时，带领村民在园内户外种花草和绿化树美化环境，优美的村容村貌吸引着大量的游客进村游玩，从而促进了茶产业发展。

2020年，南温上寨的村民人均纯收入超过了1.1万元，家家户户盖起了气派的小楼、购买了小汽车，生活步入了幸福快车道。

——幸福生活美如画

沿干净整洁的水泥路，走进景洪市基诺山乡巴亚村委会扎吕村民小组，映入眼帘的除了整齐划一的小楼外，还有散发着浓郁传统气息的舞台、篮球场、陀螺场、祭鼓房、打铁房等文体设施，基诺山乡的第一个村史馆就在这里诞生。

每到春茶采摘的季节，村民腮都一家总是格外忙碌。腮都夫妇二人除赡养着爷爷奶奶和公婆4位老人外，还供着一对儿女上学。随着近几年精准扶贫政策的实施，政府投入大量资金将宽敞的硬化路面修到了每个村寨，交通条件的改善，使得原来卖5元钱1公斤的茶叶，现在可以卖到 80 元，好的生态茶甚至卖到了 2500 元 1 公斤，村民的收入也得到大幅提升。

在腮都家的院内，交通工具十分丰富，一家人一共拥有 7 辆车子：1 辆轿车、1 辆货车、1 辆拖拉机、1 辆三轮摩托车和 3 辆两轮摩托车。轿车主要是送孩子上学和进城办事使用，货车拉茶叶去卖，三轮摩托拉胶水，拖拉机拉化肥和农药上山比较实用，平时在山路上骑两轮摩托比较方便。交通工具的细化分工，也是一家人过上好日子的小小缩影。2020 年腮都一家单是茶叶一项收入就达到了 90 余万元。而像他们这样的家庭收入在当地十分普遍，基诺山已经不再是过去那个落后的穷山沟了。

——琴弦声响游客来

竹篾楼里，火塘烧得正旺，铁锅里"侠辣"滋滋有声，芳香扑鼻。

"哦得得，哦得得，米里啊哦哦得得，甲里啊哦哦得得。"（怒族民歌，大意为非常想你、非常念你。）福贡县匹河怒族乡老姆登村"150"客栈掌柜、省级非遗传承人郁伍林弹着达比亚（怒族乐器），唱起怒族民歌《哦得得》，跳起欢快的舞蹈。游客们围着火塘，喝着"侠辣"，听歌观舞，有的游客情不自禁跟着郁伍林唱歌起舞。

这种被游客称为"火塘 KTV"的民族文化表演，在老姆登村几乎每天都在上演。

老姆登怒语意为"人们喜欢来的地方"，被誉为"云端上的村庄"。因怒族风情浓郁，风景绝美，盛产雪山茶叶，成为怒江傈僳族自治州旅游打卡地。

福贡县利用老姆登良好的地理环境和丰富的民族文化资源完善基础设施，集中开展怒族民房改造，实施旅游接待服务培训，做好怒族传统文化挖掘保护工作，精心打造 6000 亩高山生态茶园，繁荣乡村旅游业。

"村里人均耕地只有 0.76 亩，靠种地脱贫几乎是不可能的。"郁伍林说。国家扶持发展旅游业，扶到根上、帮到点上了，只有 387 户人家的村寨，现在有农家乐、客栈 26 家，每天接待游客上千人次。怒族群众家家住新房、户户有收入，日子越来越红火。

夜幕低垂，老姆登琴声悠扬、歌声嘹亮。山路上，几辆旅游大巴驶入村口。

——新村新貌新佤山

阳光明媚，走进西盟佤族自治县勐卡镇莫窝村五组，一栋栋佤族特色安居房错落有致，串户路通到家门口，房前屋后用篱笆围起的小菜园里，各种时令蔬菜郁郁葱葱。村民们有的忙着采收成熟的果实，有的忙着撒下新的蔬菜种子，一派惬意的田园生活景象。

"现在我们不仅住上了好房子，有了宽敞的硬化道路，还安装了新路灯，在家旁边种花种菜让寨子更美更干净。"谈到现在的乡村生活，莫窝村五组佤族村民娜合拉一脸笑容。村庄的房屋、水、电、路等基础设施全面配套后，寨子里的村民们又利用自家的房前屋后、拆后闲置土地以及寨子里的零星空地，规划种植成一个个大小不一的小菜园，让新房新村更加美丽。

让村寨更加宜居，西盟佤山还启动了农户旱厕改造工程、人居环境提升工程，全县已完成农村卫生户厕改建 10511 座。"现在生活好了，不仅路修到家门口、自来水接通，连厕所和生活污水、生活垃圾处理也有了着落，这在过去想都不敢想。"村民娜合拉说，"外出务工回乡的年轻人也都称赞村里的条件不比城里差。"

西盟县是典型的"直过民族"地区，脱贫攻坚以前，很多群众还

二、千年的跨越

生活在茅草房、杈杈房和石棉瓦房中，当地坚持"决不让一个兄弟民族掉队"的攻坚目标，开展安居扶贫、交通扶贫、产业扶贫、素质扶贫等精准扶贫举措，2018年率先在全国"直过民族"地区实现整体脱贫摘帽。

——致富路上有奔头

四月，玉龙纳西族自治县九河乡金普村的山头绿意盎然，山羊在坡上悠闲吃草，正在放羊的金普村委会拉普村小组村民熊杰满脸笑意地望向山下，只见充满普米族特色的房屋错落有致地分布在村子里，家家户户屋顶上安装着太阳能热水器，通组入户公路干净整洁……

"这些年来，党和政府真心帮扶我们普米族，给我们改建了房屋，硬化了村内道路，村子越来越美，日子越过越好。"熊杰逢人就一脸自豪地说道。

57岁的熊杰虽然现在成了村里的养羊大户，可在几年前他家却是村里最贫困的家庭之一。前些年由于母亲体弱多病，再加上3个孩子正在上学，家里的日子过得紧巴巴的，2014年他家被列为建档立卡贫困户。随后，在各级党委、政府，三峡集团和扶贫工作队员的帮扶下，他家盖起了新房子，修建了普米火塘，养起了黑山羊，种上了药材，加上他和妻子勤劳肯干，2016年家里顺利脱贫出列，2017年他家被评为云南省光荣脱贫户。

金普村委会是玉龙县普米族群众聚居最多的一个村子，全村有355户1251人，其中建档立卡贫困户有113户436人，通过实施普米族整族帮扶和三峡集团的帮扶项目，2018年，金普村委会的113户建档立卡贫困户全部脱贫。

如今，已经脱贫的金普普米族群众在党和政府的关心下，仍在不懈努力让生活变得更好，他们积极参加各级各部门组织的技能培训，实实在在地学习种植、养殖技术，增强致富本领，为自己铺就致富奔小康的路子。

——三台山乡展新姿

阳春时节，在全国唯一的德昂族乡——芒市三台山德昂族乡，一幅美丽乡村图画跃然眼前，绿意盎然间一片生机勃勃的景象。在各级党委、政府和各民族群众脱贫攻坚奋战下，全乡实现历史飞跃。

德昂族村民赵腊退家里开了个农家乐，主打德昂族传统特色菜，生意不错。3年前他带着群众制作德昂族酸茶，供不应求，每年有10余万元的收入。2019年，赵腊退带领村民们一起大量制作德昂族酸茶，按照每公斤最低价300元出售，给本村群众增加几十万元的收入，既挖掘、传承、宣传了本民族产品文化，又增加了本村村民及周边村民经济收入。

德昂族擅长种茶，被誉为"古老的茶农"。脱贫攻坚战打响以来，德宏傣族景颇族自治州出台了一系列政策措施，实施能力素质提升、劳务输出、安居工程、特色产业培育、基础设施改善、生态环境保护六大工程，全州德昂族聚居区农民人均纯收入达到10178元。

三台山乡下辖4个村民委员会，36个村民小组，共1797户7713人，其中德昂族人口4684人，占全乡人口的60.7%，占全国德昂族总人口的22%。全乡先后累计投入1.5亿元，发展特色产业、基础设施建设、扶贫扶志、转移就业等，并通过特色村寨、传统民居保护、危旧房改造等建设项目实施，建盖具有德昂族风情的特色民居，群众大力发展特色产业，唱着民族团结歌，生活日益美好。

二、千年的跨越

——美好生活新期待

"阿昌族群众的幸福日子来了，家家建起新房，户户住上小洋房，村民的钱袋鼓了，精神面貌好了。"梁河县九保阿昌族乡党委书记梁昌才每每说起阿昌族群众的好日子，总是格外激动，阿昌族群众对未来美好生活充满了信心、充满了期待。

九保阿昌族乡是全国仅有的3个阿昌族乡之一，脱贫攻坚工作开展以来，村村基础设施改善、组组道路环境提升、户户有产业扶持、人人饮上了安全水。梁昌才说，九保整乡推进整族帮扶投入资金2.3亿元，实施项目400余个，全乡农民人均纯收入由2014年的4806元增加到2020年的10509元，全乡559户2120名建档立卡贫困群众全部脱贫，历史性地消除了绝对贫困。

"陇川县户撒阿昌族乡户早村有264户1246人，其中阿昌族257户1177人，阿昌族人数占全村人口的94.5%，在云南省烟草专卖局（公司）大力帮扶下，全部脱贫。"户撒阿昌族乡乡长余强说。

阿昌族整乡推进整族帮扶项目启动以来，云南省烟草专卖局（公司）以建设"幸福阿昌"为载体，在德宏傣族景颇族自治州阿昌族聚居区全面实施基础设施、民居保障、产业增收、综合推进四大工程建设，项目覆盖陇川县、梁河县、芒市3个县（市）10个乡镇33个行政村311个村民小组，累计投入项目资金12.46亿元，组织实施帮扶项目2512个，实现阿昌族聚居区整乡、整村脱贫出列，"幸福阿昌"目标全面实现。

——阔步奔向新生活

隆阳区芒宽乡涉及高黎贡山跨州市傈僳族移民731户3938人，共建设4个跨州市移民安置点，分别为芒宽黎新小区、西亚景湾安置点、敢顶和睦二组、空广桥头二组。为了不让一个兄弟民族掉队，该乡把傈僳族移民群众融入芒宽多民族共同发展中来，实现了"三个转变"翻天覆地的变化。

位于保山市隆阳区芒宽乡集镇的芒宽社区黎新小区，是高黎贡山跨州市傈僳族移民的新家园，整洁的小区里，一栋栋崭新的楼房拔地而起，孩子们在院子里嬉戏欢笑。

20多年前，一部分傈僳族群众从怒江傈僳族自治州泸水、福贡、兰坪等地的大山深处走来，在政府有序组织和自发移民的大潮中，来到了芒宽乡、潞江镇海拔1200米至1500米的"二半山"一带居住。

"二半山"生存环境恶劣，条件简陋。木头搭建起来的窝棚就是一家七八口乃至十几口人的住所，路不通、水不通、电不通，几乎与世隔绝。随着党的移民政策贯彻落实，傈僳族群众搬出了大山，打破了"傈僳不下坝"的古老习俗，住进了宽敞明亮的楼房，一改昔日"脏乱差"的生活习惯，从洗脸刷牙个人卫生开始学起，扫地、叠衣、整理房间……摒弃原先粗鄙的生活，从电磁炉、抽油烟机中烹饪出了人间烟火。

2018年底，在高黎贡山跨州市移民易地扶贫搬迁项目的扶持下，4910名少数民族移民真正实现了千年一跃，在保山市和隆阳区党员干部用心用情用力的引导和帮扶下，阔步奔向新生活。

傈僳族群众扬玉花就是跨州市移民中的一员。扬玉花家位于芒宽社区黎新小区，四室两厅的单元房收拾得干净有序。过上幸福生活的扬玉花激动地说："感谢党和政府，让我们过上了过去想都不敢想的好日子！医院在小区旁边，街子、学校都在家旁边，儿子也能放心出去打工，什么都方便了。党亮算莫（傈僳语：感谢党）！"

为促进傈僳族移民就业，芒宽乡建成了"峡谷明珠"、沃龙鞋业等扶贫车间，进一步带动群众就近务工，加快移民增收致富步伐。

二、千年的跨越

——更好日子在后头

艳阳下，贡山独龙族怒族自治县独龙江乡迪政当村黄精种植基地热闹繁忙，党总支书记孔智觉带着十几个村民除草施肥、清理水沟。

"雨季要来了，得抓紧时间把水沟整理好，不能让水淹没烂了根。"龙建新说。黄精是村里正在发展的致富增收新产业，已有327亩。2020年，村里以"党支部+合作社"方式，继续引导独龙族群众扩大种植规模。

而在孔当村，村民鲁朝生已连续几天钻在陡坡地里，忙着补种草果苗。"能种的全种上，多一亩草果，日子就多一份保障。"

不负春光感党恩，独龙族群众在一片片田野里用汗水播种小康生活的种子。

今天的独龙江，草果、羊肚菌、重楼、独龙蜂、独龙牛、独龙鸡等特色产业遍地开花，人均收入从2015年的3503元增加到2020年的10166.5元。

中午，完成独龙江公路塌方抢修，贡山县委常委、独龙江乡党委书记和文宝马不停蹄赶往县交通运输局。

"独龙江乡脱贫了，但基础仍然薄弱，特别是独龙江公路，弯道多、路面窄，通畅条件差，抗灾能力弱。"和文宝说。乡里正积极争取申报独龙江公路改扩建工程，通畅出山路，做精特色生态产业，加快旅游业发展，让独龙族群众过上更美好更幸福的日子。

持续深入的素质提升工程、技能培训，促使独龙族群众转变思想观念，种草果、羊肚菌，养蜜蜂、独龙鸡，开客栈、农家乐，做电商、当导游，生产方式多种多样，文体娱乐多姿多态，经济来源多渠道多样化，家家努力，户户争先，日子越过越美。

——小康路上劲头足

蓝蓝的天,悠悠的云。边境线上景颇族聚居的陇川县陇把镇龙安村,清流迂回、绿树环绕,一幢幢颇具景颇族特色建筑风格的民居格调统一,处处令人赏心悦目。

"感共产党的恩,享福了。"住进新家的孔南炯说。他原来是贫困户,在党和政府的帮扶下,住进新居,过上了小康生活。

"村庄美,环境好,来的人多了,开起的农家乐生意不错。"年过七旬的老人刘麻芝说,"我们做梦也想不到会过上这么幸福的日子。"

龙安村党总支书记姚永留说,龙安村是景颇族聚居村,全村8个小组共2400多人,实施整族脱贫、精准脱贫后,村民种桑养蚕、养鱼,种植砂糖橘、黑木耳等,大力发展产业,人均收入早已破万元,成了远近闻名的富裕村寨。村里着手打造乡村旅游,创建精品村寨,

——陇川县陇把镇龙安村景二队民族团结进步示范村村舍巷道

做强龙安温泉、龙安水上娱乐城、龙安土砖驿站等旅游项目，推动示范村旅游产业发展，村民们的日子一天比一天美。

"长江三峡集团实施景颇族整族帮扶以来，共投入项目资金1180万元，实施了基础设施、民房建设、产业发展、人居环境提升等系列工程，村寨面貌焕然一新。"勐约乡广瓦村委会主任普腊诺感慨地说。长江三峡集团对全州5个县市35个乡镇的138个景颇族聚居行政村进行帮扶，项目区共有贫困人口19136户74096人通过项目帮扶直接受益，景颇族贫困人口受益36749人，通过帮扶，景颇族贫困发生率由2015年末的31.57%到2020年已降为零，实现景颇族整族脱贫目标。如今，在小康路上全村群众铆足了劲，接续奋斗。

（二）从"一族一策"到"一族一帮"

脱贫攻坚战打响以来，云南省委、省政府把"直过民族"作为全省脱贫攻坚的重点，一族一策、一族一帮，高位推动，凝聚合力，构建专项扶贫、行业扶贫、社会扶贫"三位一体"的大扶贫格局，整合各方资源，持续推动"一个民族聚居区一个行动计划、一个集团帮扶"。

在乡村振兴战略实施中，云南省把"直过民族"聚居区各项工作摆在优先位置，按照"产业兴旺是重点，生态宜居是关键，乡风文明是保障，治理有效是基础，生活富裕是根本"的思路进行谋划，坚持精神引领一以贯之、体制机制一以贯之、精准聚焦一以贯之、苦干实干一以贯之、目标导向一以贯之，努力破解"直过民族"聚居区基础设施建设、特色产业发展、文化旅游、群众内生动力、基层办事能力、集体经济发展、人才智力支持、党的组织建设等八大制约发展难题，确保乡村振兴战略在"直过民族"地区落地生根，实现"直过民族"群众从"要我振兴"到"我要振兴"、从"深度贫困"到"生活富裕"两个转变，努力闯出一条边疆"直过民族"摆脱贫困、振兴发展的跨越式发展道路，为实现中华民族伟大复兴中国梦奠定坚实的基础。

——立足生态优势　打造富民"绿色"名片

怒江傈僳族自治州贡山独龙族怒族自治县独龙江乡巴坡村居住着216户863名独龙族群众。这里山高坡陡、峡谷纵横，村民居住在深山峡谷间，耕地少，经济收入低，处于贫困状态。

如今，独龙江乡村组道路日日扫，村容村貌天天清，农家庭院物件摆放有序，干净清爽，家庭内务每日一晒，花草芬芳，森林覆盖率高达93.1%，成为游人向往的诗和远方。一片片嫩绿茁壮的草果林，一个个绽放新颜的庭院，描绘出一幅"绿树村边合，青山郭外斜"的美丽乡村图景。

2010年以来，独龙江乡党委按照省委、省政府整乡推进、整族帮扶工作部署，带领独龙江乡干部群众撸起袖子加油干，独龙江乡经济社会发展特别是以交通为核心的基础设施建设不断取得突破，2014年1月独龙江公路高黎贡山隧道贯通，结束了独龙江乡半年大雪封山的历史。

2015年以来，独龙江乡推进"率先脱贫、全面小康"提升行动，通过实施基础设施、基层党建等八大提升工程，全面实现"两不愁三保障"目标任务，2018年底实现独龙族整族率先脱贫，独龙江乡党委也先后荣获"全国脱贫攻坚组织创新奖"和"全国民族团结进步模范集体"称号等多项荣誉。

2019年以来，独龙江乡党委开始实施"巩固脱贫成效、实施乡

二、千年的跨越

村振兴"提升行动，开启巩固拓展脱贫攻坚成果有效衔接乡村振兴新征程。同时，在各级党委和政府多年的帮扶下，巴坡村民在苞谷地、沟涧边种上了23200亩草果，户均种植100亩，让一直靠苞谷为生的巴坡村生产生活条件发生了翻天覆地的变化。2019年，巴坡村斯拉洛小组300亩草果卖了40万元，人均收入7000多元。收入最高的一户有10多万元，收入八九万元的也有五六户。很多农户靠种草果摆脱了贫困，供孩子读大学，买了汽车。

截至2020年底，全乡农民人均纯收入达到12000元，独龙江已经成为怒江州旅游观光、绿色发展的一张新"名片"。今天的独龙江乡，村村通硬化路、通5G网络，"互联网＋教育"、互联网远程就医全面实施，家家有宽敞漂亮的新安居房，户户有新业。

独龙江乡在近年来人居环境建设取得良好成效的基础上，通过"四边四美四化"专项行动，将人居环境建设作为一项常抓常新的民

怒江州贡山县独龙江乡巴坡民族文化旅游特色村（新村）

生工程，全力打造云南美丽边陲旅游小镇，加快全域旅游发展步伐。

——倾注"真情实意" 投入"真金白银"

施甸县木老元乡是"直过民族"布朗族乡，共有4个行政村，均为贫困村。脱贫攻坚工作启动后，布朗族被列为云南省7个整族帮扶特少民族之一，木老元乡被施甸县列为2个扶贫整乡推进乡镇之一。

哈寨村是施甸县木老元乡一个典型的布朗族村落，共有布朗族人口692人，占全村总人口的近70%。"垃圾靠风刮，污水靠蒸发"这句顺口溜是前几年施甸县木老元乡哈寨村给大家留下的印象。如今，走进哈寨村，空气清新，入村和入户道路、房前屋后干净整洁，成为施甸当地有名的生态宜居之地。

脱贫攻坚战役全面打响后，根据云南省委、省政府的安排，从2015年5月开始，云南中烟对口挂钩帮扶施甸县。云南中烟制订了"三年攻坚、两年巩固"的行动计划，在全面解决施甸县布朗族群众"两不愁三保障"的基础上，围绕建设脱贫攻坚创新的示范区、乡村

施甸县木老元乡哈寨村

施甸县木老元乡民族学校的布朗族学生学习民族传统体育跳竿

旅游发展的特色区、民族团结进步模范区的目标，在木老元和摆榔两个乡的布朗族聚居区，实施了安居工程、基础设施、产业发展、社会事业、生态环境保护、素质提高、基层党组织凝聚力战斗力提升等七大工程，云南中烟5年累计投入资金6.17亿元。重点结合木老元和摆榔两个"直过民族"布朗族乡实际，实施布朗族整乡推进整族帮扶项目。

5年来，云南中烟在施甸县木老元、摆榔两个乡投入安居扶贫工程资金1.19亿元，分批建设特色民居2306户，实施易地扶贫搬迁605户，修缮加固、原地拆除重建2692户，并配套排涝沟、入户道路硬化、卫生处理设施、太阳能路灯等。

经过几年的努力，在国家扶贫政策和云南中烟对口帮扶的共同推动下，哈寨村发生了翻天覆地的变化，大到整村基础设施建设、群众易地搬迁，细到"一户一策"的危房改造、产业扶持，既倾注了"真情实意"也投入了"真金白银",让每一户布朗族群众都享受到了看得见摸得着的实惠,过上了祖祖辈辈想都不敢想的幸福生活。

如今的哈寨村,村通乡、村通组道路全部水泥硬化,社区建起了活动广场,4个自然村均建起了党员活动室,群众"两不愁三保障"稳定解决,布朗族整族告别了历史性的绝对贫困。走进哈寨,除了"中央广场"上栩栩如生的浮雕依旧坚守着那份古老的神圣和庄重,这里其他的一切早已是"换了人间"。

——补齐发展短板 增强"造血"能力

在陇川县户撒乡户早村广场的展板上,泥泞的道路、破旧的土坯房……一张张照片记录着户早村的旧貌。抬头望向身后的户早村,很难想象如此巨大的变化竟发生在短短数年间。

户早村有人口281户1356人,其中93%以上为阿昌族。2019年,全村经济总收入2446.2万元,较2015年增加782.7万元,增幅47.05%;人均纯收入10910.16元,较2015年增加3864元,增幅54.84%。67户建档立卡贫困户共310人于2019年12月前全部脱贫。

沿着宽阔的石板路走进户早村,一幢幢保留了阿昌族"三房一照壁、青砖灰瓦金腰带"传统风格的新居鳞次栉比。依托省烟草专卖局(公司)阿昌族整乡推进整族帮扶项目,户早村113户民居完成拆除重建,17户进行了抗震加固及美化改造,47户建档立卡贫困户全部住进新房。对拆除重建每户补助6万元、抗震加固每户补助4万元、美化改造每户补助2万元的补贴资金,大大减轻了村民的经济压力。

自帮扶开展以来,省烟草专卖局(公司)持续援建水利设施、学校、乡镇医疗卫生所、乡村文化站等基础建设。如今户早村8个村民小组实现了道路村村通,移动或电信网络覆盖,动力电全覆盖,出行难、用电难、上学难、看病难、通信难等长期存在的老大难问题普遍

二、千年的跨越

得到解决,义务教育、基本医疗、住房安全得到保障。

勤耕苦作地生财,金叶飘香富万家。省烟草专卖局(公司)在扎实推进"两不愁三保障"工作的同时,也为当地百姓带来了"造血"能力强的烤烟种植产业。2020年,户早村共种植春季烟草1250亩。

产业发展让村集体经济不断发展壮大。在烤烟规模化生产的基础上,户早村建立烤烟合作社并与村委会共同开展烘烤及烤房管理模式,在烘烤服务费中提出部分资金用于村集体经济。2018年试验推广稻田养鱼循环发展资金,第一年先垫付稻田养鱼循环发展资金,在收获后由农户返还购苗成本用于次年发展,形成产业发展循环资金带动农户发展生产。

户早村摘下贫困帽后,带领村民拓宽增收渠道就成了驻村工作队的工作新方向。工作队为户早村建档立卡贫困户申请了47万元用于黄牛养殖项目,实现人均增收1000元以上;累计试验推广发展143

"中国最美乡村户撒欢迎您"的油花菜图案

亩稻田养鱼，亩均实现增收 1400 元；试验推广 178 亩油葵种植，亩均实现增收 1600 元。巩固发展 24 户农户从事刀鞘制作和加工，帮扶 3 户农户开办乡村农家乐；携手瑞丽市旅游公司打造 2 户阿昌族民俗客栈，并引导富余劳动力转移就业。

保障阿昌儿女接受知识教育，是从思想上斩断致贫"穷根"、斩断贫困代际传递的关键。2016 年 9 月，在各级党委、政府，省烟草专卖局（公司）和社会各界的共同努力下，投资 780 万元的滇西边境片区集中实施阿昌族整族推进规划重点项目——户早幸福小学重建竣工，崭新的教学综合楼、干净整洁的学生食堂、标准化的运动场一应俱全。

短短数年，变化似千年。基础设施差、产业单一、教育水平低等制约这个边疆少数民族村寨发展的桎梏已被打破，挣脱束缚的阿昌群众正昂首阔步迈向全面小康。

——扶在细微处　帮在行动上

近年来，澜沧拉祜族自治县竹塘乡云山村在东西部扶贫协作项目和上海对口帮扶示范项目的帮扶下，实施了产业发展、农村建设、技能培训等项目，目前安装了太阳能路灯，开展庭院美化绿化，群众生产生活条件和环境得到了改善，全村建档立卡贫困户已达到"两不愁三保障"标准。

云山村的产业以传统的稻谷、玉米种植为主，仅能满足基本的口粮需求；人均受教育年限不足 6 年，许多拉祜族村民不会听、说普通话，难以接收到外界的信息，发展速度极其缓慢。虽然本地土地资源丰富，但村子仍没摆脱深度贫困。全村 218 户 765 人，有建档立卡贫困户 174 户 574 人，人均年收入不足 3000 元。

上海援滇力量深入山村后，这个小小山寨迅速发生着变化。2018

二、千年的跨越

年，上海总共投入 1900 万元帮扶资金到云山自然寨，实施包括危房改造、道路硬化、饮水安全、人居环境改善、村民小组活动场所建设、产业发展等 16 个建设项目。

之前，村民的住房主要以木板房、竹片房、土基房等简易住房为主，道路主要是未经硬化的泥土路。如今，一间间具有浓郁民族特色的砖混结构大瓦房初具雏形，居住环境实现了人畜分离；"晴天一身灰、雨天一身泥"的进村路，变为宽敞笔直的硬化路面。村子"大变样"，住了半辈子泥草屋的村民刘石保连称"哈力佳"（拉祜语，"高兴、好、棒"的意思）。

在建设之初，援滇干部就提出要充分保护少数民族村寨特色，并积极联系上海骏地设计公司，从美化房屋结构、改善人居环境等方面入手，免费为项目作规划设计。

生态宜居逐步实现的同时，如何"重塑"云山村，强化自我"造血"能力？上海援滇干部这样破题：以资产收益扶贫形式，

云山村彰显拉祜特色的民居

引进本地的畜牧企业——澜沧拉祜人家食品有限公司，采用"公司＋基地＋合作社＋农户"的模式，带领本地群众发展现代养殖产业。

通过上海对口支援项目扶持的资产收益扶贫，云山村贫困群众人均年收入可以增加1500元以上，为全村脱贫致富打下了坚实的基础。

从挨家挨户摸底进行整村改造提升，到引导不同需求的村民跟上产业发展步伐，上海将城市精细化管理工作的理念与做法带来了云南，在小小的拉祜山寨"生根发芽"。从细微处帮扶，美丽的拉祜山寨将重新焕发活力，开启"科技示范、生态绿色、民族特色、旅游观光"的新生活。

——四管齐下建设现代化沿边小康村

走进沧源佤族自治县永和国门新村，佤族传统样式的房顶、反映佤族群众生产生活文化的墙体绘画夺人眼球；一栋栋修葺一新的房子点缀在中缅两国的边境线上，与缅甸佤邦隔山相望。

近年来，沧源县通过"党建领航＋设施为基＋产业助推＋联防固边"四管齐下，抓实边境小康村基础设施、产业发展、基层社会化治理，沿边小康村建设已见雏形。而沧源县永和国门新村，就是沿边小康村的典型代表。

"之前住的老房子实在太窄了，一家人在里面有一种喘不上气的感觉。"国门新村村民小组长鲍艾保说起曾经的居住环境时，禁不住几声叹息，"原来的老寨受地形限制，不仅拥挤，而且卫生条件极差，生活十分不便。"

2017年初，永和国门新村从上永和上寨自然村搬迁组建。2019年10月，新村建设完成，64户238人顺利搬迁。新建成的国门新村，风景秀丽,颇具佤族特色的民居和周边绿化融为一体。家家户户张贴着家规家训。国门新村不仅环境变美了,家门家风也变好了。村里学校、卫生院、超市、农家乐等基础设施一应俱全。

如今的国门新村,已然成为中缅边境永和口岸上的一张亮丽名片。

受益于党中央脱贫攻坚的好政策,沧源县也积极做好旅游与文化产业、休闲农业等行业融合,发展商务游、康体游、生态游、跨境游等特色旅游,形成多点支撑、融合发展的全域旅游大格局,带动贫困人口脱贫致富。

2015年来,以旅游沿边小康村、旅游示范村建设为重点,沧源县全面推进17个旅游示范村、3个旅游沿边小康村、2条沿边旅游线路建设,如今的勐董镇永和国门新村就是当时纳入计划重点打造的乡村旅游目的地。

作为挂包联系干部,沧源县勐董镇党委委员、纪委书记田立新一提到国门新村就有说不完的话。近年来,按照"展示国门形象、边关风情、生态宜居、美丽家园"的规划理念,坚持"海绵化建设、标准化治理、人性化服务"的目标,依托边疆党建长廊"四位一体"建设试点项目和沿边小康村建设项目的实施,当地采取"国家投资+部门整合+群众自筹"模式集中建设,永和国门新村总投资7500多万元,在民房、绿化、亮化、道路和水网建设方面充分结合佤族民族风情,统筹民房建筑风貌和色彩,与周边的山、水、建筑相匹配,按照居住、服务、旅游、商贸等一体化建设功能,形成吃、住、游、休闲产业链,体现了"民族元素世界表达、地域特点现代表达",打造成了典型的边疆佤族特色村寨。

村庄美起来,产业兴起来,曾经都到外地打工的年轻人,如今都回来创业了。在美丽堪比桃花源的永和国门新村,爽朗笑声阵阵,好日子来到了,村民们都笑开了颜。

——想方法、找出路,开辟产业新项目

沿着西盟县新厂镇绵延的当归山一路向中缅边境前行,穿过一片片密林之后,四周群山和森林环抱中出现一个秀丽的民族村寨。这里,就是西盟佤族自治县新厂镇永广村一组。

新厂镇永广村一组位于边境线上,与缅甸隔河相望,全组共有农户127户,人口418人。2017年一组17户农户被评定为建档立卡贫困户。为保障这17户贫困户能脱贫,村党支部书记岩上带着一组的党员们想方法、找出路,开辟产业发展项目。

在工作进程中,新厂镇党委和永广村根据一组的实际情况制订了产业发展规划,结合三江并流公司的养殖场计划在一组种植青贮饲料。刚开始,一直靠刀耕火种种玉米和水稻的一组群众对青贮饲料的种植存有疑虑。为打消群众的疑虑,支部党员先在自家田间带头种植,在党员的带动作用下,群众也跟着开展种植青贮饲料。2018年一组共种植皇竹草300亩,增加收入20余万元;种植青贮玉米400亩,增加收入40多万元,稳定了经济收入。

随着脱贫工作的推进,村里的产业形式开始呈现多样化。生态茶叶种植、订单农业、澳洲坚果等都得到不同程度的发展。2020年新增茶叶种植面积300亩,覆盖70户265人;2020年种植订单辣椒面积100余亩,覆盖40户169人。

在脱贫的路上,不断开拓产业发展渠道,镇党委和村委努力提高每一户贫困家庭经济收入,让群众能够过上不愁吃、不愁穿,就学、医疗、养老有保障的日子。

为稳定贫困户的收入,永广村一组党支部和脱贫工作委员会逐一入户了解贫困户情况,摸清底数后组织召开脱贫工作委员会会议,逐

二、千年的跨越

户分析全部贫困户的收入、产业布置、劳动力等情况，进行岗位安排。根据分析研究的结果，设置集体工作岗4个，设置个人工作岗7个，在安排岗位时，针对特殊的贫困户进行了多岗位安排。

村容村貌也是脱贫工作中的一项重要内容。永广村一组的脱贫工作委员会积极督促贫困户参加集体劳动和遵守村规民约，对违规违纪行为处以规定的罚款，一组党员率先带头抓执行。在这样的带动下，不到一个星期的时间，村民之间形成了相互监督的良好氛围。通过大家的努力，原本就整洁的村组环境变得更干净秀丽了，乡风民风更加和谐，寨子里家家户户之间互帮互助的氛围变得越发浓厚。

——从"粗放式"到"精细化" 昔日老山寨今朝换新颜

阿昌族是云南8个人口较少民族之一，主要聚居在德宏州梁河县曩宋、九保，陇川县户撒和芒市江东乡。近年来，在党和政府的关心帮助下，以及云南烟草专卖局（公司）的大力支持下，德宏州采取"一个集团帮扶一个民族"的方式，投入12.46亿元，组织实施了基础设施、民居保障、产业增收、综合推进四大工程，截至2019年末，德宏州阿昌族贫困发生率由2014年的17.95%下降至0.53%，实现了整族脱贫。

九保阿昌族乡是全国仅有的3个阿昌族乡之一，2014年贫困人口为269户904人，贫困发生率5.76%。自脱贫攻坚工作开展以来，九保阿昌族乡坚持党建扶贫双推进，整合投入资金2.5亿元，群众住上了青砖白瓦房，走上了柏油路，喝上了安全水，村民议事有了地点，就学看病在家门口就解决，文化设施走进了乡村。

在推进"两不愁三保障"过程中，全乡紧抓住房这一指标，以建好易地扶贫搬迁、农村危房改造为抓手，做到生活设施与生产功能配套，安居保障和美丽宜居同步推进。共实施易地扶贫搬迁241户，农村危房改造1008户，解决了5400名群众的住房安全问题。

为解决村集体和老百姓的收入问题，全乡坚持把产业就业扶贫作为根本出路。构建"龙头企业＋专合组织＋致富能人＋贫困群众"产业发展机制，提升贫困群众产业发展过程中抵御市场风险的能力。按照"宜养则养、宜种则种、种养结合、长短结合"的原则，落实扶持资金，加强技术培训，帮助群众实现产业从"粗放式"管理向"精细化"转变，不断提高老百姓的收入。

为推动贫困人口就业，德宏州实施了每户1人参加劳动力技能培训，每个贫困家庭至少1人实现转移就业，通过开发乡村公岗，解决无法离乡、无业可扶、无力脱贫的贫困家庭实现就业1人的"三个一工程"。目前，全乡实现贫困劳动力转移就业3816人，开发公益性岗位341个。

与此同时，九保阿昌族乡高度重视调动群众主体作用，激发贫困群众的内生动力。通过努力，全乡农村经济总收入由2014年的1.1亿元增加到2019年的2.06亿元，农民人均纯收入由4806元提高到9621元；全乡5个贫困村和525户2019人顺利脱贫出列，全乡贫困发生率由14.23%下降至0.67%。

——特色产业引领　阳光洒满"幸福路"

景颇族是云南特有少数民族，也是"直过民族"，与缅甸克钦族同宗同源、同语同俗，属同一民族跨境而居。2015年末，德宏州有景颇族14.01万人，占云南省景颇族总人口的95%以上，其中建档立卡贫困人口有8973户29004人。

按照云南省《全面打赢"直过民族"脱贫攻坚战行动计划(2016—2020年)》，实行"一个民族一个行动计划、一个集团帮扶"。国家明确由中国长江三峡集团对口帮扶景颇族整族脱贫。2016年，中国长江三峡集团积极投身德宏州景颇族脱贫攻坚战中,开展整族帮扶。德宏州按照三峡集团和省委、省政府的要求,科学编制了精准脱贫攻坚实施方案,总投资32.42亿元,重点实施了提升能力素质、组织劳务输出、建设安居房、培育特色产业、改善基础设施、保护生态环境六大工程。

2016年至2019年三峡集团投入20亿元帮扶资金,围绕能力素质提升、劳务输出、安居工程建设、特色产业培育、生态环境保护、基础设施改善等六大工程对云南怒族、普米族、景颇族3个"直过民族"和人口较少民族给予持续帮扶。

自2016年始,三峡集团对口帮扶德宏州景颇族精准脱贫攻坚项目启动,直接惠及景颇族33000名建档立卡贫困人口。截至2020年3月底,三峡集团在德宏州景颇族聚居区内援助实施农村安居房建设及危房改造2312户、易地扶贫搬迁51户,培养农村致富带头人1500人次,建设民族团结示范村、特色旅游村(寨)11个,扶持农业龙头企业22个,发展农村专业合作组织17个,村组道路建设326公里,村内道路硬化165公里,饮水安全巩固提升工程33个,村庄环境整治31个。在三峡集团的帮扶下,景颇族贫困发生率由2014年的20.25%降至2019年底的0.44%,实现整族脱贫。

(三)从刀耕火种到精耕细作

家,太冷了!一间间权权房漏风又漏雨。
地,太瘦了!一片片荒坡收获玉米一箩筐。
路,太远了!一条条回家山路攀爬一晌午。

多年前，从滇西北到滇西南，千里边疆万道山，在云南"直过民族"和人口较少民族地区随处可见这样的场景。

如今，从刀耕火种到脱贫奔小康，一首跨越千年的幸福之歌在各民族间传唱。

道路的飞越——脱贫攻坚以来，云南加大了对"直过民族"和人口较少民族地区的交通建设力度。交通运输部也加大对"直过民族"聚居区 30 户以上的部分自然村实施通村公路硬化工作的支持力度。几年来，"直过民族"聚居区共建设村组道路 8000 多公里。

住房的跨越——精准扶贫开展以来，云南在"直过区"坚持"以业定迁、以岗定搬"，将易地扶贫搬迁与城镇化建设紧密结合，对 2.7 万余户贫困户实施易地扶贫搬迁；坚持"一户一方案"，实施农村危房改造 7.8 万余户，让竹片房、茅草房成为历史。

产业的崛起——云南把产业扶贫作为根本性举措来抓，在"直过民族"聚居区发展扶贫龙头企业 160 多个，培育农村专业合作组织 670 个，培育特色农户 1700 多户，发展经果林、林下种植面积近百万亩，民族特色手工业覆盖 1.1 万多户。

——千年村寨曼班三队：从上山打猎到脱贫奔小康

阳光之下，17 栋风格统一的干栏式民居依山势错落排列，在青山之间格外醒目。寨子里，干净的水泥路旁有鲜花开得正艳，一群拉祜族妇女有说有笑地坐在树荫下剥着茶籽，几个孩子在跑来跑去地嬉戏⋯⋯

曼班三队，是"直过民族"拉祜族聚居的寨子，位于西双版纳傣族自治州勐海县布朗山布朗族乡曼囡村委会。2008 年以前，这里还是一个封闭、落后的地方，村民过着久居山林、与世隔绝，不识文字、不明出身的日子。十年回首，已是沧海桑田。如今，村民们的精

曼班三队村庄村民们改变了以往的生活方式和生活习惯，脸脏了，娜迫也自己去水管面前把脸洗干净

神面貌和生产生活方式都发生了翻天覆地的变化。

为啃下曼班三队这块精准扶贫工作中"最硬的骨头"，党委、政府在加大村寨水、电、通信、医疗等基础设施建设投入的同时，派出了工作队进驻村寨，从"零"开始，从学说普通话开始，一点一滴地引导村民。帮扶单位和工作组从培训普通话、组织看新闻，到带着大家走出去，千方百计教村民学汉字、认数字、拓眼界；从教会大家洗手洗衣服、洗澡叠被子，到明白孩子要上学、生病要就医，一点点教授、一天天陪伴。他们和拉祜族村民同吃同住同劳动，手把手地引着走、领着学、带着干，带领村民共同决胜脱贫攻坚。几年下来，曼班三队会说普通话、会用手机的人越来越多，户户都有了茶园种植、小耳猪养殖等致富支柱产业。工作组用智慧与爱帮扶着曼班三队17户村民解封闭、脱贫困、迎新生。

村民娜四是村中"最后一个女猎人",她回忆,以前家里种的谷子只够吃小半年,剩下的大半年只能靠政府发救济粮或者进山打猎。扶贫工作组到寨子后,带着村民们种茶叶、种水稻、种玉米,教村民养猪、养鸡。猎人娜四走上了茶山。和娜四一样,曼班三队村民彻底改变了原来生活散漫、粗种薄收的生产生活方式,全村水稻亩产由曾经的260公斤增加到最高733公斤,居全乡之首。还发展了以茶叶和"小耳朵"猪为主,柑橘、芒果为辅的特色产业。

近年来,政府帮助村民们建新房,他们两次搬迁,住进现在的干栏式木板楼房,曼班三队在2018年实现了整村脱贫,2019年,村民人均纯收入从2015年的2380元增加到8826.68元。家家户户住进了有民族特色的安居房。2020年初,云南省正式宣告拉祜族等9个"直过民族"和人口较少民族实现整族脱贫,历史性告别绝对贫困。

从引着走、带着学、促着干,到肯去学、想要干、真会干。看见人就躲、用手抓饭吃、生病不就医、孩子不上学……曼班三队村民的这些过往,已随着脱贫攻坚战的胜利被封存在历史长河中。如今,越来越多的村民在改变、在行动、在用心谋划未来。曼班三队村民的精神面貌、生产生活都发生了天翻地覆的变化。回首曾经,已是沧海桑田,未来圆梦可期。

——翁丁村:"原始部落"变身知名打卡地

翁丁,佤语的意思是云雾缭绕的地方,这是一个有着400多年历史的佤族村寨。曾经,闭塞的交通、落后的生产生活方式,使这个村寨几乎与世隔绝。如今的翁丁村是一个如诗如画的地方,成了知名的旅游打卡地,"原始部落"文化成了最大卖点,翁丁村村民实现了旅游脱贫梦。

二、千年的跨越

翁丁村村民

　　以前的翁丁村出行靠牛背马驮、饮水靠竹筒提取、照明靠煤油点灯，长期的贫困使翁丁村村民思想也停留在原始部落思想，他们认为吃饱穿暖都是奢侈，把部落当作最神圣的生活地，不允许外人打扰。

　　近年来，翁丁村围绕三产融合发展思路，积极探索建立"村党组织＋合作社＋农户＋市场"的产业发展模式，由党委、政府主导，村党组织牵头组建翁丁村原始部落旅游专业合作社，创新"工分制"管理方式，社员除获得固定分红外，还可参加景区民俗活动表演获得工分，根据工分领取工资。

　　通过旅游产业带动翁丁村及周边村寨发展，促进特色种养殖业、加工业和服务业的有机结合，翁丁村相继组建了农业生产综合专业合作社、茶叶专业合作社等新型经营主体，主打"翁丁生态"牌，做本土特色旅游产品、建民族特色旅游体验区，产业组织化程度不断提升。同时，翁丁村积极盘活闲置房屋资产和土地，以开办农家客栈、农家特色小店等方式，变"死资源"为"活资产"，将鸡肉烂饭、佤族水酒、传统织锦等特色民俗文化产品推向市场；积极开发"佤源寻真长廊"等新景点，使翁丁景区自然风光和传统建筑群等特色资源交相辉映、各展所长；推进旅游与农业的深度融合，定期邀请农业专家实地开展种养殖培训，不断提升农业生产现代化标准化水平，为提升景区"软实力"夯实基础，为群众脱贫增收致富拓宽渠道。

自从成立专业合作社以来，翁丁村不断完善规章制度，将景区管理、合作社运营、乡村治理三者有机融合，景区日常管理群众参与度提高。如今的翁丁少数民族特色村寨，不仅是国家级旅游景区，也是一个集布局合理、村容整洁、设施齐全、功能完善、管理民主为一体的美丽宜居村寨。

目前，旅游业已成为翁丁群众的主要收入来源。据统计，2014年翁丁村全村经济总收入627.86万元，人均纯收入5725元；2019年末，农村经济总收入1098.3万元，人均纯收入11338元，贫困发生率从21.03%降至0，群众的生产生活发生了翻天覆地的变化。

——镇沅九甲和平村：古茶树王下的巨变

夏日天空湛蓝湛蓝，山林郁郁葱葱，走进哀牢山镇沅彝族哈尼族拉祜族自治县九甲镇和平村，置身于山水田园间，让人心旷神怡。在和平村道路两旁一片片核桃林里，核桃硕果累累压弯了枝头，核桃树下套种的重楼、黄精、野三七、岩七等药材一片丰收在即的景象。

然而，过去的和平村山高坡陡，村民长期以来以刀耕火种维持生计，主要产业以玉米种植为主。当地人形容和平村有一句俗语："丢个石头不会响。"形象道出过去和平村的贫穷旧貌。

近年来,镇沅紧紧抓住产业这个"牛鼻子",因地制宜发展特色产业,逐步形成"一乡一业、一村一品"产业发展格局,通过党建引领,开创哀牢山农民讲习所,以扶贫车间模式,助农增收致富,产业扶贫取得了较好效果,托起了群众致富梦。乘着乡村振兴的东风,九甲镇和平村党总支带领全村干部群众,把一个"一穷二白"的贫困村,建成小有名气的产业兴旺村,千年古茶树王下正在发生着巨变。

和平村充分发挥基层党组织和广大党员的"领头雁"作用,因地制宜,大力发展核桃、茶叶、烤烟、林药、林菜、林禽等产业,推动形成了"家家有产业、年年稳增收"的发展局面,特别是新兴产业林下药材的种植。

和平村林下药材种植采取"村党组织+协会+公司+基地+农户"发展模式,加强各方面的利益联结机制,九甲镇农民专业经济协会和平村林下经济种植分会成立后,有效解决了全村乃至全镇药材产业缺乏规模性、系统性的弱点,使全镇药材种植变零星产为整体产业。

截至2020年,和平村共有17个村民小组247户农户种植各类名贵中草药材741亩,麦子山、山门口、大石房3个村民小组实现农户种植全覆盖。其中,滇重楼340亩、黄精300亩、岩七71亩、三七30亩,林下药材年均收入达300万余元。

九甲镇以扶贫车间为创业就业载体,积极发挥政府服务引导作用,针对各村产业优势,在资源配置上为企业的发展提供最佳服务,鼓励劳动密集型企业把一些车间建到贫困乡村去,吸引贫困人口到车间做工,既解决了企业用工难的问题,也让贫困群众在扶贫车间实现了就业增收。

镇沅按照"党员群众在哪里,讲习所就办到哪里"的原则,结合镇沅东边3个乡镇、西边6个乡镇农民群众培训需求和产业发展特点,分别在九甲镇、勐大镇成立新时代农民讲习所哀牢山农民技术学校和无量山农民技术学校，在全县109个村建设成立新时代农民讲习所，不断增强农民创业能力和致富能力。

2018年第三方评估，和平村脱贫出列。昔日贫困村，今日奔小康。如今，和平村通过药材、茶叶、核桃、烤烟、畜牧等产业的发展，"产业兴旺、生态宜居、乡风文明、治理有效、生活富裕"的美丽乡村新画卷正徐徐展开。

——老姆登村：碧罗雪山上续写美丽新传奇

在怒江东岸碧罗雪山上有一个美丽的怒族村寨，因为浓郁的怒族文化，又可欣赏怒江大峡谷和皇冠山风景，近年来成为自驾族们的网红打卡地。这就是福贡县匹河怒族乡老姆登村。

近年来，福贡县匹河怒族乡老姆登村依托资源、区位、民族文化等优势，积极探索"党建＋旅游"发展新模式，充分发挥党支部引领和党员带头作用，大力发展乡村旅游，拓宽群众增收渠道，成功探索了一条以乡村旅游巩固拓展脱贫攻坚成果的绿色发展之路。

文化是旅游的灵魂，是旅游后劲发展的引擎，老姆登村地处全国唯一怒族乡，怒族人口占81%，具有丰富的怒族少数民族文化及习俗，有"如密期"（开春节）、"如眷"年节等知名的怒族传统节日。老姆登村紧紧抓住这个优势，将独特的怒族文字、怒族服饰、怒族建筑、怒族美食，独特的节日习俗及婚嫁习俗与旅游发展深度融合，创建了工作室，普及并展现怒族传统文化，组织群众传承怒族歌舞表演，许多群众踊跃报名参加，为老姆登村旅游发展注入了灵魂。老姆登村于2014年被评为"中国最美村镇"；2015年获得中国最美村镇榜样奖；2017年再度入选最美村镇50强，再度进入新一轮的全国旅游特色村名录,"达比来亚"被评为国家级的怒族非遗项目,怒族民歌《哦得得》被评为省级民歌;2021年荣获"云南省美丽乡村"称号,非物质文化遗产传承人郁伍林入选最美村镇优秀个人奖。

依托资源优势,老姆登村推行"党支部+产业"的模式,发展特色农家乐、民宿,为乡村旅游发展架好梯子。

老姆登村党支部组织年轻党员、致富带头人等通过学习政策、举办培训、落实项目、提升素质,把群众"拉"到老姆登发展的大潮中,带领有能力的群众开办特色民居客栈。在支部带头引领下,群众多方面参与,旅游发展的产业链不断完善。客栈、农家乐从1999年的1家2—3个床位、接待就餐人数40多人、从业人员4人、年收入2万元的规模,发展到2020年初的23家338个床位,能同时接待游客就餐1200人。2019年,全村共接待游客18万人次,同比增长28%,占全县总接待游客数的40%。全村旅游年收入300万元,旅游收入占当地居民收入的32.85%。

与此同时,老姆登村成立5个专业合作社,大力发展茶产业,先后种植大叶树茶、小叶树茶、"云抗十号"、紫娟茶等特色品种。截至目前,产品销售收入达329万元;除专业合作社,还有16个茶叶加工厂和小作坊,带动茶农145户,户均收入达2万元,约占总收入的50%。

以"党员优服务、游客更满意"为出发点,老姆登村党支部结合"我为群众办实事"实践活动,实行支部带党员、党员带群众"双带"模式,成立党员志愿服务队,在特色民居改造、人居环境整治、旅游环境提升等方面,充分发挥党员和致富带头人的先锋模范作用。组织志愿服务队带头治理环境卫生并发动群众积极参与,指定村内党员分片包区负责治安、定期排查客栈安全隐患等,充分保证了老姆登村旅游环境的清洁舒适、文明、有序、独具特色;聚焦家庭内务管理提升、人畜分离、村庄公共空间整治、路域环境整治等工作，严格按照标准，带头拆除猪圈、鸡舍及违建物，带头整理家居内务，保证院场干净、室内整洁。通过党员带头作表率、每周五村民集体大扫除活动、人居环境整治"红黑板"制度执行等措施，有效巩固提升老姆登村容村貌，夯实旅游发展底子。

通过建立"党委支持、支部带头、群众参与"的良性互动机制，推动"党建＋旅游"的发展模式不断向深向好发展，如今的老姆登村已经从过去偶有"背包客"、"驴友"光顾的小村寨变成了集秀丽山水、民族文化体验、生态休闲、旅游度假于一体的特色旅游村，成为怒江花谷旅游的"引爆点"。

——谢里村寨：从心里感谢党和国家的关心

距离中缅国界不足 1 公里的谢里，是德宏傣族景颇族自治州芒市遮放镇河边寨村的一个村民小组。这里海拔 2000 多米，风光绮丽，因景颇族和傈僳族聚居而充满了少数民族风情，却也囿于山高林密，耕地资源贫乏，成了典型的边境贫困村寨。

2015 年以前，谢里的人均年收入不足 2000 元，村民没有稳定的收入来源，2014 年确定建档立卡贫困户 32 户 117 人，脱贫攻坚成为谢里的头号工程。

从前，谢里生产生活以刀耕火种为主。脱贫攻坚以来，为了鼓励村民发展生态养殖产业，增强扶贫的"造血功能"，从 2015 年开始，政府每年为每家每户提供不超过 9000 元的资金扶持，帮助村民发展产业，为了保证项目的可持续性，相关部门严格追溯资金的使用情况，引导村民将产业收益投入到再生产中。因此，现在的谢里，几乎家家户户都会养几头猪、牛，种一些水果、蔬菜。

2015 年，谢里自然村共 32 户 139 人，贫困发生率 100%。通过

二、千年的跨越

开展精准扶贫，重建民房投入256万元，其他各类设施投入200多万元。居住条件改善后，村民在各方面的支持下，把主要精力花在农业生产上。利用自然条件，大力发展种植业和养殖业，采用"党支部＋农户承包地入股＋集体"的模式发展樱桃、坚果等作物；养山羊600只，养牛200头，养猪500头，村上还成立了山羊养殖合作社，形成集体的合力，协调解决相关困难和问题。与此同时，政府还引入芝麻电子商务平台，帮助村民销售产品。自2016年以来，各级党委、政府和三峡集团先后投入各种扶贫资金1542万元。

经过多年不断的"折腾"，谢里的产业一点一滴地发展了起来。一个很小的村落，水果成片、牛羊成群、鸡猪满圈，农民的收入不断增加。2013年以前，人均纯收入只在2000元左右，至2017年，人均纯收入达8267元。如今，这个地处中缅边境深山之中的滇西小村，正借着产业发展的东风，逐渐摆脱耕地的匮乏和生活的贫困，在致富路上越走越远。

芒市遮放镇举行体验收割京禾术活动

随着扶贫攻坚引向深入，精准扶贫全面推开，谢里享受到改革开放的伟大成果，政府部门和三峡集团等企业给予极大的关怀，投入大量的人力、物力和财力。一个如诗如画的新谢里从守望中走来，从理想的远方走来，变成触手可及的社会主义新农村。民房一体化，现代化建筑蕴含着传统的民族风格，魅力十足；道路、人畜饮水、文化室、文化墙、寨门、公厕等公共设施齐全，村民安居乐业，过上了幸福生活。

谢里的身后画着原始社会的句号，句号渐去渐远，前面是欣欣向荣的省略号，化作壮丽的彩虹，酷似一座桥梁，此岸蒸蒸日上，彼岸更加辉煌。有人问，"谢里"的由来是什么？村民说，"谢"就是感谢，从心里感谢党和国家的关心。

（四）告别"忧居"开启"优居"

春天的云南处处花团锦簇，生机盎然。

一幢幢拔地而起、气势恢宏的安置房，一张张搬迁群众幸福欢乐的笑脸，一幅幅安居乐业美好生活的景象，成为云南易地扶贫搬迁成果的真实写照。

从故土难离到安居乐业，从靠山吃山到勤劳致富，各族群众摆脱了祖祖辈辈"一方水土养不好一方人"的困境，奔向幸福新生活。

遍布全省的易地扶贫搬迁安置区"烟火气"十足，搬迁群众安居乐业为梦想打拼，在小康路上奋力前行。这一幅幅景象，彰显着云南上下一心接续奋斗、实现百万大搬迁的不凡历程，描绘了各族群众摆脱贫困、奔向幸福新征程的壮丽新篇。

二、千年的跨越

——搬出大山天地宽

一排排依山而建的高层小区映衬着整齐分布的绿植带，幸福大道两侧配备了完善的社区卫生院和商超，这是昭通市鲁甸县卯家湾易地扶贫搬迁安置区一景，曾经遍地黄土坯房的卯家湾已然不见。

2019年，由中国建筑第二工程局有限公司承建的云南昭通鲁甸卯家湾易地扶贫搬迁安置区项目正式启动建设。该项目总投资53.08亿元，总建筑面积122.7万平方米，其中建档立卡贫困户有8346户35858人。

"搬出大山天地宽，幸福家园卯家湾。"醒目的红色标语在初夏阳光照耀下更显温暖与明亮。经过努力不懈的建设，卯家湾新城共安置昭通市彝良、永善、盐津、巧家、鲁甸5县搬迁群众3.9万人。

走入安置区，66栋8866套安置房整齐排列，2所学校、4所幼儿园、1个卫生院、6个社区卫生室及市政道路等已经建好。近年来，搬迁群众"挪穷窝、拔穷根"，告别了只以种植玉米、土豆来谋生的日子，告别了漏风漏雨的屋子，过上了梦想中的新生活。村民告别了高山"忧居"生活，搬到新城开启了"优居"新生活。

为持续做好乡村振兴，中建二局在项目建设过程中，积极发挥建筑行业优势，建设美丽乡村，打造"产业+就业+教育+消费+党建"扶贫模式。设立了云南省首个建筑类产业扶贫基地——建筑帮扶夜校。面向安置区无固定收入、无一技之长、无就业渠道的"三无人员"开设电工、木工、钢筋工培训课程16期。以授人以渔的方式让搬迁群众既"富脑袋"也"富钱袋"。2019年至今，累计提供就业岗位1000余个，为当地劳务人员带来了近6亿元的收入，让3.9万老乡"搬得出，稳得住，能致富"。

"卯家湾来变了样，修起多少电子厂，吃苦耐劳把班上，幸福生活跟得上……"每到黄昏时分，卯家湾社区广场上就会响起《歌唱卯家湾》这个曲目，歌里描写的美好生活如约而至。

——富民强村百姓安

金满村位于洛本卓白族乡西面的高黎贡山半山腰，距洛本卓乡政府驻地约8公里，距州府六库约84公里，海拔在1200—3500米之间，人均耕地0.6亩，全村90%的耕地坡度在25度以上，到处都是山，平地很少，绝大部分人口是白族支系勒墨人。贫困发生率75.5%，是怒江州典型的贫困村之一。

脱贫攻坚战役打响后，金满村认真落实党和国家的惠农政策，采取易地扶贫搬迁、劳动力培训转移等举措，解决贫困群众住房难、就学难、就业难、收入低等问题，贫困人口逐年递减。

截至2018年，已有170户699名勒墨群众分三批次从高寒村寨金满村搬迁至洛本卓乡政府所在地巴尼小镇，在那里务工，有了一份收入，留在原居住地的农户住房也进行了危房改造，如今村民家家户户都有了牢固、亮丽的住所。

此外，村"两委"用100万元的集体经济发展资金在巴尼小镇购买了6间商铺，出租给商家开"扶贫车间"、"爱心超市"和饭店，每年可以收取5万元的集体收入。用集体经济发展资金购买商铺，既解决了群众就业难的问题，又保证了资金的安全。

金满村在发展集体经济时为了保证群众收入可持续，注重长短期项目协调发展。长期项目除了投资商铺收取租金外，还包括一批经济林果种植项目。截至2019年，金满村先后种植了200亩榧木、358亩香橼，套种了190亩樱桃、梨和水蜜桃，水蜜桃种植项目已经有了初步效益。短期项目包括2018年实施并让群众获利的300亩"黑金刚"、"红美人"特色土豆种植和100亩花心红薯种植。

据了解，金满村种植项目的实施不需要群众投资一分钱，主要靠东西部对口帮扶和挂联单位的帮扶。每个项目的收益60%用于给建档立卡户分红，30%用于支付土地租金，10%上交村委会。爱心超市给村民兑换商品的资金主要来源于财政投入和挂联单位的爱心捐赠，但用完后需要村里自筹。

而金满村被保存下来的具有民族特色的千脚落地房建筑群和古老的"公房"习俗变成了罕见的奇观，金满村被云南省评为"云南省历史文化名村""云南省30佳最具魅力村寨"等，2015年被列入"国家级20个旅游扶贫示范村"，2016年被列入"怒江州旅游特色村"。

——岗位送上门　政策送到家　人员送到厂

靖安乡本是昭通市昭阳区最北部的一个二半山区多民族贫困乡，2020年靖安乡撤乡正式改为靖安新区。昭通市靖安易地扶贫搬迁安置区，位于昭阳区靖安镇洪家营村，距离主城区28公里，规划用地2177亩，承接了来自昭阳、大关、彝良、永善、盐津、镇雄6个县区的搬迁群众9200多户4.06万人，是全国最大的跨县区安置区。

靖安易地扶贫搬迁安置区分为12个地块，安置区一、二期工程建设安置房149栋9256套，安置房以15层为主，11、13、17层为辅，三期工程配套建设学校、医院、商业等基本公共服务和给水、燃气、污水处理、垃圾处理等基础设施。

为了全力推进安置区建设，昭通市成立了以市委、市政府主要领导为总指挥长，市委副书记为分指挥长，全市各相关部门为成员的指挥部，高位谋划、整体推进，在指挥部和工程队的共同努力下，市政道路、"一水两污"、学校、医院、扶贫车间等配套建设稳步推进，建成马铃薯良种扩繁基地 1.5 万亩、水果胡萝卜基地 1100 亩，首批就有 986 户 4814 名易地搬迁群众陆续入住新居。

搬迁至安置区的村民，原先大多生活在"山卡卡"里，道路不好走，出行不方便，住的也是土木结构的老旧房子。而现在，他们住的地方是城市的社区，房子有三室两厅一厨两卫，干净、整洁，社区服务也很好。

生活条件虽然好了，但搬迁户面临着农村生活到城市生活的转变。对此，安置区工作人员耐心教他们学会看门牌、识道路、乘电梯、收拾家，以及学会医保报销。此外，安置区还设置了楼栋长、片区长，从生产生活需要出发，想群众之所想，想群众之未想，努力帮助搬迁群众尽快融入城市生活。

二、千年的跨越

同时，靖安新区围绕易地扶贫搬迁"搬得出、稳得住、能发展"目标，坚持"搬迁安置同发展产业紧密结合"，建成蔬菜、食用菌大棚3000个，扶贫车间2.5万平方米，带动搬迁群众实现就近就业的同时，建立劳动力就业信息台账，精准掌握就业需求，积极开展劳务对接，拓宽就业渠道，将未就业人员的就业意愿与岗位进行匹配，让有就业意愿的劳动力都能找到自己称心如意的岗位。截至目前，靖安新区有易地扶贫搬迁劳动力21756人，已就业20614人，就业率达92%。

2021年以来，靖安以2.75万个村民小组为基本单元，组织3万多名市、县、乡、村"四级干部"和驻村队员、就业信息员，扎实开展动态精准的网格化就业服务，实现"岗位送上门、政策送到家、人员送到厂"的点对点、一站式有组织输出。同时，组建38个驻外人

靖安易地扶贫产业园区

力资源服务站,选派102名稳岗人员到151个省外就业集聚地区,开展精细化跟踪服务,保障外出务工人员稳定就业。

——每天都在变化 每时都在进步

汹涌澎湃的怒江由北向南在峡谷大地蜿蜒奔腾,其中一湾在福贡县匹河怒族乡托坪村五湖小组打了个漩后旋出一片开阔地,托坪村易地扶贫搬迁安置点便在这里扎了根。

安置点内,一景一人一物无不是"怒江每天都在变化,每时都在进步"的生动体现,国家易地扶贫搬迁好政策如雨后阳光,让世代备尝贫困之苦的托坪村村民告别苦日子,奔向新生活。

福贡县匹河乡托坪村村民李晓波此前住在高黎贡山的半山腰上,山地陡峭且贫瘠,平日里种的苞谷只能勉强糊口。通过易地扶贫搬迁,他一家7口人住进了五室一厅的新房子。"每次晚上回家,手一拍,楼道的灯就亮了,好像有人在等着我一样,心里特别温暖。"李晓波说。

2019年,匹河乡托坪村托坪小组45户179人全部搬出了祖祖辈辈生活的大山,住进了离乡政府仅1公里的托坪易地扶贫搬迁安置点。匹河乡托坪村易地扶贫搬迁安置点于2017年10月26日开工建设,2018年10月20日竣工验收,占地面积2.4万平方米,建筑面积16251.59平方米,共建设8栋160套安置房,总投资4214万元。

为确保搬迁户住进舒适的环境,得到体贴的服务,生活便利,吃穿不愁,精神生活得到丰富,政府多措并举,解群众之难,帮群众之困。托坪易地搬迁安置点管理委员会主任杨国华介绍:"我们实行一站式办公,群众'最多跑一次'就能把事情办好。"

搬迁安置点入口设有综合服务中心、党群活动中心、关爱中心、物业管理等机构,还配套建设了农家书屋、群团之家、托坪村史馆、

福贡县匹河怒族乡托坪村草果鲜果农副产品交易中心

幼儿园、爱心扶贫超市、休闲广场等。县人社局、扶贫办等部门还积极开展农家菜烹饪、草果编、竹编等培训，帮助搬迁群众提高劳动技能，增加收入，让贫困群众在乔迁新居后有产业、有就业，搬得出、稳得住、能发展、可致富。同时，还出台实施了户均安排一个公益性岗位、给予建档立卡贫困户小额贴息贷款等后续帮扶措施，促进村民创业就业。村民们搬迁到安置点后，出行、就医、就学都更加方便，就业也更加便捷，生活迎来了新希望。

——党和政府帮到底扶到位

过去的岜夺村，房屋破旧，土地贫瘠，"晴天一身灰，雨天一身泥，出门赶集两套衣"曾是这里的真实写照。附近村民都说："嫁人莫嫁岜夺村。"截至2017年末，全村共有建档立卡贫困户157户700人，未脱贫102户442人，贫困发生率15.06%。2018年3月，云南

广南县岜夺村面貌一新

省纪委省监委帮扶岜夺村以来,短短的2年时间里,这个昔日贫穷落后的小山村发生了翻天覆地的变化。2019年,岜夺村脱贫出列。

岜夺新村是一个易地扶贫搬迁安置点。曾经的岜夺村,出行难、吃水难、看病难、上学难、务工难、娶亲难。通过实施易地扶贫搬迁,搬迁群众从山坳到平坝,告别了穷苦落后的生活,离开了"一方水土养不起一方人的"穷窝,来到交通便利、环境优美的宜居新家园。

如今,岜夺新村51户200多人,已于2018年8月底全部搬迁入住,居住着汉族、壮族、苗族3种民族。易地搬迁过程中,通过村级统一规划,规范建房,让出入不便的村民集中搬迁到新村,靠近村里扶贫产业基地,真正实现了"搬得出、稳得住、能发展、可致富"的总体要求。

两年来,省纪委省监委以上率下,驻村工作队领着干、推着干、比着干。共协调资金8380.8万元,实现通村、村内、入户三类道路硬化全覆盖,村小组群众饮水安全达标,全村通信讯号无死角、无盲区。岜夺小学的孩子享受到了媲美城市的教学设施,岜夺幼儿园成为全省"公建民营"高质量幼儿园示范点。

生态,是岜夺新村的优势,如今,荒山种上了油茶树,坝子种上了甘蔗、水果、蔬菜，打造花卉苗木特色小镇，群众不仅有了收益，还能让荒山变绿坡，这就是岜夺新村的"绿色银行"。

在省纪委省监委的倾力帮扶下，岜夺村面貌焕然一新，村民们纷纷发自内心感慨：是党和政府"帮到底了、扶到位了"。如今，岜夺村已在乡村振兴的大道上阔步前行，岜夺村更好的日子还在后头。

——从"落地生根"到"开花结果"

"以前打工给城里人盖房子，从来都没有想过自己能在县城有一套房子。"2020年5月初，曲靖市会泽县云峰村村民郭德友通过易地搬迁的政策，一家六口人领到了县城120平方米房子的钥匙，如今一家人在新房子里过上了过去想都不敢想的好日子。

云峰村有10个村民小组，有农户842户2862人，其中建档立卡贫困人口429户1687人，贫困发生率58.94%。从2019年开始，在会泽县易地扶贫搬迁三年行动计划统一安排下，组织对"一方水土养不起一方人"和易发生山体滑坡的409户1559人实

会泽县新城易地扶贫搬迁安置小区全景

施易地搬迁。

搬迁村民入住新家后,由辖区钟屏街道办事处统一协调安排,根据贫困户自身情况,通过岗前技能培训、吸纳公益岗位、劳动力转移就业、"扶贫车间"家门口就业等形式,每人每年可实现务工收入1.4万元以上,确保了搬迁村民"落地生根""开花结果"。

在云峰村,除了搬迁村民外,村党总支带领村民积极探索产业扶贫路,按照"党组织+公司(合作社)+贫困户+村集体经济"模式,争取资金120万元扶持发展大树青花椒、石榴、核桃等特色种植业,为102户贫困户申请小额信贷504万元,通过土地流转、就地务工、自身发展产业等方式实现持续增收。通过发展青花椒、石榴、蔬菜等产业,村民们有了稳定的致富产业。

几年来,村里累计争取项目资金400万元,实施安全饮水项目3个,新修道路6公里,硬化道路38万平方米,新建村民小组活动场所2个,全面加强村内基础设施和公共服务设施建设,提高群众的获得感、认同感。

——走活了富民强村"一条路"

老寨村位于文山壮族苗族自治州麻栗坡县西南部,距离城区30公里,是汉族、壮族聚居自然村,全村共有21户97人,其中壮族64人。

多年以前,贫穷是老寨村群众们最深的烙印。如今时代变迁,红色文化为群众注入新活力,全村人均年收入达12000元以上,人居环境也得到了巨大改善,群众幸福指数直线上升。

多年来,老寨村始终牢牢把握"各民族共同团结奋斗、共同繁荣发展"这一主题,以脱贫攻坚为总抓手,以"红色基因"为切入点,全面推进民族团结进步事业,谱写了一曲经济发展、民族团结、社会和谐的精彩华章。

二、千年的跨越

早在2015年，老寨村就被列为云南省兴边富民工程"沿边三年行动计划"试点村。按照省人民政府提出的"五通""八有""三达到"的要求，概算总投资1231万元。老寨深度挖掘历史文化底蕴，把村子作为"红色旅游新村"和"少数民族特色村寨"进行打造建设，并于2017年12月圆满完成了各项工程建设任务。项目涵盖抗震安居、产业培育、基础设施建设、公共服务提升、村寨环境整治、劳动者素质提高六大工程31个子工程。项目实施后，全村实现了水、电、路、广播电视、网络"五通"，完成了雨污分流、绿化美化建设，村容村貌发生了翻天覆地的变化。

老寨村旧貌换新颜，随着收入的增加，加上长期受红色文化的熏陶，群众思想转变了，生活也讲究了，村风民风明显好了，村里村外、家里庭院的环境都变得干净整洁了。2019年，老寨村获得"文山最美

麻栗坡县天保镇天保村委会老寨村

民族村"殊荣！2020年，被评为"云南省民族团结进步示范单位"。

老寨村在产业发展上紧紧围绕"农旅融合、以旅强农"这一目标，依托创建"英雄老山圣地"景区和坐拥老山神炮军事主题公园、背靠文天二级公路的地缘优势，以"追忆军旅生涯、品味荣光岁月"为主题，主打"红色牌""农家牌"，采用庭院式设计，着力打造农家服务小院，为景区提供专业配套服务，有效实现了"近期适宜居住、远期可满足乡村旅游"的目标，真正走上旅游兴村的发展道路，实现土地的高效利用。并在全县率先搭建起农村淘宝服务平台，缩短农产品营销"最后一公里"，走活了富民强村"一条路"。

——看得见、摸得着的喜人变化

昭通市镇雄县芒部镇松林村，曾是一个穷得出名的落后村，在村

镇雄县芒部镇松林村

中，口口相传着一段民谣："好个松林乡，泥巴稀汤汤，出门三步路，鞋子都逮脱帮；媳妇讨不进，姑娘往外嫁；病人想米吃，还要跑镇雄的小平坝……"而如今，走进松林村，在清晨的阳光照射下，一栋栋赫红屋顶、米黄墙壁的彝族风格民居鳞次栉比、错落有致，外墙上绘着彝族特色的彩绘，一幅美丽的少数民族特色村落画卷携着生机与希望迎面而来。

经过几年的建设发展，松林村上下街实现道路硬化，安装了太阳能路灯，龙山广场周边，休闲健身器材、梦想科技馆、电子商务进农村综合示范店、公共厕所等配套设施一应俱全。周末，不少游客前来赏花观景、田园采摘……特别是火把节，民宿客栈、农家乐爆满，土特产热销，上下街村已经实现华丽转身，于2019年实现整村脱贫出列。

为改善彝族同胞的生产生活条件，在各级各部门的努力下，2016年5月，芒部镇抓住易地扶贫搬迁安置57户197人的契机，对山、水、林、田、路、房进行了整体规划和建设，完善街道、广场、公园等基础设施，全面开展绿化、美化、亮化等提升工程，上下街也摇身一变，成为引领脱贫攻坚、改善人居环境、促进民族团结的易地扶贫搬迁安置示范点。

芒部镇按照"各炒一盘菜、共办一桌席"的思路，挂图作战倒排工期，列业务清单精准到人，整合人力资金提高效率，抓产业增强发展后劲，在党和政府的帮扶下，曾经山一家水一家，生活艰难的松林村已是旧貌换新颜，简陋低矮的土基房被宽敞明亮的"小洋楼"取代，泥泞难行的乡间道路即将成为通达便捷的"致富路"，彝族文化博物馆、火把广场等配套设施也将建成，一个个实实在在的举措正在变为看得见、摸得着的现实。

2020年，中央文明委公布第六届全国文明城市、文明村镇、文明单位名单，镇雄县芒部镇松林村上榜。

——美丽乡村的致富答卷

拉日村是迪庆藏族自治州维西傈僳族自治县保和镇下辖的社区，位于县城西北方向，距城区13公里，辖17个村民小组，573户2216人，2014年全村建档立卡贫困户330户1229人，贫困发生率接近60%，属于深度贫困村。

曾经，村内多数是木楞房、杈杈房，多数群众住房达不到遮风避雨、安全稳固的要求。村内垃圾到处是，污水横流；多数家庭人畜不分，没有洗澡间，更没有卫生厕所，庭院"脏乱差"。

近些年，拉日村结合脱贫攻坚和乡村振兴等工作，先后实施了"农危改""扶贫安居"，以及村庄环境整治、村内道路硬化、人畜饮水等工程。如今，村子到镇上全部是柏油路，交通非常方便，拉日村辖区内的17个村民小组的道路也全部是硬化路。

维西县拉日村村民

"这几年我们村变化很大,脱贫没问题了,现在是往乡村振兴方向努力,要想方设法让乡亲们腰包鼓起来,共同致富。"拉日村委会主任李荣华兴奋地说。

拉日村平均海拔 2357 米,适合种植露天蔬菜、糯山药、百合、各类中药材、干果等。全村耕地面积 4005 亩,人均耕地面积 1.81 亩。结合实际,拉日村积极作产业调整,通过产业调整,拉日村露天蔬菜种植面积 500 余亩,每亩收入可达 8000 元;种植糯山药 400 余亩,每亩可实现 1.8 万元的收入。

经过几年的努力,拉日村 330 户建档立卡户实现了"两不愁三保障"目标,顺利实现脱贫。当前的拉日村基础设施日益完善,曾经贫穷落后的小山村旧貌换新颜,变成名副其实的美丽乡村。

(五)下活"产业棋" 奏响"富民曲"

不兴产业穷根难除,不壮产业富不长久。

脱贫攻坚以来,云南省坚持把产业扶贫作为"摘穷帽"、"斩穷根",实现从"输血扶贫"到"造血扶贫"转变的根本之策,让发展产业成为消除贫困最有效的办法和创造幸福生活最稳定的途径。

在小康路上,云岭大地的村村寨寨因地制宜,找准契合点,上马好项目,建立起产业脱贫、长效致富的机制,演绎大山里的"逆风翻盘"。

——细沙社区:念好"山字经"、种好"摇钱树"

一场雨后,永善县细沙乡细沙社区成片的竹林在微风中尽情摇曳,翠绿的竹叶给小山村增添了勃勃生机。在细沙社区土果途种植专

昭通市永善县细沙乡竹笋产业

业合作社和锦途种养殖专业合作社的方竹基地里,一排排方竹在阳光照射下闪闪发光。

走进位于细沙社区的云南菜人家食品有限公司,车间里,百余名工人正有条不紊地进行漂洗、修整、分级、装袋、抽空、封口等流水线作业,在车间的传输履带上,一袋袋美味可口的绿色生态食品陆续出厂,销往全国各地。

细沙社区属贫困村,距永善县城区40公里,与大关、盐津、绥江3县交界,辖6个自然村27个村民小组871户3687人。有建档立卡贫困人口298户1289人,贫困发生率为35%,2018年脱贫出列。2019年脱贫290户1259人,未脱贫8户30人,贫困发生率降至0.87%。

近年来,永善县不断培育发展壮大龙头企业,"龙头"带动细沙社区念好"山字经"、种好"摇钱树"、舞动产业链,依靠竹产业助力脱贫攻坚,实现农民增收,推动乡村振兴。在改善生态环境的同时，也为当地群众开辟了一条产业致富的新道路。

云南菜人家食品有限公司充分发挥龙头企业的带头作用，探索实践"龙头企业＋合作社＋基地＋农户""龙头企业＋村集体经济组织""龙头企业＋基地＋贫困户"等扶贫模式，助力脱贫攻坚。公司先后与细沙乡细沙社区和三堡村签订了《"万企帮万村"精准扶贫行动村企结对帮扶协议》，制订了三年扶贫攻坚规划，积极开展就业、产业、教育、医疗等社会帮扶工作。通过出资20万元购买小米辣籽种和复合肥，免费发放给贫困户种植小米辣，培育小米辣示范基地450亩，带动全县种植小米辣7500亩，实现户均年增收0.95万元；帮助146户贫困户实现了稳定脱贫。

同时，细沙社区将财政扶持发展村集体经济的资金入资到云南菜人家食品有限公司，按保底收入分红的方式获取收益，增加村集体收入，助力集体经济发展。除了细沙社区，云南菜人家食品有限公司还与全县其他53个贫困村签订了10年期村集体经济合作协议，通过"龙头企业＋村集体经济组织"的发展模式，既帮助村集体经济增加收入，又解决企业融资难题，真正实现互利共赢。

2016年以来，细沙乡共种植方竹36425亩，其中，细沙社区共种植方竹10254亩。预计2023年进入初产期，细沙社区方竹产值可达1000万元左右；2025年进入盛产期，产值可达3000万元以上。

自古以来，"竹"在人们的心中一直有着特殊的地位。苏东坡曾感言"可使食无肉，不可使居无竹"，千年前诗人的咏叹志在表达高洁的人格追求。而对于细沙社区的村民来说，已然真实地生活在"不可居无竹"的生态佳境中。

——下江坡村：精准扶贫带来的华丽蜕变

江坡村隶属于迪庆藏族自治州德钦县佛山乡，位于佛山乡南边，距离佛山乡24公里，是一个与"桃花源"、桃源论箭节、雪达湖密不可分的神奇净土。待到花开之时，放眼望去，漫山遍野都是桃花；置身村里，抬眼便可看见梅里雪山太子十三峰；蹲在雪达湖边，低头便可看见梅里雪山的倒影。

曾经，江坡村的村民最大的愿望就是填饱肚子，"穷"就是生活的主题，村里的路都是土路，村民住的平顶房经常漏雨，没有卫生间，人畜混居，生活条件非常落后。国家加大帮扶力度，实施精准扶贫后，村民们换上了铁皮房顶，新建了洗澡间，改造了厨房，人畜分开，院子里打上水泥地皮，人居环境得到了明显改善。

此外，江坡村有发展乡村旅游的独特优势，也有发展葡萄、毛桃等生态产业的地理优势。自开展脱贫攻坚以来，该村顺势而为，大力发展乡村旅游及生态产业，带领群众增收致富，顺利脱贫。

2017年，村"两委"干部和驻村工作队员多次专题调研、入户了解村民发展意愿，在县、乡两级党委、政府的大力支持下，启动江坡村说达村民小组乡村旅游。江坡的村庄与山野间桃树遍布，每年春深时，江坡村便成了"桃花村"，在当地素有"桃花源"的美誉。江坡村以桃花开放为契机，结合独特的自然风光和浓厚的传统文化，将观赏桃花与乡村旅游相结合，大力发展特色乡村旅游，带动群众增收致富，其中最具有成效的就是举办"桃源论箭节"。"桃源论箭节"的举办不仅拉近了四邻八乡人与人之间的距离，还让江坡村声名鹊起，促进群众增收，吸引了众多乡村旅游投资商前来洽谈业务。

2018年，到江坡村说达村民小组赏雪的游客突破1000人次，户均增收2000元。2019年开始，广东省佛山市的一家旅游开发企业与德钦县佛山乡合作，投资8000万元，联手在说达村民小组打造面朝雪山、春暖花开的高端乡村旅游景点。

二、千年的跨越

　　除乡村旅游外，江坡村还大力发展种养殖产业，助推群众脱贫。在原有葡萄产业的基础上，该村中药材种植及山羊、生猪、牦牛等养殖业也实现了从无到有、从小到大的转变。2017年，江坡村在全村推广种植62.7亩白芸豆、46亩藜麦、69亩荞麦、15亩当归，2018年，推广种植了300亩毛桃、20亩花椒、625棵油橄榄、1亩油牡丹，有效增加了农户的收入。为了提高群众发展产业的积极性，该村还采取与农民专业合作社和农产品经营公司合作的方式，收购群众的农产品，免除他们的后顾之忧。

　　同时，江坡村还先后入股梅里雪哒湖开发有限公司、佛山乡种养殖协会、云南廷音曼商贸有限公司、德钦县"一司五厂"，发展集体经济。每到年底，企业以固定投资收益的方式给村集体合作社分红。2018年，江坡村集体经济收入达14万元。

　　2021年，江坡村入选云南省2021年度美丽村庄建议公示名单。

雪山下的佛山乡江坡村

——东川区铜都街道李子沟村：开花洋芋让村民笑开花

李子沟村地处乌蒙山区，海拔 2600 米，山高坡陡，交通不便，生产生活条件落后，223 户村民中有 172 户是建档立卡贫困户，大多数村民以种植洋芋为生，"产量低、销路少、卖价低"一直是制约产业发展的瓶颈。

为帮助李子沟村民早日脱贫，挂钩帮扶的昆明市税务局精准帮扶、因地制宜、对症下药，注重以产业扶贫增强"造血"功能。扶贫工作队在摸清致贫原因的基础上，与村干部一起走村串户寻思路、想办法，最后把目光聚焦在了李子沟村自产的洋芋身上。李子沟的洋芋口感好、不打农药，但价格却上不去。要想卖出好价钱，就要解决基础问题，打响知名度。

为解决技术和资金问题，当地政府引进企业，与铜都街道的种养协会和全村的建档立卡贫困户成立了三方股份公司，增加了技术设备。在扶贫干部的协助下，村里还举办了三届"开花洋芋节"，为李子沟村的洋芋打响了名气、拓宽了销路，品牌效应日益显现。一公斤洋芋从几年前的四五角钱涨到了现在的七八元。2018 年李子沟平均每户人家洋芋销售收入达到 6000 元，较 2017 年增长近 50%。

找对了路子，用对了法子，开花洋芋不仅让村里产业红火，也让村民脸上笑开了花。2015 年的李子沟村，全村没有一套砖房，全是土坯房，都是 C、D 级危房。国家虽然有一些帮扶农村危房改造的政策，但由于老百姓很穷，所以都盖不起房子。经过精准脱贫，李子沟村的开花洋芋，让老百姓的收入提高了，国家也加大了农村危房改造的帮扶力度，截至 2018 年底，李子沟村全体贫困户都建了新房，全村有 170 户建档立卡贫困户摘掉了帽子。

抓住创建省级美丽村庄的时机，李子沟村结合人居环境整治工作的开展，贯彻落实中央关于农村"一户一宅"的宅基地管理要求，对

东川区铜都街道李子沟中华蜂养殖基地

农户超出"一户一宅"红线的老旧房屋，收归集体所有，进行拆除，对C、D级危房和土坯房、残垣断壁同期进行拆除，共拆除土坯房90间，拆除房屋面积约27000平方米。现在的李子沟村容村貌干净整洁，乡村文化生活丰富，邻里之间友爱和善，村民生活幸福喜乐，被认定为"2021年昆明市'一村一品'示范村"和"2021年度云南省美丽村庄"。

——丘北新寨村：昔日小山村焕发新容颜

炎炎夏日，走进云南文山壮族苗族自治州丘北县曰者镇新寨村，一幅新村新面貌映入眼帘：平直干净的水泥路直通村里，家家户户住进了新楼房，村里蔬菜基地、蚕桑基地、葡萄园生机勃勃，脱贫攻坚让这个昔日贫穷落后的小山村处处焕发新容颜。

坐落在曰者镇北部的新寨村是一个少数民族聚居村寨。过去，新寨村由于无产业支撑，发展滞后，贫穷落后曾是这里的代名词。为摆脱贫穷，当地干部群众齐心协力战贫困，通过一系列精准扶贫政策措施，如今的新寨村旧貌换新颜，贫困人口从2014年的284户1273人减少至2020年的23户85人，贫困发生率从2014年的18.5%降至1.24%，村脱贫出列7项指标均达到退出标准。

加强村组活动阵地建设，改扩建村党委活动室，建成老寨支部等村级活动室，修缮烂泥寨等4个活动室，实现了"一室多用"综合服务平台的作用，细化服务内容，提高为民服务本领和水平。

该村党委盯紧村、组两级党组织书记，以目录清单形式细化党建工作职责，抓实"第一责任"。明确村党委班子成员党建工作分工，挂钩联系、分片包干抓实党建工作，细化工作内容，明确目标任务，抓实"具体责任"。

烈日下，丘北县宏新种养殖农民专业合作社蚕桑种植示范基地里，一大片绿油油的桑叶长势喜人，工人们在基地里管护桑叶，一派繁忙景象。

"我们招收的工人主要是当地的建档立卡贫困户，目的是带动他们早日增收脱贫。"合作社理事长马怀花说。合作社带动当地90户建档立卡贫困户种植蚕桑，还对他们进行技术上的指导和培训，除了集中养，合作社还提供蚕种给贫困户在家里散养，等蚕结茧了再进行回收。通过实行集中养殖和分散养殖方式，提升群众创业致富能力。同时，农户进行土地流转后，到养殖基地务工，每天100元以上的收入，进一步拓宽了贫困群众增收致富渠道。

曰者镇在扶贫攻坚工作中，结合坝区"蔬菜果园旅游"的发展思路，引进丘北正辉农业开发有限公司，通过土地流转，大力发展蔬菜产业，把"蔬菜种植"变成了蔬菜生产"车间"，带动了附近建档立卡贫困户就近就业。

正辉农业开发有限公司负责人介绍，公司成立以来，通过当地农户集体流转土地、建档立卡贫困户资金入股等方式大力发展蔬菜种植。目前已在新寨片区流转土地3700多亩，涉及老寨、烂泥寨等8个村寨，基地长期就近吸纳300多人进入基地务工，其中建档立卡户109户，一年支付工人的工资就达1000多万元。近几年来，公司积极响应产业扶持政策，不断扩大种植规模，年产蔬菜达7000到10000吨，每年销售额高达3000多万元，常年解决当地农民工就近务工500人。曰者镇新寨村通过加大特色产业发展力度，以产业助增收促脱贫。

如今，行走在新寨村，人们能够切身感受到脱贫攻坚给这个小山村带来的巨大变化，村道两旁内容丰富的文化墙提振了农民的精气神，村民们脸上洋溢着甜美的笑容，对美好生活有了更多的期许和憧憬。

——玉龙村：党建扶贫"双推进"引领白族村美丽蝶变

走进大理白族自治州剑川县马登镇玉龙村，错落有致的白族民居及干净整洁的道路映入眼帘，村民们脸上洋溢着幸福的笑容。

玉龙村，背靠"滇省众山之祖"的雪邦山并为"山下第一村"，地处云南省大理白族自治州剑川县马登镇西北边，距镇政府所在地3公里，距剑川县城区60多公里，辖6个自然村8个村民小组，总人口823户2715人，其中农业户籍645户2535人，世居民族全部为白族。

长期以来，玉龙村集高原、民族、贫困、山区为一体。气候凉冷，土地瘠薄，村民经济收入以种植水稻、玉米、土豆和养殖猪、牛、羊以及外出务工为主。但田地亩产80公斤，仅能勉强维持不挨饿。全村没有1米硬化路，人畜饮水、生产用水也是难题。2014年，玉龙村农民人均收入2520元，贫困人口191户807人，贫困发生率32.5%。

剑川县马登镇玉龙村全景

2015年脱贫攻坚战打响以来,玉龙村成功创建党建扶贫"双推进"示范点。村干部率先垂范,当好脱贫致富"领头雁","辣椒书记""苹果主任""马铃薯主任"等率村民走上了脱贫致富之路。2017年,玉龙村以"小土豆"转动"大扶贫",种植七彩土豆460多亩、苹果4000余棵,贫困户户均增收达300元以上,玉龙村脱贫出列。

一人就业、全家脱贫。玉龙村始终秉持"增加就业是最有效最直接的脱贫方式",动员村民1126人次参加远程培训,开展就业培训819人次,提供692个就业岗位,特邀专家现场指导,稳定转移就业205人,112户贫困户实现就业脱贫。如今的玉龙村,群众喝的是自来水,走的是平坦路,住的是整洁房,栽上了花草……昔日的深度贫困村正在蝶变成天蓝地绿、山清水秀、繁星闪烁的美丽白族村。

二、千年的跨越

——大补懂村：乡村旅游走上长效致富路

大补懂村是罗平县旧屋基彝族乡法湾村委会的一个彝族村寨，全村共36户138人。过去，由于村庄深居大山，交通闭塞，村里的群众有"五难"——上学难、看病难、饮水难、居住难、行路难，长期过着较为贫困的日子，是一个出了名的贫困村。

开展脱贫攻坚工作以来，该村依托独特的生态环境、传统彝族文化和"那色峰海"旅游资源，积极探索新的发展路子，走出了一条以乡村旅游助推脱贫攻坚的发展路子。村民们住上了安全房、喝上了干净水，村路上装起了太阳能路灯，多户村民买了小轿车，村民们过上了红红火火的日子。

如今，走进大补懂村，入眼是灰瓦石墙格子窗，一栋栋错落有致的彝家特色民居与周围环境相得益彰，与当地彝族民风民俗互为一体，体现着彝家群众对自然和谐统一的追求。

据了解，为了彰显民族特色，大补懂村依托浓郁的彝族人文元素，聚焦打造"那色"旅游品牌。政府出资2.5万元扶持王国翠等思想先进的农户率先发展农家客栈及餐饮服务，带动9户发展农家乐，户均年收益6万元；吸引当地年轻适龄劳动力就地就业9人，人均年收入2.4万元；4人在游客接待中心工作，负责景区导游、游客接送工作，人均实现年收入1.8万元。开发环卫工、交通协管员等公益性岗位8个，人均月平均工资1500元，推动了村民共同脱贫致富。该村还走文旅融合之路，成立彝族传统刺绣合作社，建设彝族刺绣工坊，与上海驰穆公司合作，搭建合作平台。围绕民族服饰制作基本常识、针法的运用等内容对绣娘进行集中培训，提高彝族刺绣水平，把文化变为产品，刺绣产品变为旅游商品，促进增收致富。

该村整合民族特色乡、民族团结进步示范村等项目，实施村内道路硬化、民居改造、活动场所、观景栈道等基础设施配套建设，实施村庄净化、绿化、美化、亮化、特色化"五化工程",打造独具彝族特色和区域特点的农家客栈,全村形成整齐划一、干净整洁、风貌独特的彝乡新村。

——芙蓉村:文旅融合铺就脱贫致富路

位于宣威城东的芙蓉村,有着宣威"后花园"之称。这里是彝族聚居村,彝族传统特色民居、彝族历史文化保存较好。近年来,东山镇党委、政府和芙蓉村党总支充分发掘该村的民族特色产业,注重文产与旅游结合,走出了"党建+旅游+扶贫"的新路子。

芙蓉村有农户467户1440人,彝族占81%,是一个典型的彝族聚居村寨,全村90%的妇女都会彝绣,在以前她们只是用彝绣打发农闲时间,而如今这一流传了上千年的彝族刺绣已经成为她们增收致富的一项产业。

为推动彝族刺绣传承和发展,芙蓉村先后通过到楚雄州请刺绣师傅到村里传授、组织本村有意愿的群众外出学习等形式,逐步提高农村妇女刺绣技艺,大大扩大了刺绣产业。该村2016年7月成立彝族刺绣专业合作社,至今已有40多名社员,并建成刺绣加工生产车间600平方米、产品展示区1个,每年生产彝绣产品1万余件,年营业收入达160万元左右。特别是2019年火把节期间,三四万名游客涌入芙蓉村,两天时间就售出各类彝绣产品2000件,销售额达50多万元。

芙蓉村还在上海援滇资金的帮扶下,投资280万元建成占地1600平方米的彝族特色工艺品加工厂。"这个项目预计4月启动,主要加工藤椅、桌子、茶几等产品,项目建成后将惠及3个村81户,其中建档立卡贫困户30户。"芙蓉村党总支书记张正稳表示,芙蓉村彝族特色工艺品加工厂建成运营后,能较好解决村集体无收入、群众难致富的问题。

此外,芙蓉村还计划把冬桃产业融入乡村旅游业中,将其打造成旅游的一大亮点,专门成立冬桃种植合作社,做强做大冬桃产业,并借助农村淘宝平台打开冬桃销路。同时,依托春季的万亩杜鹃花海、生态石林和民族文化,开发露营、野营、烧烤等旅游项目,助推芙蓉村脱贫致富。

2016年底,芙蓉村委会实现了22户71人的年度脱贫任务,实现了小山村的巨变。2017年,芙蓉村被命名为"中国少数民族特色村寨"。2019年12月,致力于生态保护与发展的芙蓉村被授予2019年度"全国生态文化村"称号。

多管齐下发展特色产业,乡村振兴路上芙蓉村人干劲十足。

——芦山村:哀牢山村"跳起来"

来到村头山坡时,远远地就听到茶林中传出采茶妇女的歌声,不时还听到有敲打铜锣的声响。采访组顿时兴奋起来,几个摄影人急急忙忙背上摄像器材跳下车,循着声音往林间赶去。这里是景东彝族自治县花山镇芦山村大楚雄小组,位于国家级哀牢山自然保护区山脉西南,村组主干道两旁是漫山的松林、核桃林,更有成片的生态茶园和古树茶园……

走到茶林地头一块平地上,一场精彩而珍稀的传统戏曲——"杀戏"正在表演,这是在景东县花山镇传承几百年的传统戏种,当地群众称为"老砍刀戏",也叫"马灯戏",衣着和唱腔都具有明显的中原特色。

今天,"杀戏"已经进入国家级非物质文化遗产名录。和"杀戏"一样,"跳关龙"也是当地群众喜欢的民间舞蹈,它是彝族和拉祜族舞蹈的结合,主要表现当地人民在生活中模仿各种动物动作、对龙的崇拜、庆祝丰收后的喜悦。今天成为人们歌唱幸福生活的真实写照；通过跳集体舞，歌颂在党的领导下，当地村寨发生的翻天覆地的变化、脱贫攻坚取得的巨大成绩。

芦山村大楚雄小组，常住人口仅 26 户 102 人，小组依山傍水，具有得天独厚的自然条件，户均耕地、林地面积较大，除传统粮食种植业外，大力发展经济林果，茶树品质优良，核桃果大产量高，有畜牧业发展的良好资源，牛羊猪等畜牧业蓬勃发展。近几年，村民逐步探索发展壮大了林下中草药，黄精、重楼种植已初见成效，通过勤劳的双手创造了幸福生活，农户腰包渐鼓。村里确立了村规民约，邻里关系和睦团结。

依靠着哀牢山区域自然优势，芦山村吸引了普洱大千茶业有限公司进村入驻，公司成立了茶叶种植农民专业合作社，积极履行"万企帮万村"精准帮扶社会责任。通过"公司+合作社+基地+农户"的经营方式，公司探索出了"213"帮带模式。当地茶农收入大幅提升。帮带的芦山村 36 户建档立卡户，通过发展茶产业已稳定脱贫 35 户。2019 年，通过茶叶收购、用工等带动芦山村 200 多户农户增加收入 320 万元。

大千茶业入驻后，当地茶叶实现了增值，从最初 10 多元一斤的鲜叶到如今 30 多元一斤的鲜叶，茶叶的品质更加优良，销售的渠道不断扩宽，实现了企业发展、合作社壮大、贫困农户增收致富互利共赢的目标。

在各级党委、政府的带领下，大楚雄小组群众靠着自己勤劳的双手种植茶叶、核桃和养殖猪牛羊等，过上了幸福的生活。同时，建立起了明确的村规民约，邻里更加和睦团结。

如今的大楚雄小组不仅实现了脱贫，还一步步迈上了奔小康之路。村干部说，目前的发展只是走完了新长征的第一步，下一步将有效衔接乡村振兴战略的实施,进一步抓紧实施人居环境改造,更加着力发展特色产业,迈上乡村振兴的新台阶。

——大炉厂村:大雪山的出路

作为云南北回归线以南的最高峰,永德大雪山以其拥有的丰富的自然资源和物种资源,一直是临沧乃至云南的骄傲。然而,永德大雪山还有一个特殊之处:大雪山下辖的很多村寨,因为地处偏远、交通不便,当地群众生活贫困,守着资源难致富,一直是临沧市脱贫攻坚的重要战场。

大雪山乡大炉厂村位于大雪山自然保护区缓冲带,因为山高坡陡,交通基础设施十分落后。大炉厂村的老辈人曾经说过,"就算乌鸦变成白的,大炉厂也不可能通公路"。

得益于脱贫攻坚,到大炉厂的公路,通了!

大雪山通公路,得益于党中央的扶贫政策,得益于云南省各级扶贫力量的不懈努力。2015年8月,根据省委统一部署,省公路局定点帮扶临沧市永德县大雪山乡,作为省级挂钩临沧市永德县的牵头单位,定点帮扶永德县大雪山乡曼来村及大炉厂村。

过去的大炉厂村,交通闭塞,通往山外的唯一一条道路晴通雨阻、狭窄陡滑,村民到乡镇要走七八个小时,遇上下雨,出行几乎中断。守着满山资源财宝,却怎么也富不起来,想建盖房屋,材料也运不进去。长期以来,大炉厂村及周边的10余个村寨村民都是住着当地叫的"厦片房"。

2017年初,大雪山乡南掌河至大岩房村委会和放牛场至大炉厂村委会的建制村公路修通了。此外,省公路局还对挂钩2个村的10条84.16公里通村组道路进行提升改造,对两个村所有住户的入户道路进行硬化。

全面建成小康社会 云南变迁志

路通了,车来了,人也来了。大炉厂村群众多年的企盼变成了现实,他们的出行方式和生产生活方式都发生了翻天覆地的改变,摩托车、汽车成了常见的交通工具,大炉厂村的村民,可以顺畅便捷地出去了。

"路通百业兴",2017年以后,这句俗话在大炉厂村周边村寨变成了实实在在的实践。洋芋、野菜、茶叶一年能卖一两万块钱,牛和羊好点的时候也能卖两三万块钱。大炉厂村村民们现在出售农产品很方便,不用再人挑马驮,一辆小车就可以解决,省心又省力。

扶贫扶长远,长远看产业。有了这条致富之路,大雪山人可以撸起袖子发展致富产业了。2018年,驻村工作队帮扶大炉厂村建成野生茶基地200亩,种植茶树7000多株,建成茶叶加工企业1个。按照合作社"公司+基地+农户+党建"方式运作,推动"互联网+"销售模式。

永德县大雪山乡大炉厂村农户正在晾晒的通血香中药

脱贫攻坚，短期靠政策，长远靠产业。为了盘活资源、提高产能、增加收入，大雪山乡先后通过场地出租增加村集体经济收入，择优引入合作企业，改良农产品加工技术，提高农特产品品质和价格，搭建电商平台，解决市场问题。如今，大炉厂村很多产业已经进入快速发展通道，并将长期产生效益。

除此之外，大雪山乡还有着"云茶之邦"茶产业园、七彩杜鹃园、高山湿地田园等一系列丰富的旅游资源，加之正在着重打造的星空露营、漂流等特色旅游项目，相信在不久的将来，一条以观光、品茶、露营、民族文化旅游为看点的旅游线路和相关旅游产业链就将发挥作用，并将带动大雪山乡当地群众实现可持续增收，走上更宽广的小康大道。

——崀峨村：贫困村的新气象

永胜县程海镇崀峨水库畔，那些依山傍水的小村子里，一场特色产业引路、多项产业并进的行动正在悄然上演，崀峨村依托资源优势，借力对口帮扶部门，在产业兴旺上下功夫，正在迈向崭新的发展征程。

永胜县程海镇崀峨村是永胜县94个贫困村之一，全村共有645户2843人，其中建档立卡贫困户57户187人，主要以传统的种养殖业为主。如何转变观念和经营方式，突破单纯种养殖业局限，是近年来当地各级党委、政府最关心的问题。

永胜县是财政部定点扶贫县，崀峨村又是定点扶贫村。2018年初，财政部干部颜铭跨越3000多公里，从北京来到崀峨村，接任驻村"第一书记"。颜铭通过深入调研，理清了崀峨村发展思路。在他的带领下，引进县内信誉度高、经营状况好的中源公司、沁香玫瑰庄园两家扶贫龙头企业，依托独特的气候优势，采取"村党总支部+

永胜县全力打造食用菌产业新高地

合作社+贫困户+龙头企业"模式，大力发展食用玫瑰种植和菌类种植。成立了永胜崀峨富美种养专业合作社作为村集体经济平台，村委会将财政部200万元定点帮扶资金、县级50万元涉农整合资金注入合作社并控股，由村委会主任担任合作社理事长，全村57户建档立卡贫困户每户1人加入合作社，每户以"1元入股"享受分红。

合作社将基地分成若干责任片区，分片实行党员带动贫困户劳动责任制，每个地块或大棚由1名党员"一对一"带领引导贫困户，贫困户承担除草、施肥、防虫等日常田间管理，合作社还支付劳务费用，让村民实现了在家门口务工。

崀峨村在积极探索产业转型发展道路的同时继续做优传统烤烟产业。村委会党总支书记海凤云向我们介绍，烤烟是村民的主要收入来源，崀峨村土质、气候、光照都非常适合种烤烟，村里的烤烟质量好，群众种烟积极性高。虽说种烟很辛苦，但种植效益比玉米好得多。新村村民巴建种植了30多亩烤烟，每年收入达到20多万元。

在大力发展烤烟、养殖等重点产业的同时，崀峨村坚持把劳务输出作为促进农民增收的产业来抓。目前，全村有 500 多人在外打工，关阳村民小组海浪一家，通过打工创收后回村建起了小别墅。像海浪一样通过外出务工，越来越多的村民的自身素质和劳动技能有了明显提高，为增收致富奠定了基础。

村民的思想发生了巨大转变，过去大家想的是种什么才能养家糊口，而现在村民想的是种什么才能赚钱。人人都重视子女的教育，村容村貌干净整洁，村民脸上的笑容更加灿烂。

碧蓝的天空下是一排排白色的二层钢混小洋房，用竹栅栏围起的院子，被主人打整得干净清爽。绿油油的青菜、辣椒、小葱旺盛生长，干净的水泥主干道旁，粉红色的格桑花在风中摇曳。眼前的景象，让人不敢相信这是一个易地搬迁村。在主干道几户人家的墙壁上，用彩笔书写的"幸福是奋斗出来的"几个大字格外引人注目。

（六）小康路上走出"幸福节奏"

——光明村："贫困村"变"花椒村"

鲁甸县龙头山镇光明村，一条条柏油路，一栋栋安全住房，一张张幸福笑脸，还有漫山遍野的花椒树，描绘出新时代光明村群众的幸福生活新画卷。在各级党委、政府和社会各界的关心帮助下，曾经遭受重创的光明村坚持恢复重建和脱贫攻坚一起抓，实现了涅槃重生。

光明村是鲁甸 6.5 级地震重灾村之一。截至 2014 年底，全村 21 个村民小组有建档立卡贫困户 273 户 892 人，是十年九旱、交通不便、产业薄弱的典型贫困村。2014 年 8 月 3 日，鲁甸 6.5 级地震导致全村 90% 以上房屋坍塌，受灾人口超过 6000 人。

多年来，光明村干部群众始终坚持一手抓恢复重建，一手抓脱贫攻坚，2017年，光明村在全县率先实现整村脱贫出列，夺取了重建脱贫"双胜利"，实现了基础设施条件、特色产业发展、农村人居环境、群众精神面貌的根本转变，为乡村振兴奠定了坚实基础。

以前的光明村，水资源匮乏，基础设施落后，灾后百废待兴。2015年以后，光明村把改善基础设施作为灾后恢复重建和脱贫攻坚的重要抓手，全村2121户群众实现户户安居全覆盖。新建水池水窖351件，全村饮水安全问题基本解决。新建乡村公路19公里，硬化村组道路10公里，实现交通互联互通。新建活动场所2个、红会博爱养殖基地1个、小学和幼儿园各1所、卫生室1所，实现了宽带网络、通信网络全覆盖，基础设施条件彻底改变。

基础设施条件的大改善，带动了特色产业大发展。光明村坚守"两不愁三保障"的目标底线，以"以农村合作社发展为统领，山下花椒，山上核桃，林下养殖"为产业发展思路，采取"党支部＋合作社＋林农＋贫困户"的模式，大力发展"椒林土鸡"养殖产业。

如今，光明村已经从十年九旱的贫困村变成了全国闻名的"花椒村"。全村花椒种植面积从2014年的3700亩发展到了现在的1.3万亩，依托花椒林下资源建成"椒林鸡"养殖基地6个，实现总产值近亿元，户均增收超过4.7万元，其中花椒年收入10万元以上的有20多户、5万元以上的有1000多户。

为彻底改变以前人居环境"脏乱差"的现象，光明村把农村人居环境整治提升作为改善村容村貌的重要抓手，建立"党员带头、群众参与、干部包保"工作机制，实行公路清洁、河道绿化、人居环境整治网格化管理，村内公共区域、主干道等区域卫生由56名公益性岗位人员及护林员划片包干、分段负责。同时，围绕房前屋后"三包"责任制的落实，建设垃圾池60个，实施院坝和串户路硬化650户、厕所革命工程 200 个，彻底实现为民生"加码"、为幸福"加速"、为生活"加温"。

——源胜村：石头花开赛良田　花落果结惠源胜

永善县桧溪镇源胜村青山环绕，远峰层峦叠嶂，笼罩在薄雾之中。源胜村桦槁坪离金沙江 10 多公里，离桧溪集镇 20 多公里，因为大山和深沟阻隔，曾是桧溪镇最边远最贫穷的村之一。

要致富先修路。桦槁坪这样的深度贫困村要脱贫，必须修建公路，这是永善县和桧溪镇两级党委、政府的共识，也是源胜村"两委"和当地群众多年的梦想。2010 年前后，当地政府先后在源胜村江边和悬崖之上平行的二半山上，修建了两条公路。2012 年冬天，桦槁坪群众集资，通过政府"一事一议"项目，修建了一条从二半山白岩湾，经过岩洞湾，爬行到高二半山桦槁坪 2 组，再分岔到 1 组和 3 组的 3 公里公路，成为源胜村 3 个高二半山自然村中最早通公路的地方。2019 年，永善县政府贷款投入巨资，对全县村组公路进行硬化。2020 年，硬化公路通到了桦槁坪 50% 以上的人家，平均每户有一辆摩托车、三轮车，其中有 10 多户还买了轿车和微型车、货车，建材和农用物资、生活物资等，可以直接运输到家门口了。

沿着蜿蜒盘旋的水泥硬化公路来到源胜村桦槁坪村民小组，在乱石林立的荒坡上有一片 460 亩的猕猴桃基地，这片石旮旯里的猕猴桃成了当地群众脱贫致富奔小康的希望。目前，桧溪集镇上已经建起了一条选择果线和一个面积 480 平方米的冷库，可实现 100 人至 200 人的长期就业。

"石头开花赛良田。"放眼望去，桦槁坪基地的猕猴桃从山脚一直连到山顶，昔日的数百亩乱石荒山披上绿装，星星点点的水泥桩插线连片，"石头山"成了一片生机盎然的果园。贫困乡亲拥有了自家的

"绿色银行",荒山荒地真正变成了金山银山。

——蜜蜂洞村:酿"甜蜜"

蜜蜂洞村是石屏县异龙镇阿希者村委会的一个彝族聚居村,位于异龙镇西南部山区,距城区26公里,海拔1930米,全村有农户20户92人,其中建档立卡贫困户9户39人。这里曾经是有名的穷村,村民们长期居住在蜜蜂筑巢的山洞里,村子由此而得名。

脱贫攻坚战全面打响以来,异龙镇在县委、县政府的坚强领导下,阿希者村在党总支的带领下,产业就业双促进,扶贫扶志双扶持,探索出了一条可复制、可推广的民族团结致富路。2016年,蜜蜂洞村脱贫致富奔小康示范点建设项目启动,全村共拆除临时建筑、猪圈、厕所等不协调建筑20处375平方米,新建或改造安居房16间,新建村民活动中心1个1000余平方米、养殖小区2个800平方米,新建旅游观光亭台3处、生态公厕1座,完成村内仿青石板道路建设968米,种植桃树等绿化树200余株。

在基础设施建设方面,蜜蜂洞村注重修坝蓄水,于2016年完成了投资300余万元的人畜安全饮水工程,建成提水泵站1个、高位水池4个,架设管道40余公里,实现家家户户通自来水,有效解决了困扰村民多年的安全饮水问题。并于2017年3月,启动投资1200余万元的白龙潭水库建设工程,彻底改变了干旱缺水的状况。此外,开山修路也是蜜蜂洞村群众的梦想,2016年,在镇、村、组的共同努力下,启动了蜜蜂洞村入村道路硬化工程,修通了蜜蜂洞村2.8公里入村道路,彻底结束了"晴时灰满天,雨时变泥泞"的历史。

修好了路,村民们依靠种植烤烟打下的基础,发展起了蔬菜和水果种植产业,如今,松花菜、菜豌豆、红桃成了村里除烤烟以外的"拳头产品"。阿希者村的"阿希者桃"曾经小有名气,但过去交

二、千年的跨越

通不便，极大地影响了村民们种桃的积极性，不少村民已经很多年不种桃树。现在交通改善，站在山坡上，放眼望去，满山都是村民种植的桃树。截至 2019 年，全村共发展烤烟种植 120 亩，发展红桃、梨、核桃等经济林果 647 亩，种植蔬菜 100 余亩，养殖生猪 310 余头、商品黄牛 22 头、土鸡 1100 余羽，试养蜜蜂 36 箱，发展农家乐 1 家。

为提高民族素质，蜜蜂洞村充分利用党员活动室、农家书屋、横幅、标语、广播等载体，对村民进行民族宗教政策、民主法治及社会公德、家庭美德等教育，在全村营造民族团结、脱贫致富的良好氛围。在村内建设活动中心，配备图书、桌椅、电视、音响、广播、篮球架等设施，利用活动中心组织开展民族团结教育、科技培训、民族歌舞表演等活动，寓教于乐，引导村民将思想观念统一到民族团结、经济发展上来。

石屏县异龙镇阿希者村蜜蜂洞村新貌

——仕达村：脱贫路上不掉队

位于香格里拉市南部的金江镇仕达村达林一组，坐落在金沙江畔。仕达村距离香格里拉市区有180公里，平均海拔2249.5米，年平均气温14.3℃，年降水量609.3毫米。全村共辖12个村民小组，共有687户农户2597人，主要居住着纳西族、傈僳族、苗族、彝族、汉族、普米族、藏族等民族，整个村呈"T"形分布，全村面积达128.32平方公里。

2016年以前，受地理位置和气候的影响，仕达村资源性和工程性缺水严重，粮食种植产量较低，农业产业结构单一，农户经济收入渠道狭窄，青壮年外出务工较多，留守老人、儿童占比较大，因病、因残、因学致贫情况突出，房屋老旧破损严重，危房比重较大。合作经济组织发展缓慢，经济收入增长幅度远低于香格里拉市平均水平，村民精神文化生活较为匮乏，是一个深度贫困村。

2014年，仕达村的贫困发生率为21.6%。经2015年、2016年动态管理工作，仕达村建档立卡贫困户共有138户504人。

脱贫攻坚工作开展以来，在省、州、市关心支持下，省、州、市、镇各级干部挂包仕达村138户建档立卡贫困户504人，组建了一支强有力的脱贫攻坚工作队伍。仕达村"三委"和驻村扶贫工作队联合制订方案，深入开展宣传党的方针政策及当前党和国家的扶贫政策，让贫困群众真正了解惠农惠民政策、精准扶贫政策，鼓励贫困群众发扬勤劳致富的光荣传统，在国家扶持的基础上，激发内生动力，通过自身的努力摆脱贫困。

2015年以来，按照新农村建设标准和要求，仕达村在安居房建设上，主要采取了原址重建，C、D级危房改造，易地搬迁，人居环境提升改造等建设方式，进行危房修缮改造，仕达村达林一组居民们的居住环境焕然一新，卫生条件也得到了极大改善。至2018年12月

二、千年的跨越

31日，仕达村138户建档立卡贫困户新建房62户，C、D级危房改造61户（2次），易地搬迁1户，人居环境提升改造70户（3次）。2020年，仕达村建档立卡户做到住房安全稳固有保障，主食细粮均有保障，衣服能够自行购买，已经没有"两不愁"尚未解决的农户。

仕达村深入调查、认真核实，依据政策把民生工作抓实抓好，全面落实了健康扶贫政策，实施医疗救助和大病集中救治，落实大病医疗保障、重病兜底保障，开展慢性病签约服务，建档立卡家庭医生签约率100%，政府全额代缴贫困人口基本医疗保险和大病保险，参保率达到100%，提高建档立卡人口住院合规医疗费用的报销比例，确保贫困人口看得起病、看得好病。

脱贫攻坚以来，仕达村党总支清醒认识到发展产业是实现脱贫的根本之策，仕达村大力发展牛、羊、菜、果、烟、药等六大产业，同时引进了一批涉农龙头企业，覆盖式建设农民专业合作社，加快构建本村增收产业体系，为群众脱贫的稳定性、致富的可持续性打下了坚实的基础。

仕达村

2018年，仕达村达到贫困村退出标准。2019年全村已脱贫建档立卡户人均纯收入14382.99元。

——河边村："贫困村"摇身一变"客栈村"

勐伴村河边村位于西双版纳傣族自治州勐腊县勐伴镇，是一个被热带雨林环抱的瑶族村寨。长期以来，河边村小组一直与贫困相伴。

过去，全村小组共有59户215人，2015年人均纯收入仅2679元。村民长期住在石棉瓦顶的简陋木板房中，是勐伴镇较为贫困的村寨之一。如今，走进河边村，掩映在丛林中的一幢幢干栏式建筑映入眼帘，房屋依山而建，房在林中、林中有房，错落有致，好似一幅美丽画卷镶嵌在雨林之中。

河边村离公路有8公里，坡陡田少，受产业单一、交通滞后、观念落后的制约，贫困的阴影如一团抹不去的乌云，多年笼罩在当地瑶族群众心中。收入在勐伴镇42个小组中排在34位。

随着国家精准扶贫的号角吹响，以党委、政府为主导，社会力量全力助推、村民主动作为的一种新型扶贫模式在河边村小组悄然实施。短短3年，河边村小组发生了可喜的变化。

据了解，2015年，为解决河边村小组农户居住分散、房屋质量差、农户生产生活条件低下的难题，勐腊县整合投入资金1400多万元，启动河边村小组精准扶贫安居房建设。依托整乡推进、兴边富民工程，整合投入600余万元资金开展7.8公里的进村道路硬化，解决村民出行难问题。2016年，河边村启动整乡推进项目，并依托政府的整乡推进、易地搬迁、兴边富民、产业发展项目资金，大力开展基础设施建设、旧房改造、产业开发。

截至2017年底，全村大部分村民的客居都已经建了起来，具体规划一楼和二楼为村民自家居住，三楼单独设计修建成一间舒适温馨

勐腊县勐伴镇河边村新面貌

的"瑶族妈妈的客房",为村寨铺设好了发展"嵌入式"休闲旅游的致富之路。一栋栋瑶族特色的干栏式木楼拔地而起,村内和村外基础设施全部建成,河边村发生了根本性的变化。

寨子功能逐步完善、结构优化、布局合理,便捷的交通、优美的环境吸引着社会各界人士。寨子农家乐逐步发展了起来,周末和假期游客络绎不绝。

而为了解决长期以来群众"造血"能力弱、产业结构单一、收入低的困境,河边村投入30余万元产业扶持资金,发展特色产业,带领群众发展热区特色生态农业和珍贵用材林种植,开展了小耳朵猪、黄牛养殖等,进一步夯实了群众增收产业基础。

据勐腊县扶贫办负责人介绍,2019年河边村农村经济总收入170.38万元,农民人均纯收入已达8184元。在党委、政府的大力扶持和社会公益组织——小云助贫的帮助下,产业除了客房和厨房外,已经发展为蜜蜂养殖和橡胶、粮食、甘蔗、砂仁种植等项目齐头并进、协调发展的良好格局,前景越来越好。

　　——植桂村:镶嵌在脱贫路上的一颗明珠
　　来到禄劝彝族苗族自治县中屏镇植桂村,林间鸟儿啁啾,坡地里一片繁忙。植桂村原名"札玛河",系彝语地名,意为"镶嵌在河流尾部的地方",受自然条件制约,基础设施差,贫困面大,贫困程度深,植桂村成了名副其实的"脱贫河"的"尾巴"。
　　为了摆脱贫困的"尾巴",植桂村积极探索采用"村党总支+基地+龙头企业+合作社+农户(贫困户)"的运行模式,陆续办起了合作社,建起规模化养殖场,发展板栗、核桃、葛根等特色农产品种植,给村民拓宽了增收渠道,由输血式扶贫逐渐变为造血式扶贫,让全村85户建档立卡贫困户全部脱贫。村党支部成了带领群众脱贫谋发展、致富奔小康的"主心骨"。
　　在村合作社养猪场,村民吴惠兰热情地说:"这是本地的品种,别看丑,价格却好。"看到家乡发展势头好,她和丈夫回村承包了养猪场,村民入了股,还可以到这里打工,收入翻番,吴惠兰一家每年也有了10多万元的收入。
　　植桂村的日子一年比一年好。火车跑得快,全靠车头带,村民口中的"火车头"就是云南省"最美村官"杨仕龙。在他的带领下,植桂村率先完成农房建设搬迁入住,率先完成自然村道路建设,被评为"全国改善农村人居环境示范村",获得了"国字号"保障示范村荣誉称号。
　　在杨仕龙的带领下,村里办起两个合作社,建设规模化撒坝猪养殖场,种植板栗、核桃、当归等,进一步拓宽增收渠道。如今,全村85户建档立卡贫困户已经全部脱贫。村民们的日子越来越红火。
　　植桂村的路修通了,房子修缮了,教学资源好了,群众的钱袋鼓起来了。站在植桂村的村头,远远望去是四季戴雪的轿子雪山,村民们从小仰望雪山长大。不过"雪山再高也有顶,党的恩情比海深",全面脱贫后的植桂村村民,从此在心底印下了这样的话。

植桂村所在的禄劝县有汉族、彝族、苗族、傈僳族等24个民族,少数民族人口占32.7%,曾是国家级扶贫开发重点县,2016年全县贫困发生率还有16.35%,经过3年奋战,贫困发生率降至0.54%,2019年退出了贫困县行列。

如今,植桂村成了"镶嵌在脱贫路上的一颗明珠"。

——大田坝乡文沧村:锐意进取巩固脱贫成果

坐落在澜沧江畔、大山深处的昌宁县大田坝乡文沧村,海拔在1100米至2360米之间,呈立体气候。"交通基本靠走,通信基本靠吼",这是文沧村过去的真实写照。村里的干部群众为了摆脱贫困奋斗了几十年,但直到2014年底,全村675户2178人,人均可支配收入仅为6750元,仍有建档立卡贫困户295户1212人,贫困发生率高达44.63%。

2015年脱贫攻坚战全面打响后,文沧村在上级党委、政府的领导下,在挂钩帮扶单位共青团云南省委和保山市人民医院的支持帮助下,锐意进取,积极探索,走出了一条精准扶贫精准脱贫之路,2017年顺利实现脱贫出列。2019年底,全村人均可支配收入超过1.2万元,贫困发生率实现动态"清零"。

打通脱贫路。2014年以前,文沧村的道路大都是弹石路或土路,晴天一身灰,雨天一身泥,外面的人进不来,村里的农产品出不去。如今,全村13个村民小组,有12个村民小组的道路硬化实现了"组组通",连田间路也平整了很多,村口的水泥路能直达镇里,村民再也不用担心种植的农特产品烂在地里了。

引来幸福水。多年来，文沧村村民吃水主要靠几口古井，大部分人家挑一担水要走半小时以上的路，一到枯水季节，村民们还得到水井旁排队取水。如今，通过实施饮水安全工程，全村565户农户100%实现自来水管道入户。

住上安全房。以前，村民住的大多是茅草房、土坯房，庭院高低不平。这几年，村里结合小湾电站移民搬迁和村里居住点布局调整，对危旧房该改造的就地改造，该搬迁的实施易地搬迁，彻底圆了群众住"安全房"的梦。

村庄展新颜。前些年，村民对生活垃圾是哪里顺手往哪里扔，牲畜粪便随处可见，一下雨就污水横流。这几年，文沧村大力开展农村人居环境综合整治，建立和完善卫生户评比奖励机制，农户爱护环境、讲究卫生的氛围进一步形成，垃圾不落地，粪草不乱堆，车辆不乱停，村容村貌大变样。村里还积极推行"户分类、组收集、村清运"模式，逐步实现了农村垃圾就地减量、定点投放、收集清运。

在产业发展上，驻村工作队指导建起了一排占地400多平方米的豪猪圈舍，推广豪猪养殖生态项目，打造了200亩阳光玫瑰葡萄品种种植基地，成立文沧兴隆葡萄专业合作社，鼓励贫困户入股分红。通过豪猪养殖、葡萄种植两个项目的发展壮大，逐步实现产业帮扶全覆盖，有效带动贫困户持续增收、稳定脱贫，真正实现"输血"变"造血"，形成独特的产业扶贫"文沧模式"。

在教育扶贫上，工作队积极多方协调，向考学成功的学生发放"爱心圆梦大学"助学金，有效减少和防止因学致贫、因学返贫的情况发生。积极开展乡村教师、少先队辅导员、村完小校长、农村青年致富带头人和种养殖能手、土专家的培训，不断提升镇、村教育质量和种养殖技术。

如今，文沧村有了垃圾集中存放销毁点、崭新的活动场所、全民健身设施、便民服务中心，还成立了一支青年志愿者服务队。文沧村将继续培育壮大特色产业，办好农民专业合作社，并依托美丽的澜沧江风光，加快乡村旅游发展步伐，把来之不易的脱贫成果巩固好。

——岩头村：实干走上振兴路

走进西畴县西洒镇岩头村，首先映入眼帘的是村头道路旁高耸的峭壁上镌刻着的两个鲜红大字——"实干"。

群山起伏，乱石林立，西畴县9个乡镇多数村寨通往外界的唯一出路，便是盘绕在悬崖峭壁上的崎岖山路，它们就像绳索，死死捆住了人们跋涉的腿脚。岩头村，就是其中的代表。

以前的岩头村，"地无三尺平，滴水三分银"，因山高坡陡不通路，村里的姑娘都外嫁他乡，娶进家的媳妇也留不住。出村下山的那条羊肠小道上，村民抬猪出去卖时，猪曾滑落摔死；赶牛出山时，牛曾滚落山崖；往来这条路挑水吃，一趟得几个钟头。

打开山路走出大山，维系着大山深处乡亲们脱贫致富的热切梦想。村民小组长李华明带着15户村民，历时12年，在这片悬崖峭壁上硬生生劈出了4米宽的进村路，他也因此有了"当代愚公"的美誉。

打通出村"最后一公里"，这一公里很短，短到步行经过最多只需要十来分钟；这一公里也很长，是李华明和村民们一起集资、买炸药、开山凿石、动工修路奋斗12年的结果。2014年，这一公里路成功修通。2015年初，由县政府再出资，村民投工投劳，这条耗时12年的水泥路终于浇筑完工。

打通了出村"最后一公里"，还要打通致富"最后一公里"，让人能走出去，也能走回来，在家门口增收致富。在当地各级党委、政府的关心下，近两年，岩头村的村集体经济从无到有，先后引进了500头生猪代养点和1.5万羽规模的乌骨鸡养殖合作社等项目。

据介绍，引进500头生猪代养点至今2年，已有12万元的场地租金；乌骨鸡已出栏2次，8000多只，2年下来有3.2万元的场地租金。

眼下，岩头村正在谋划一个新项目——开办"最后一公里"农家饭庄，为一批批前来参观学习"西畴精神"的学员提供就餐场所。岩头村中心是一块难得的"巴掌地"，作为全县重要的"西畴精神"现场参观点，"最后一公里"展览馆场馆正在这里抓紧建设。

除了开办农家乐，村里还谋划着邀请县里有名的中药材致富带头人程敦儒来村里"把脉"指导，尝试种植苦参等中药材。

17年前，岩头村凿出山路，是为了把贫困从岩头村赶走；17年后，大家修通致富路，是为了"让小康进来"。

——苤拉村：贫困村变身"脱贫攻坚红旗村"

在姚安县左门乡阿苤拉村委会，室内墙壁上悬挂的"脱贫攻坚红旗村"牌匾格外醒目。截至2020年，该村已经连续4年获此殊荣，是整个姚安唯一贫困发生率为零的村子。

姚安县左门乡阿苤拉村共有农户140户，人口517人，其中建档立卡户41户、169人。自2018年以来全村贫困发生率为零，2019年全村实现农民人均纯收入12800元。阿苤拉村分别于2017年、2018年、2019年、2020年连续4年被县委、县政府命名为"脱贫攻坚红旗村"。

通过脱贫攻坚的深入推进，阿苤拉村生产就业、教育卫生、产业发展、基础设施建设等方面得到全面改善和提升，实现了"两不愁三保障"的目标。

从2014年以来，已实施完成硬化乡村公路5.5公里、村组公路9.25公里，组内户外道路硬化6.75公里；安装太阳能路灯102盏；浇灌三面光沟渠4.1公里，实施水保项目2个，实施小流域治理项目1个；新建文化活动室5个；成立花椒园果蔬专业合作社，建设冷库2

个，大棚 15 亩。全村实现了住房安全达标。

为农户积极争取产业扶持资金和小额信贷资金，扶持种植冬桃 200 亩、花椒 500 亩、红梨 360 亩，果树改良 2000 亩，退耕还林 1600 亩。发展牛、羊、猪等养殖业和山药、烤烟、魔芋、冬桃、核桃、黄皮梨等种植业，实现了每户都有 3 项以上稳定增收的产业。

全村有村卫生室 1 个，村卫生室的治疗室、诊断室、药房三室分设，医疗设备齐全。建档立卡户家庭医生签约 169 人，签约率达 100%。2019 年全村建档立卡户参加基本医疗保险和大病保险 169 人，参保率为 100%。

2015 年以来，通过争取村集体发展项目，新建蔬菜大棚 12 亩，新建酿酒厂 1 个，2015 年村集体经济收入首次达到了 3 万元，实现了"零"的突破。为充分发挥村集体经济的辐射带动作用，在不断总结经验的基础上，制订了阿苤拉村 2019 年度村集体经济发展计划，以"村党支部＋合作社＋基地＋贫困户"合作模式，示范种植山药育苗 7 亩、魔芋繁种 5 亩，推动以山药、魔芋种植为主的特色产业发展。2019 年实现村集体经济纯收入 5.3 万元，既带动了全村特色产业的发展，又解决了为村民办事的钱的问题。

"模具横向种植"是阿苤拉村党员干部经过实践验证，证实能使山药种植提质增效的一项新技术，通过该技术，成功实现了山药质量、产量、收入"三增长"，村民的种植积极性也被彻底激发。如今，阿苤拉村产出的优质山药已经成为山药界的"网红"，就连姚安本地人要饱口福都必须提前预订，群众的钱袋也随着山药的红火而鼓了起来，阿苤拉村百姓们的日子一天好过一天。

——仁寿村：筑牢基层堡垒　绘出乡村振兴新画卷

大理白族自治州永平县杉阳镇仁寿村是一个集坝区、山区地貌，以农业、畜牧业为主的大村，全村共有 30 个村民小组，1365 户农户，5058 人。

2016 年，仁寿村在杉阳镇率先开展了结对共建活动，让基层党员在脱贫攻坚中起到模范带头作用，把基层党组织建设成为坚强的战斗堡垒，做到党建和扶贫"双推进"。同年，仁寿村党总支部创新开展了党员干部挂包帮联系"空巢老人"、"留守儿童"、"留守妇女"的"3+3"关爱行动，采取"1+X"或"X+1"的结对挂包方式，对全村"留守家庭"进行挂包联系，并积极盘活社会资源成立"儿童之家"。在"儿童之家"开展少年儿童冬令营活动，通过安全教育、娱乐活动、心理支持等方式，丰富困难山区"留守儿童"假期生活，让"留守儿童"的成长环境更加改善、安全更有保障。

仁寿村外专引智成果产业化精准扶贫示范基地以肉牛养殖和芒果种植为主，通过各级政府扶持助推龙头企业发展，带动贫困群众脱贫增收。一是粮改饲增收：农户由传统的种粮改为一年两季种植玉米等饲料卖给企业作为青贮饲料，每亩每年可增收 3000 元。二是地租增收：通过流转土地，农户每亩每年可增收 600 元。三是务工增收：示范园区在用工方面对贫困户进行倾斜，每人每天可实现 80 至 100 元收入。四是带动农户进行芒果种植，由公司统一提供树苗、技术以及市场销售渠道。通过多效带动，不断将外专引智成果转化为产业化精准扶贫的强劲力量，积极探索走出了一条"外专引智成果转化＋党支部＋龙头企业＋贫困户"的科技扶贫新路子。

结合人多地少、外出务工人员较多、留守问题突出的实际，仁寿村采取"党支部＋龙头企业＋合作社＋贫困户"的扶贫模式，有效解决贫困户尤其是留守贫困户、困难残疾人等特殊人员的就近就地转移就业问题，探索更快捷、更有效、更持久的脱贫路径。仁寿村永启金属制品有限公司还给贫困农户捐赠摩托车，农户使用这批摩托车从事藤编产品的运输，提升藤编效率，增加家庭收入。

——六掌村：文明、和谐、富裕的新气象

青山环绕，流水潺潺，青山绿水交相辉映。夏天的文山壮族苗族自治州砚山县蚌峨乡六掌村，一派欣欣向荣的景象：干净整洁的进村硬化道路，一栋栋新楼房错落有致，崭新的太阳能路灯一字排开，一幅生态美、产业兴、百姓富的生动画卷扑面展开。

地处砚山县东南部的六掌村，是一个少数民族聚居村寨。曾经的六掌村经济来源单一，群众思想观念落后。2014年，六掌村714户3050人中就有建档立卡贫困群众324户1479人，贫困户和贫困人口占比一度高达45%和48%。村民出入走的是烂泥巴路、住的是危土坯房，是一个典型的深度贫困村。

为改变贫穷落后面貌，六掌村充分发挥基层党建在脱贫攻坚、产业发展、环境卫生整治和移风易俗等工作中的引领作用，积极探索发展新思路、新办法、新模式，对全村基础设施、特色产业、公共服务、生态环境，以及农民能力素质提升等进行了布局和规划，有力推动了脱贫攻坚工作，促进了乡村综合治理。全村324户建档立卡贫困户1479人全部如期脱贫。

在实施脱贫攻坚进程中，六掌村坚持把发展产业作为一项富民工程来抓，成立了龙源养殖服务型农民专业合作社，以养殖生态高峰牛为主。合作社采取"党支部+合作社+基地+贫困户"的产业发展模式，辐射带动全村305户农户发展生态高峰牛养殖450余头。

为加快脱贫步伐，六掌村多次召开产业发展群众会，促进巴西菇、百香果、青脆李、漆树、香椿、林下生态鸡等种养殖产业的发展，产业遍地开花，目前，种养殖业在六掌村已呈现出一定的规模，集体经济有了一定的收入，村民的口袋也开始鼓了起来。

砚山县蚌峨乡六掌村四代同堂一家人

六掌村还推行"街长制",将责任细分到街长、副街长具体负责,负责到人,做到协调有人牵头、片区有人负责、工作有人督促、任务有人落实、问题有人督查、短板有人追踪、成效有人检验。

通过推行"街长制",六掌村形成共建共管的制度体系,营造人人参与的良好氛围。村民们养成了爱护环境卫生的好习惯,"脏乱差"现象得到彻底改变。现在的六掌村,村庄清洁优美宜居,乡村治理一步步走向制度化、精细化。2019年,六掌村因乡村治理成效显著,被评为全国乡村治理示范村。

乡村从乱到治,产业从无到有,道路从泥泞到平坦,宽敞的活动场,崭新漂亮的安居房,如今的六掌村处处呈现出文明、和谐、富裕的新气象,正朝着全面建成小康社会目标和乡村振兴的康庄大道阔步前进。

三、伟大的变迁

翻开云南地图,"三区三州"区域内高原、雪山、大河纵横,从乌蒙山到石漠化片区,自然条件恶劣导致经济基础弱、贫困发生率高、贫困程度深。全国14个集中连片特殊困难地区,云南省有4个。全省129个县(市、区)中,122个有扶贫任务,有88个国家级贫困县,其中27个是深度贫困县。

深度贫困地区是难中之难、坚中之坚,不攻克深度贫困地区这个山头,难以完成脱贫攻坚任务。党的十八大以来,云南省委、省政府始终坚持以习近平新时代中国特色社会主义思想和考察云南重要讲话精神为根本遵循,坚决落实党中央、国务院重大决策部署,坚持以脱贫攻坚统揽经济社会发展全局,切实把脱贫攻坚作为重大的政治任务、发展的头等大事和第一民生工程来抓,把解决深度贫困地区、深度贫困群体问题作为脱贫攻坚"硬骨头中的硬骨头"来啃,聚焦聚力"三区三州"的迪庆藏族自治州和怒江傈僳族自治州以及乌蒙山云南片区、滇桂黔石漠化云南片区等深度贫困地区,全面实行"四个倾斜",从组织领导、帮扶力量、政策举措、资金投入等方面整合资源,精准施策、集中攻坚,以超常规的举措,坚决打赢脱贫攻坚这场硬仗中的硬仗,确保与全国同步全面建成小康社会。

针对"三区三州"的迪庆藏族自治州、怒江傈僳族自治州，重点抓好脱贫攻坚实施方案的落实，深入实施基础设施建设、产业发展、基本公共服务、生态保护、人居环境提升、能力素质提升等重点工程。

针对昭通市和曲靖市北部地区等贫困人口大市、大县，以产业发展和就业扶贫为抓手，积极承接东部地区产业转移，加快发展高原特色现代农业。

针对文山壮族苗族自治州、红河哈尼族彝族自治州石漠化地区，坚持工程措施与生物措施相结合、经济建设与生态建设相结合、发展生产与劳务输出相结合、就地开发与易地开发相结合，加大石漠化综合治理力度。

针对边境一线，深入实施《兴边富民工程改善沿边群众生产生活条件三年行动计划（2018—2020年）》，确保沿边群众与全省同步全面建成小康社会。

截至"十三五"末，云南深度贫困地区群众出行难、用电难、上学难、看病难、通信难等长期没有解决的老大难问题普遍解决，义务教育、基本医疗、住房安全有了保障，贫困地区经济社会发展明显加快，产业不断壮大，生态扶贫、旅游扶贫、电商扶贫等新业态方兴未艾，带贫益贫机制不断健全，经济活力和发展后劲明显增强，云南各深度贫困地区的百姓日子越来越滋润，脱贫致富的动力不断增加。

本章节聚焦云南脱贫攻坚的"艰中之艰、难中之难"，展现云南各族群众在云南省委、省政府的坚强领导下，以必胜信念，顽强奋斗，啃下"硬骨头"，如期完成了脱贫攻坚的目标任务，所实现的历史性的伟大变迁，向党和人民交上了一份合格答卷。

三、伟大的变迁

（一）幸福生活新图景

云南有 4 个集中连片特困地区、27 个深度贫困县，深度贫困人口占全省贫困人口的 64%。全省山区面积占 94%，居全国第一；石漠化现象严重，地震、滑坡、泥石流等自然灾害易发多发；边境 25 个贫困县市情况复杂，守土固边任务繁重，维护稳定压力较大；"三区三州"的迪庆州、怒江州区域整体贫困明显，致贫原因复杂多样；经济发展滞后，群众增收渠道单一；素质型贫困突出，发展内生动力不足，生态保护任务艰巨，开发空间受限，交通水利设施薄弱，公共服务能力不足；滇黔桂石漠化云南片区罹患"生态癌症"，被外国地质专家断言为"基本失去人类生存条件的地方"；"镇彝威"革命老区、乌蒙山片区覆盖云、贵、川三省毗邻的 38 个县（市、区），是脱贫攻坚的"硬骨头"。

2017 年召开深度贫困地区脱贫攻坚座谈会以来，云南省委、省政府深入学习贯彻习近平总书记关于扶贫工作重要论述，以习近平总书记给贡山县独龙江乡群众回信重要精神为强大动力，把解决深度贫困问题作为脱贫攻坚的重点、难点和关键点，明确硬任务、锁定硬缺口，强化工作举措、科学有序调度，全力攻克深度贫困堡垒。

1. 跨越涛声满峡谷

这是滇西北一方神奇美丽的山水，傈僳族、怒族、独龙族、普米族等多民族儿女，与深深大峡谷、滔滔怒江水相依相伴。

大自然的鬼斧神工造就了怒江大峡谷的壮美和神奇，但也给这里留下了封闭落后的烙印。怒江傈僳族自治州，是云南乃至全国贫困发生率最高、贫困程度最深的一个地区。

贫困，曾令重重大山无语；脱贫，却让大峡谷里充满欢声。

"一家人挤在两间茅草房里，吃不饱、穿不暖。冬天还光着脚上山找野菜。"独龙江乡文面女李文仕还清晰记得童年时家里的穷困情景。22岁时，她第一次走出独龙江峡谷，跟着村民在人马驿道整整走了14天到县城，背回来一袋返销粮。

直到20世纪90年代，独龙江乡仍处于整乡整族深度贫困状态，人均年收入不到千元。生活靠政府救济，还得上山挖野菜、下河捞鱼才能维持。

2010年，独龙江乡"整乡推进、整族帮扶"启动。4000多名独龙族群众踏上了从落后走向进步、从贫穷走向富裕的历史性征程。

2014年，连接独龙江历史与未来的高黎贡山隧道贯通，独龙江不再饱受半年的大雪封山之苦，走上快速发展之路。

2018年底，独龙江整乡实现脱贫摘帽。

独龙江乡一步跨千年、脱贫奔小康的巨变，是怒江州在党中央富民政策指引下实现二次跨越的一个生动缩影。

巴尼小镇，水泥路串联成线，一池清水绕楼报春，道旁叶子花竞相怒放，一栋栋具有傈僳族和勒墨人（白族支系）民居特色的楼房整齐排列，赏心悦目。

几年前，居住在高黎贡山山腰的泸水市洛本卓白族乡金满村167户建档立卡贫困户告别大山，搬入乡政府所在地附近的易地搬迁点——巴尼小镇，开启美好新生活。

搬迁之前，孔普细老人住在金满村一间"千脚落地房"里，守着2亩陡坡地艰难维持生活。"地太陡了，一下雨庄稼都冲走了。"孔普细说，"除了种苞谷和洋芋，家里没有其他经济来源。儿子和儿媳外出打工，留下3个小孩。一家人分开两地，省吃俭用了十几年，想建个新房，给3个娃娃有个好的生活环境，可总是实现不了。"

怒江州泸水县城市面貌一景

金满村是怒江"一方水土养不活一方人"的典型代表。春种一山坡、秋收一箩筐是勒墨人日常生产的真实写照。

国家易地扶贫搬迁工程的实施,圆了孔普细老人多年的心愿。她带着一家人,走出大山,搬进了巴尼小镇95平方米的楼房。

"托共产党的福。老了还能住上这么漂亮的房子!"孔普细喜悦之情难以言表。更让她高兴的是,楼下设立了民族服饰"扶贫车间"。儿子和儿媳妇从外地回来,一个在附近工地打工,一个在扶贫车间就业,一家人团团圆圆生活在一起,日子越来越甜。

党的十八大以来,精准脱贫工作的深入推进,使怒江各族群众的生产生活大变样,由过去单一的刨土为生,到开车跑运输、做生意、外出务工、旅游接待,到发展绿色产业、特色种养殖业、林下经济、中药材,增收来源逐渐多样化。

"共产党啊克几啊呀啊克几,怒姆巴赛哪桑哇娜呀娜桑哇!"(傈僳语:共产党非常好,边疆人民好幸福。)为庆祝新中国成立70周年,70岁的傈僳族老人阿三八精心排练在国庆节表演了傈僳语歌曲《怒姆生活好》。"起奔"（傈僳族乐器）悠扬，歌声嘹亮，回荡在村村寨寨。

兰坪白族普米族自治县兔峨乡阿塔登是澜沧江干热河谷西岸一个以傈僳族为主的深度贫困村。土地贫瘠、地质破碎，被称为"刀尖上的村庄"。村民东边一山坡，西边一锄头，在生态脆弱的陡坡山崖上种玉米讨生活，造成"越穷越垦、越垦越穷"的恶性循环。过江难、行路难、生活难这"三座大山"，压得村民喘不过气来。

村民余华中的妻子几年前患病去世后，他与孩子相依为命，住在一间木楞房里，一年四季苞谷饭吃到头，生活穷困潦倒。2017年，余华中与村民们从老家搬迁到新的安置点，他参加培训学会了建筑技术并就近务工，一年收入2万多元。

"没有共产党的好政策，哪有我们今天的好日子！"余华中发自内心的话语，吐露出峡谷儿女的心声。

巍巍高黎贡，见证着峡谷两岸的脱贫新貌；滔滔怒江水，讲述着怒江脱贫攻坚的动人故事。

行走在怒江峡谷，山腰村寨、崭新民居掩映在青山中；沟箐山梁、草果飘香、瓜果满坡，特产丰饶；沿江两岸，车来人往、新楼林立，繁华初现。

2. 雪域高原沧桑巨变

蓝天白云，群峰耸立，暖阳高照，景色宜人。金秋的迪庆高原，宛如醒目的巨幅山水写意图。

迪庆州是云南省唯一的藏族自治州，且民族成分较多。迪庆各族人民在党的领导下，手挽手共建美好家园，肩并肩共创美好生活，少数民族的面貌、民族地区的面貌、民族关系的面貌发生了翻天覆地的历史性巨变。从黑暗走向光明、从落后走向进步、从封闭走向开放、从一穷二白走向全面小康的进程中，凝心聚力，奔跑追梦，一针一线

三、伟大的变迁

编织绘就最美的迪庆重彩。

"说起从前,就一个字,穷。"70多岁的香格里拉市小中甸镇团结村石麦谷小组村民江初农布,站在政府出资修建的新房前整理着牲畜饲料,谈起从前,他对苦日子仍记忆犹新。

1936年,红二、六军团长征经过迪庆,革命火种撒播雪域高原。新中国成立后,经历了苦难斗争的迪庆各族群众,迎来浴火重生的朝阳。封建农奴制度从此废除,全新社会制度建立,农奴和奴隶翻身解放,成为国家的主人。1957年9月13日,迪庆藏族自治州宣告成立,对迪庆和迪庆各族人民而言,又是一次新生。在中国共产党的坚强领导下,迪庆这个"吉祥如意的地方",发生了以往任何时代都无可比拟的巨变,创造了一步跨越千年的奇迹。

"旧社会,老一辈和其他农奴都一样,穷人的死活没有人关心。你看看现在政府有多关心我们。"江初农布家里种了6亩地,在扶贫工作队的帮助下,养了9头猪。"不愁吃穿不愁住,这才真的是吉祥如意。"生活从苦变甜,江初农布有讲不完的话。"要说70年来的最大感受,那就是我们小组全部脱贫致富了。"石麦谷小组组长马玉志感慨道,党的政策好了,有的在家门口赚钱,有的走出去务工,大家各展其能,日子越过越红火。

"这里少数民族多,各民族都是一家人,一家人都要过上好日子。有党中央的亲切关怀和国家及社会各界的大力帮助,只要我们心手相连、艰苦奋斗,生活一定会一年更比一年好。大家有没有信心?"

"有!我们一定会心向党、感党恩、听党话、跟党走。"维西是全国唯一的傈僳族自治县,贫困面大、贫困人口多、贫困程度深。以傈僳族为主的新洛村是维西县财政局的结对帮扶村,位于澜沧江上游,是全县重点扶持的贫困村之一。为让贫困群众早日脱贫过上好日子,维西县财政局原局长和先念多次来到新洛村,同贫困群众一起聊政策、谈产业。他把群众的困难当成自己的困难，把群众的疾苦当成自己的疾苦，出主意、想办法，参与制订精准扶贫规划，因地制宜规划扶贫线路图。在他的带领下，中药材、养殖业等一批前景良好的项目在新洛村有序推进。不幸的是，扶贫路上，一块石头从山坡上飞下，年仅 45 岁的和先念，用生命在脱贫攻坚道路上树立了一块不朽的丰碑。

远处，雪山依旧静静矗立；谷底，河水还在淙淙流淌。如今的新洛村户户有增收项目、人人有脱贫门路。曾经的泥巴路变成了水泥路，破旧的木瓦房焕然一新，种植中药材的农户越来越多，老百姓收入不断增加，村民们脸上的笑容不时洋溢。

迪庆高原漫山的彩林肆意蔓延，与雪山、草甸、藏房构成一幅绚烂多姿的画卷。香格里拉市建塘镇红坡村的肖孙站在家门口向远处眺望，尽情享受被色彩包围的视觉盛宴。"以前，我最大的梦想是能够站起来，像正常人一样生活。"肖孙因股骨头坏死，在家瘫痪多年，顶梁柱的坍塌，让家庭陷入贫困。

2015 年，一群人走进肖孙家中，结对子、交朋友，一场以亲情、乡情为纽带的扶贫计划拉开帷幕。经建塘镇卫生院联系，肖孙转至昆明的医院，手术费、药费等花了近 10 万元，医疗救助、大病保险、政府兜底……一系列扶贫途径，肖孙个人支付不到 7000 元。康复后，他不仅实现了走出家门的愿望，还能做简单家务，一幅美好生活的新画卷徐徐展开，种植、养殖等产业收获颇丰，肖孙攒着一股劲，把日子过得更好，以后能走得更远、看得更美。

雪域高原上，肖孙只是受益人之一。栉风沐雨，春华秋实。迪庆创造了脱贫奇迹，书写了幼有所育、学有所教、劳有所得、病有所医、老有所养、住有所居、弱有所扶的民生篇章，各族群众携手冲刺全面小康的百年梦想。一项项巨大成就和一串串亮丽数字的背后，浸透的是各族党员干部风雨兼程的辛勤汗水，凝结的是迪庆儿女对美好生活的追求与梦想。

3. 乌蒙大地上的答卷

昭通，一个历史悠久、人杰地灵、演绎传奇、书写奇迹的地方。

秦开"五尺道"、汉筑"南夷道"，"咽喉西蜀、锁钥南滇"，地处"南丝绸之路"要冲的昭通，是云南最早连接中原、沟通世界的"北大门"和商贸重镇。

资源富集与过早开发、历史悠久与发展滞后、区位优越与交通不便、资源富集与产业弱小、文化厚重与教育落后、山川秀美与生态脆弱并存，便是昭通的基本市情，昭通是云南乃至全国贫困人口最多、贫困程度最深、贫困面最大的地级市，是脱贫攻坚的主战场。

乌蒙片区的脱贫攻坚牵动着习近平总书记的心。2015年1月19日，总书记亲临昭通考察，要求"要以更加明确的目标、更加有力的举措、更加有效的行动，深入实施精准扶贫、精准脱贫，项目安排和资金使用都要提高精准度，确保扶到点上、根上，让贫困群众真正得到实惠"。

总书记的重要指示和殷殷嘱托，为625万昭通各族干部群众决战贫困注入了强大动力。在党中央、国务院的关心关怀下，在省委、省政府的坚强领导下，巍巍乌蒙打响了前所未有的脱贫攻坚大决战。

为坚决打赢脱贫攻坚这场硬仗，昭通市各级干部严格落实"五级书记抓扶贫、党政同责促攻坚"的政治责任，深入实施"乌蒙扶贫先锋行动"，全面推进农村基层党的建设与脱贫攻坚紧密结合，探索推行"干部联系支部、支委联系党员、党员联系群众"的党建网格化管理模式。

"一人富不算富，只有各民族兄弟富了才是真的富。"党的十九大代表、大关县上高桥乡大寨村党总支书记丁琪,带领1160户群众成立琦鑫黄牛养殖农民专业合作社,实现户均年增收5000多元,个人先后捐资助学、救灾济困累计达56万元,成为带领群众脱贫致富的"领头雁"。

上高桥是一个回族彝族苗族乡,在乡亲们眼里,丁琪是个热爱家乡的致富带头人。作为村党总支书记、琦鑫专业合作社理事长,丁琪始终坚持"把社员培养成致富能手、把致富能手培养成党员、把党员培养成公司骨干"的方式,坚持"组织引领、党员示范、社员帮扶、群众致富"的理念,先后将223名社员培养成致富能手、16名致富能手培养为党员,其中6名优秀党员已成为合作社骨干力量。

玉京村,是威信县扎西镇的一个以苗族为主的行政村,海拔高、气温低,多年来村党总支带领群众种植蔬菜、药材等产业都没有成

建设中的白鹤滩电站

功。2018年，昭通市通过调研论证，确定在北部8县市大力发展笋用竹产业，这让群众看到了希望。在村党总支的带领下，村里成立了专业合作社，规范化种植方竹4600亩，掀起了村民们种竹的热潮，3年后将实现户均收入5万元以上。

像丁琪这样的脱贫致富"领头雁"和玉京村党总支将群众组织起来齐心协力，通过发展产业拔掉"穷根"的例子，在昭通数不胜数。

始终坚持以习近平总书记考察昭通时的重要指示精神为方向和动力，在深度贫困地区闯出一条摆脱绝对贫困迈入全面小康的"昭通路径"。经过顽强拼搏，从数十万群众易地扶贫搬迁到跨省搬迁安置，从"六个百亿元"高原特色产业培育到中国西部重要"硅谷"、"铝谷"打造，从"昭明通达"世代梦想的实现到"苹果之城"的崛起，从"西电东送"能源基地建设到"中国最美丽省份"昭通篇章谱写，一个个精彩片段，一幅幅壮美画卷，生动展示着昭通在脱贫攻坚中把压力变动力，抢抓机遇、顺势而谋、乘势而上，在新时代百舸争流的发展大潮中实现了争先进位、赶超跨越，跑出了"昭通速度"。

古老的昭通，铭刻着历史的荣光，也承载着沉沉重压；如今的昭通，犹如乌蒙之巅展翅振飞的凤凰，翔舞出壮美的图景。

4."西畴精神"响彻云岭大地

"搬家不如搬石头、苦熬不如苦干；等不是办法、干才有希望"的"西畴精神"响彻云岭大地。搬开石头造田种粮的壮举，记录着西畴人民坚韧不拔的峥嵘岁月。

"西畴精神"薪火相传。在脱贫攻坚战中，当地干部群众用敢于挑战、甘于奉献、勇于担当精神，在被国外专家认为失去人类生存条件的地方，上演了一场"山乡巨变"的大剧。

西畴县山大石头多、人多耕地少、水土流失严重，属典型的喀斯特岩溶山区县,是全省乃至滇桂黔片区石漠化程度最深的地区之一。

"西畴精神"的发祥地——蚌谷乡木者村,怪石密布、乱石丛生,曾是一个被称为"口袋村"的穷山村,村民们长期拎着口袋四处借粮艰难度日。1989年12月3日,饿怕了的木者村群众在刘登荣、赵文和等党员干部的带领下,在一片叫摸石谷的石旮旯地里,用土制的火药点燃了炸石造地的第一炮。当一个冬春过去,昔日苍凉的山地上,奇迹般地出现了一道道整齐划一的石埂。群众在新建成的600亩"三保"(保土、保水、保肥)台地上用良种良法种植杂交玉米,亩产达250多公斤,一举甩掉了"口袋村"的帽子。

石破惊天地,木者村的创举很快影响到了全县各村。在县委、县政府出台的农田建设"6421"(即炸石造地每亩补助60元,坡地改梯地每亩补助40元,中低产田改造每亩补助20元,地改田每亩补助10元)补助政策的激励下,各地群众纷纷行动起来。

1991年,县委、县政府决定在兴街镇龙坪行政村实施2000亩中低产田改造和饮水沟渠灌溉工程,在木者行政村建设5500亩省级高产稳产农田样板。全县相继掀起以炸石垒埂建设台地、改造中低产田为主的农田水利建设高潮。

进入新世纪,西畴人民继续发扬"西畴精神",紧紧抓住国家西部大开发、滇桂黔石漠化片区综合治理与左右江革命老区建设等机遇,不断对山、水、林、田、路、村实施石漠化综合治理。以兴街镇江龙村为治理试点,成功探索总结出了"六子登科"治理模式(山顶戴帽子、山腰系带子、山脚搭台子、平地铺毯子、入户建池子、村庄移位子),先后对蚌谷乡长箐片区和兴街镇三光片区实施了中低产田地改造和石漠化综合治理,让昔日的乱石旮旯变成了适宜人居的喀斯特绿洲。

深冬时节走进江龙村,映入眼帘的除了一条条宽阔平直的进村入

发扬"西畴精神" 打赢扶贫攻坚战

户水泥路和幢幢错落有致的砖瓦房外,最抢眼的是苍翠的山林,以及缀满一串串黄澄澄果实的橘子树。

"以前这里生态环境差,是一个贫困村,现在变成了远近闻名的生态村、小康村、文明村、平安和谐村。这些新气象都是石漠化综合治理后才出现的。"村党支部支委刘超仁说。全村人均纯收入大幅增加,森林覆盖率由1995年前的32%提高到80.4%。

在全力决战脱贫的进程中,西畴县集中人力、汇聚物力、整合财力,积极创新精准扶贫机制,大胆探索脱贫攻坚新路子,有针对性地制定出台了产业扶持脱贫、易地搬迁脱贫、教育帮扶脱贫、金融支持脱贫、生态补偿脱贫、消费助推脱贫、合作发展脱贫、医疗健康脱贫、社会保障脱贫、务工增收脱贫"十大精准脱贫路径"。

"今天我拿到了入股合作社的第一笔分红,很开心。"手里拿着一沓厚厚的钱,兴街镇龙坪行政村大寨村建档立卡贫困户陆荣兴激动地说。

60多岁的陆荣兴患白癜风已有20多年，老伴也患病多年，常年治病几乎花去家里所有的积蓄。30岁的小儿子至今还没有成家。自开展"挂包帮"、"转走访"工作以来，省第一人民医院帮扶他家5000元的产业发展资金，在当地党委、政府和挂钩单位的引导下，他选择了把产业发展资金入股到兴牧牧业有限公司。

随着全县脱贫攻坚合作发展的启动，西畴县全面开展"社信合作、社企合作、社员合作、劳务合作、消费合作"5种合作发展脱贫模式，逐步实现农户增收与社企发展双赢，为建档立卡贫困户引来脱贫发展的"活水"。同时，鼓励自身发展能力不足的建档立卡贫困户将产业补助资金投入有实力、有效益的合作社共同发展，探索出一条"合作社+贫困户"合作共赢的脱贫致富之路。

一条条宽阔平坦的道路通村达户，一幢幢错落有致的新房如雨后春笋拔地而起；一项项特色产业在这里落地生根，一个个美丽宜居的乡村镶嵌在大山深处……

"西畴精神"在精准脱贫攻坚战中所取得的战果，描绘出一幅精美的画卷。

5. 幸福在边境生长

云南省地处祖国西南，与东南亚多国有着漫长的陆地边境。在新的改革开放形势下，加快全省边境县的农村发展，让群众安居乐业，成为保持社会稳定、民族团结和边疆安全的一项重要工作。

勐海县勐遮镇曼洪村迎来了巨大变化。自2017年被确定为边境县村级"四位一体"建设试点以来，村子里道路扩宽了，场地硬化了，绿化也跟上了，新修建了凉亭、瀑布栈道、商铺、公厕等发展旅游业。村里还投入资金对党群活动服务中心进行升级，修建了"为民服务站"，设置了"云岭先锋党建书架"等，为服务群众、做好党建工作提供了保障。

边境县村级"四位一体"建设，包括提升人居环境、扶持村级集体经济发展、提高农村公共服务水平、支持农村基层组织建设，是由省委组织部于2017年3月牵头在25个边境县（市）的25个村实施建设的项目，省财政补助每个试点500万元。

突出边疆民族特色，各地在项目实施过程中，紧紧围绕边境民族特点，一村一策组织实施，把"四位一体"试点建设成为树立国门形象、展现民族风情的秀美村庄，激发了党员群众热爱祖国、守土固边的意识。

盈江县卡场镇吾排村，地震灾害的叠加让这个原本处于边境线上的小村满是创伤。而今，或修缮改造或新建的抗震房不仅给了这里的村民一个安全的家园，更带来了追求富裕生活的新梦想。村支书左生荣感慨："在边远民族贫困的地方搞恢复重建确实十分不容易。但是在党和政府的领导下，县上各单位给我们补助了建房资金、贷了款，给我们现场技术指导。现在，看着一间间房子立起来，村民们都很高兴。"吾排村幸福的日子由此开始生长。

为了让更多的"吾排村"缀联成边疆一道美丽的风景，多年来，中央和省委、省政府加大了对陆地边境一线农村危房改造支持力度。在实践中，云南省着力突破资金和项目的瓶颈制约，将边境一线农村危房改造和美丽乡村建设、地质灾害搬迁治理、扶贫开发建设、兴边富民工程相结合，发动各部门和群众多渠道筹集、多项目整合，合力并举，共同改善边境一线农村人居环境。

芒市政府与各乡（镇）长签订《农村危房改造目标责任书》，确保每一个改造项目、每一笔资金都落到实处；西盟县制定了《西盟县边疆民族特困地区农村安居房工程建设总体方案》，从规划入手，在农村危房改造的同时，注重保持当地独有的民族建筑风格特色；富宁县把农村危房改造工程作为一项重大的民生工程、德政工程来抓，按照"确保重点、兼顾一般，政府引导、自建为主，公平公正、公开透明"的原则，多渠道筹集资金，通过陆地边境一线的农村危房改造，有效改善了边境一线贫困农户的居住条件。

2020年4月30日，云南省政府召开电视电话会议，正式启动云南省边境小康示范村建设工作，明确在全省25个边境县（市）打造30个边境小康示范村，实现发展有支撑、民生有改善、素质有提升、团结有保障、守边有动力，让边境群众过上更好日子，努力在党建引领、经济发展、文化繁荣、社会进步、生态宜居等方面作出示范。

云南省边境小康示范村建设结合乡村振兴战略阶段性目标任务，按照基础牢、产业兴、环境美、生活好、边疆稳、党建强的建设目标，明确了产业支撑型、文旅融合型、生态宜居型、边贸助推型、睦邻友好型5种小康示范村建设类型。为确保边境小康示范村建设资金投入到位，省政府提出每个示范村总投入原则不低于1000万元。其

沧源县勐董镇永和国门村是云南省高质量推进现代化边境小康村建设的一个缩影

中，省级财政通过转移支付资金支持每个示范村500万元，其余建设资金由边境县（市）统筹整合，积极引导社会资金投入。

为扎实推进边境小康示范村建设工作，全省各级党委和政府加强领导，明确职责，整合资源，积极调动群众主观能动性，形成政府主导、政策激励、群众参与的机制，确保高质量完成建设目标任务。

（二）以督促战啃硬骨

根据党中央、国务院和省委、省政府有关部署要求，云南省印发《云南省脱贫攻坚挂牌督战工作方案》，明确在全省组织开展脱贫攻坚挂牌督战。通过以"督"促战，聚焦工作难度大的县、村和易地扶贫搬迁集中安置点，集中兵力打赢打好深度贫困歼灭战，确保云南如期高质量打赢脱贫攻坚收官之战。

1. 压实责任　强势推进

云南省委、省政府主要领导高度重视怒江州、迪庆州脱贫攻坚工作，主要负责同志分别挂包迪庆和怒江，省委、省政府主要领导先后主持召开全省深度贫困地区脱贫攻坚现场推进会等，带头对深度贫困县进行再访再督；每季度召开怒江州脱贫攻坚推进会，督查调度实施方案完成情况。

为提升迪庆州整州脱贫质量，按时完成怒江州脱贫任务，云南主要围绕持续开展"百日总攻行动"、打牢督战工作基础，落实挂牌督战要求、强化以战为主，坚决"以督促战"、发挥行业扶贫作用三个方面开展重点工作。

深入贯彻落实中央挂牌督战部署，实施16个县挂牌督战，其中怒江州的3个县是国家明确的9个挂牌督战县之一。制订省市挂牌督战和县村作战方案。同时，对深度贫困县实行一县一个省级领导挂联、一个重点任务清单"兜底"、一个监测体系跟踪。建立并落实脱贫攻坚"一月一分析、一月一研判、一月一调度"工作机制，进一步强化目标倒逼、时间倒逼、责任倒逼。

2. 集结过硬队伍　优先安排资金

2019年，曲靖市从全市范围内"好中选优、优中选强"，选派出100名优秀干部到宣威、会泽两个深度贫困地区助力脱贫攻坚工作，集结起最过硬的攻坚队伍出战，向深度贫困发起总攻。

会泽县、宣威市两地是全省2019年31个拟摘帽县中脱贫人口最多、脱贫成本最高、脱贫任务最艰巨、投资需求最大的县（市）。为如期打赢脱贫攻坚战，曲靖市聚焦会泽县、宣威市精准发力。

集中火力促攻坚。曲靖市把财政专项扶贫资金、涉农资金等集中用于两个深度贫困地区，做到项目优先安排、资金优先保障、工作优先对接、措施优先落实。2019年市级财政专项扶贫资金70%以上支持会泽县、宣威市。为精准指挥、精准落实，曲靖市委、市政府主要领导分别承包宣威市和会泽县脱贫攻坚工作，建立起"每月一研究、一月一调度"制度，倒排时间、挂图作战。

同时，曲靖市把稳定脱贫与防止返贫摆在同等重要位置，坚持外出转移就业和就地就近就业两手发力，探索建立稳定脱贫长效机制。对已脱贫人口继续给予支持，及时组织"回头看"。并通过持续深入开展以"三联三争"、"爱心超市"和"五面红旗"为主题的"自强、诚信、感恩"活动，加强扶贫和扶志扶智相结合，让脱贫具有可持续的内生动力。

3. 整合各方力量　合力推进"挂包帮"

"当前，扶贫开发工作已进入啃硬骨头、攻坚拔寨的冲刺时期，再硬的骨头也要啃下来，再重的担子也要担起来。"在昭通市"挂包帮"、"转走访"工作联席会议第一次会议暨推进会上，昭通市主要领导指出，全市财政供养人员除一线教师和医生以外，必须全部参与结对帮扶，实现干部职工全参与、贫困对象全覆盖，确保"挂包帮"全覆盖、"转走访"不遗漏。

昭通是云南省和国家确定的乌蒙山片区区域发展与扶贫攻坚的主战场，全市贫困人口多、贫困程度深、致贫因素复杂、脱贫难度大，是全省扶贫攻坚的"硬骨头"。

按照省委、省政府扶贫攻坚各项会议精神，昭通市迅速行动，主动作为，在全省扶贫攻坚"挂包帮"、"转走访"工作动员会召开后一周内，制订细化了市级领导、市直部门"挂包帮""转走访"方案。

结合扶贫攻坚时间紧、任务重、压力大的实际，昭通市树立精准思维，拿出硬措施，倒排时间表，牢牢把握对象精准、脱贫精准、措施精准、投入精准四个"关键"，统筹抓好农村危房改造和抗震安居工程、劳动力素质提升、基础设施建设、特色产业发展等七个"重点"，以"挂包帮"、"转走访"为抓手，整合各方力量全力以赴打赢扶贫开发攻坚战。通过实行市、县、乡三级干部整体联动，建立健全全市扶贫攻坚"挂包帮"定点挂钩扶贫工作长效机制，明确从2015年到2020年期间，贫困对象不脱贫挂钩帮扶不脱钩。

进村入户开展调查、完善建档立卡资料、宣传扶贫相关政策、研究制定帮扶措施……一支声势浩大的扶贫攻坚大军深入乌蒙山区，结合"六个精准"要求，坚持"五看"工作法，盯准"六个一批"脱贫计划，遍访贫困村贫困户。

"老乡，你家有几口人？收入来源有哪些？娃娃上学了没有？……"在鲁甸县龙头山镇最偏远的西屏村大丫口村民小组，扶贫干部范镇与帮扶户汤科国拉起家常，详细了解家庭情况，分析致贫根源，共谋脱贫出路，并填写访谈问卷，做好走访记录。

"通过灾后恢复重建解决住房问题，适时组织技能培训，引导户主就业，引进洋芋良种增加单产，养牛养猪拓宽增收渠道。"结合"六个一批"要求，范镇认为可以通过灾后恢复重建带动一批脱贫，详细地向贫困户汤科国介绍了脱贫计划，并征得了户主的认可。

这在乌蒙山区轰轰烈烈开展的"挂包帮"、"转走访"工作中只是一个缩影。来自省、市、县的1263家挂包单位共52595名干部职工，深入全市85个贫困乡镇、825个贫困村参与结对帮扶，与44.7万贫困户结成对子，坚持"六个精准"，分析贫困根源，共谋脱贫出路。

4. 选精派强　干部下沉

地处滇东南石漠化地区的广南县，截至2019年底尚有建档立卡贫困户9641户40542人。面对繁杂艰巨的任务，广南县积极发起决战决胜脱贫攻坚百日总攻行动，尽锐出战，较真碰硬"督"，凝心聚力"战"，确保交出一份脱贫攻坚合格答卷。

决战决胜脱贫攻坚百日总攻行动启动以来，省、州领导主动担当作为，到广南县定点挂牌督战。在啃"硬骨头"的最后关键时刻，广南县对"两不愁三保障"突出问题"再过一遍筛子"，对新发现的各项问题"不绕着走"，广大干部群众向问题开刀、向困难进军，确保扶贫工作不留空白、不留盲区、不留死角，脱贫攻坚路上不落下一户一人。

为开展常态化督战，广南县制订了2020年脱贫攻坚督战工作方案，县脱贫攻坚指挥部定期不定期派出督战队，对各乡（镇）进行督战，紧扣"两不愁三保障"目标标准，以"户户清"、"村村清"为抓手，积极推动贫困村脱贫出列7项指标、贫困户脱贫退出5项指标（小清单69个内容）落实落细。同时，各方协同作战，督进度、督落实、督整改、督巩固、督质量，推动收入、住房、义务教育、基本医疗和饮水安全短板问题于6月底前清零，确保打赢深度贫困歼灭战。

"危房拆除不到位，如坝汪村委会中坝村小组吴加荣户，长期无人居住，房屋已经出现倾倒状况，存在较大安全隐患。""兜底帮建建设不细致，部分建设缺项较多。""垃圾处理不及时，村内污水排放随意性突出。"广南县相关领导干部到莲城镇坝汪、董那孟、端鸠等村委会督查脱贫攻坚百日总攻行动开展情况时，当场指出存在问题，提出整改要求。

广南县按照"尽锐出战、务求精准"要求，从党员处级领导中选派18名同志挂任各乡（镇）党委第一书记，至脱贫验收结束，对本乡（镇）脱贫攻坚负总责，靠前指挥、超前谋划，团结带领乡（镇）领导班子成员，协调推进脱贫攻坚等各项工作。

聚焦"两不愁三保障"，驻村干部遍访排查。全县167支驻村工作队、167名第一书记、723名工作队员进村入户，开展遍访工作，围绕住房问题，做到到户看院子、抬眼看房子、进门开柜子、坐下问孩子等，不漏一村一寨，不落一户一人，地毯式查问题、找短板。

县挂包帮扶人员全面下沉乡（镇）、村一线开展脱贫攻坚工作，聚焦目标任务"实"干，聚焦结对帮扶"实"帮，再次对贫困户的短板问题、帮扶措施进行梳理，确保短板问题查找到位、政策落实全到位、帮扶措施确实有效，帮助贫困户整治家庭环境卫生，发展产业、就业，办理医疗、教育、低保补助等，及时发现问题、及时解决问题，确保脱贫攻坚各项工作落到实处。与此同时，"百千万"工程全面启动，实行百企帮千村、万名突击队进村入户补短板，确保如期补齐短板、如期实现脱贫摘帽。

5. 对标对表补短板　查缺补漏强弱项

家住宣威市宝山镇被古村委会第二村民小组的海泪平成为当地勤劳致富脱贫的模范代表。"贫困户在政策上确实得到政府的好处，政府的扶持是让你发展生产的，不是让你吃喝玩乐的，等政府救济、靠政府扶助、要政府钱物，不生产劳动、不付出汗水，永远脱不掉贫。"40多岁的海泪平切身感受到了通过积极发展产业脱贫致富的重要性。

在2017年精准扶贫"回头看"中，海泪平被纳入被古村建档立卡贫困户，在驻村队员和挂包帮扶干部的引导帮助下，他重拾生活信心，重新振作起来，积极发展特色种植业养殖业，变成被古村勤劳致富脱贫的典型。被评定为贫困户以后，他一心想要摘下贫困户的帽子，2018年他种了5亩青菜，制作干酸菜收入22500元；3亩旱烟收入13500元；2亩辣椒收入7000元；养殖生猪4头收入3000元；年收入46000元。经过自己的努力奋斗，海泪平家实现了"两不愁三保障"，也有了稳定的产业，真正成为一名勤劳致富脱贫的模范代表。

在宣威，像海泪平一样成功脱贫致富的贫困户不在少数，依靠发展特色产业增收的村民更是不胜枚举。自2014年以来，宣威市始终把产业扶贫作为脱贫攻坚的重中之重、根本之策和长远之计来抓，坚持因地制宜、因村因户施策，基本构建了"市有扶贫支柱产业、村有扶贫主导产业、户有增收致富项目"的产业扶贫格局，有效带动了贫困群众持续稳定脱贫。以实施生猪、马铃薯、蔬菜、辣椒、中药材、林果、烤烟7个优势特色产业为载体，突出抓规划、建基地、扶龙头、创品牌、拓市场、增效益等6个重点，实现对有产业发展条件的贫困户全覆盖。

三、伟大的变迁

行走在宣威各个乡镇街道、村委会，村内道路更加平坦宽敞，村庄更加亮丽整洁，村民更加踏实幸福。放眼望去，精准扶贫的种子撒遍每一个贫困村、每一家贫困户、每一名贫困群众，群众精神面貌焕然一新，扶贫政策得到落实，个人收入得到保障，基础设施不断完善，贫困村人居环境显著提升。

（三）美丽动脉助脱贫

"特别是在一些贫困地区，改一条溜索、修一段公路就能给群众打开一扇脱贫致富的大门。"这是习近平总书记心系贫困地区的殷切嘱托。在云南，习近平总书记的殷切期望，化为深入推进交通扶贫的巨大动力，在彩云大地上唱响了一首脱贫攻坚的交通"战歌"。

"十三五"期间，云南省加快实施交通扶贫，破解贫困地区经济社会发展瓶颈。根据国家对交通扶贫的统一部署，结合实际，"十三五"期间，云南省交通扶贫和农村公路工作围绕创新、协调、绿色、开放、共享新理念，以革命老区、民族地区、边疆地区、贫困地区为重点，争取更多的项目纳入国家交通扶贫"双百"工程，在贫困地区建设广覆盖、深通达、提品质的交通运输网络，总体实现进得来、出得去、行得通、走得畅。二级以上高等级公路覆盖所有县城，乡村交通基础设施网络明显改善，实现乡镇和建制村通硬化路、通客车、通邮政，一定人口规模的自然村道路条件得到改善，普遍运输服务保障能力显著增强，基本消除贫困地区的发展瓶颈。

1. 下好"先手棋"

在贡山独龙族怒族自治县，独龙江公路的贯通促进了独龙江乡整

金沙江特大桥（昭通市巧家县白鹤滩镇）

乡推进整族帮扶的进程，结束了独龙江大雪封山的历史；在巧家县鹦哥村，布拖冯家坪金沙江溜索改桥项目建成通车，让当地百姓告别了依靠溜索出行的生活方式；在西畴县，通村公路的不断完善，让石漠化地区开出了脱贫致富之花……

一路一桥总关情。2016年以来，全省交通运输系统聚焦四大脱贫攻坚主战场，强化深度贫困地区重点攻坚，全力打好交通扶贫脱贫攻坚战。一大批干线公路、农村公路、危桥改造先后完工，兑现的是全省交通运输行业绝不让任何一个贫困地区因交通而掉队的承诺。

"长期以来，落后的交通成为制约农村发展的交通瓶颈，要让短板变强，就要把农村公路建设作为改善民生、服务'三农'的得力抓手，不断加大农村公路建设力度，逐步消除瓶颈，才能助力农民脱贫致富奔小康。"省交通运输厅负责人介绍，交通运输的基础性、先导性、服务性作用，决定了脱贫攻坚必须交通先行。

　　下好"先手棋"，云南聚焦突出问题，完善政策机制，坚持久久为功，建好、管好、护好、运营好农村公路，在扎实推进建制村通硬化路、通客车、通邮的基础上，自加压力，启动实施3.1万公里的27个深度贫困县50户以上不搬迁自然村通硬化路建设，积极推进惠及11个"直过民族"和人口较少民族的2.5万公里自然村通硬化路建设，全力解决好进村入户等"最后一公里"问题。同时围绕部省交通扶贫共建协议，举全行业之力，全力支持贫困地区集中力量建设"幸福小康路"、突出重点建设"康庄大道"、创新发展"特色致富路"、着力推动"对外开放路"，争取让农民群众有更多的获得感、幸福感和安全感。

　　站在打赢打好精准脱贫攻坚战，决胜全面建成小康社会的关键节点上，全省交通运输系统唱响"战歌"，向贫困发起全面总攻。围绕全省县域高速公路"能通全通"工程和国省道提升改造工程，继续推进贫困地区地方高速公路、普通国省道建设，2020年全省高速公路通车里程达 1 万公里以上，125 个县通高速公路，129 个县通二级及以上公路，推进贫困地区外通内联干线公路建设；以"四好农村路"建设为抓手，继续推进贫困地区资源路、旅游路、红色旅游公路建设，确保产业布局规划到哪里，公路就修到哪里；巩固建制村通硬化路建设成果，采取有力措施确保具备条件的建制村 100% 通客车、通邮，确保按时完成建制村"三通"兜底性任务。

2. 天堑变通途

怒江傈僳族自治州刚成立时，境内没有一条公路，没有一座桥梁，仅有 600 多公里人马驿道，人们被禁锢在大山里，与世隔绝，处于极端贫困之中。

怒江大桥

三、伟大的变迁

沐浴着党的民族政策的耀眼光辉，怒江交通运输基础设施建设从零开始。70 余年沧桑巨变，如今，怒江大峡谷天堑变通途，5817 公里公路穿梭于崇山峻岭之间，138 座各类桥梁飞跨在怒江、澜沧江、独龙江"三江"之上，修建了通省达边的交通网络。

——一条修了 20 年的绝壁公路

怒江州 98% 以上的面积是高山峡谷，形成担当力卡山、高黎贡山、碧罗雪山、云岭山脉和独龙江、怒江、澜沧江"四山夹三江"的特殊地形地貌，使修路架桥异常艰难。

1956 年 8 月 27 日，怒江州第一条公路瓦（窑）贡（山）公路动工新建，代号 S228 线，全长 343 公里（怒江州境内 290 公里），怒江州公路建设从此翻开全新的一页。

因绝大部分路段穿行于怒江大峡谷悬崖峭壁中，到 1973 年 5 月 1 日公路通车时，这条沿江绝壁公路前后修了 20 年，怒江各族人民付出了巨大的生命代价。

在工程最为艰巨的匹河至贡山（碧福贡公路）段，当时定名为"云南 156 工程"，实行军事化管理，1970 年 2 月，从丽江、迪庆、怒江 3 个地州 12 个县组织 5000 多名民工，编为 2 个工程团 33 个连攻坚决战。

进入新时代，老路焕发新风貌。瓦贡公路六库至丙中洛段改称为"怒江美丽公路"，完成改扩建，同步还开展慢行绿道路系统、智慧平台、路域环境整治、民族特色村镇等项目，建成美丽公路、生态路、景观路和旅游路，成为沿线 30 多万人的脱贫路、民族团结路、幸福路。

——一座独龙族人民心中的丰碑

一谈起公路，全国道德模范、老县长高德荣就无比激动，他满怀

怒江美丽公路

感恩地说，独龙江公路使独龙族人民获得了"新生"。

曾经，独龙族人民行路靠砍刀开路、攀藤附葛而行，过江靠溜索、竹筏。多少年来，独龙族人民世世代代翘首以待，梦想着能够拥有一条通向祖国内地的幸福之路。

1995年国庆节这一天，独龙江公路正式开工，4100多名独龙族同胞身着盛装敲着铓锣，用独龙族传统的剽牛活动纪念这个幸福的日子。

1999年9月9日独龙江公路全线贯通，让独龙族人民在进入新世纪前获得了"新生"。

2010年，在党中央和国务院的亲切关怀下，省委、省政府实施"独龙江乡整乡推进独龙族整族帮扶"，投资7.8亿元改造独龙江公路。其中，全长6.68公里的独龙江公路高黎贡山隧道彻底解决了半年雪封山问题，使行车时间从8个小时缩短为2个多小时，

三、伟大的变迁

让独龙族人民真正有了"现代文明之路"。2018年底,独龙族群众实现了整族脱贫,从封闭、保守、落后的民族"直过区"快步迈向小康社会。

——一条钢铁"巨龙"飞跃大峡谷

怒江州境内因有独龙江、怒江和澜沧江三大水系及其177条一级支流,山险水急,沟壑纵横。在缺少过江桥梁的时期,怒江各族群众依靠溜索这一古老的渡河工具,征服天堑阻遏。

到1980年,怒江共有61对跨江溜索,每年都会发生人、畜坠落江水的悲惨事故。

1959年8月竣工通车的泸水市跃进桥是怒江州第一座跨江汽车吊桥,此后50年间,跨江桥梁建设进度非常缓慢,且以人马吊桥和拖拉机吊桥为主。"过江难"问题极大制约了怒江的发展。

2010年底,福贡县拉马底村"索道医生"邓前堆过溜巡医事迹

俯瞰怒江三代桥

在全国引起轰动。党中央高度重视，交通运输部分两批将"三江"上的42对溜索改造成36座各类公路跨江桥梁，只留下几对溜索作为怒江特色旅游项目，彻底解决了怒江"三江"两岸群众"过江难"问题，改善了怒江州内路网结构，加快了两岸经济、文化交流和脱贫致富步伐。溜索这一古老的渡江工具退出了历史舞台，留在人们的记忆里。

深受过江之苦的怒江各族人民，把桥梁比喻为彩虹，一桥架通百业兴。

福贡县马吉乡马吉米村委会乔马嘎小组村民长期靠溜索过江，辛苦种出来的5000亩优质草果销售非常困难。

2018年12月30日，长130米、荷载15吨、总投资508万余元的"乔马桥"如彩虹般飞跃怒江，连接东西两岸，乔马嘎几代人的桥梁梦想实现了，迎来新的发展春天。

"这是一座产业桥、幸福桥，它连接了我们的好日子。"村民小组长普友博说。桥架起来了，村民都在准备建盖新房、买车子，发展林下种植，建设民族旅游特色村寨，过上更美好的生活。

如今，怒江州境内，各类跨江桥梁穿梭于怒江大峡谷、独龙江峡谷和澜沧江峡谷之中，与滔滔江水共舞，与巍巍青山为伴，一桥一景，承载着怒江各族人民奔向现代文明的幸福时光。

70年沧桑巨变，怒江大峡谷天堑变通途。从没有一寸公路，到2018年底5817公里公路连接着千村万寨；从1979年修建第一条农村公路——泸水市老窝镇荣华村公路，到255个行政村、17个社区100%实现路面硬化目标，通客率达83%；从没有一条高速公路、没有一座飞机场，到保（山）泸（水）高速建成通车，兰坪丰华机场通航，怒江已基本建成"通州达边"的综合交通运输网络，在打赢怒江深度贫困脱贫攻坚战中起着支撑性、保障性作用。

保龙高速怒江大桥

3. 点燃经济腾飞"引擎"

"六威(昭)高速公路今年初通车后,昭通苹果可以最快的速度运往贵阳、六盘水、毕节等地,这将大大提升苹果的保鲜度,减少运输成本,在市场上卖个好价钱。"金秋时节,昭通苹果飘香,望着一车车苹果驶出果园"奔赴"省外,苹果种植大户、昭通绿健果蔬商贸有限公司经理郎平勇满脸笑容。

伴随着一条条高速公路加快建设,一条条扶贫路、易地搬迁路、产业路、生态路、旅游路、民生路相继修通,构成了昭通市四通八达的立体交通路网,成为驱动经济跨越崛起的强力"引擎"。昭通市深入实施"交通先行"战略进入了一个新的历史阶段,全市综合交通运输发展取得长足进步,"交通先行"战略成效初步显现,为昭通经济腾飞铺筑更坚实的"龙骨"。

"综合交通基础设施滞后是制约昭通发展的最大瓶颈,是昭通发展的痛点。昭通要实现跨越发展,关键是要再造区位优势,努力把昭通建成区域交通枢纽。"昭通市主要领导说,"昭通交通基础设施供给总量不足、结构不优和运输水平低、层次不高的短板问题很突出,尤其与昭通作为'门户'、'走廊'、'枢纽'的区位优势明显不符。"

欲加速,修高速。正视交通制约的瓶颈和短板,实施交通先行战略,打造交通优势,成为昭通发展的"牛鼻子"。为破解交通瓶颈,以构建大交通、建设大通道、打造大枢纽为重点,着力打造昭通"网络完善、结构合理、无缝对接、四通八达"的综合交通运输体系为目标,昭通创新思路和举措,按下交通建设"快进键"。

按照全面实施交通先行战略的目标任务,昭通全市上下掀起新一轮大干交通新热潮,全面打响综合交通建设大会战。

加强规划引领、顶层设计,下好"交通先行"先手棋。

坚持"一张蓝图绘到底"。昭通市在抓规划编制、项目前期、开工准备上聘请国内权威院校、机构和顶层专家科学编制了《昭通综合交通"十三五"规划》及4个专项规划,涉及综合交通重点项目20项,总投资达2475亿元。将12条高速公路按6个类别,实行"一项目一方案"分类管理、"一项目一调度"强力推进。

成立交通先行战略领导小组、交通重点项目建设指挥部,上下联动、各负其责。市委、市政府主要领导坚持每月轮流到项目现场召开调度会,一条路一条路地调度,现场解决问题,现场交办任务。

全市各级多措并举,勠力同心,全力全面加快推进前期、融资、建设、管理、服务等一系列工作。县、乡、村各级干部扎实做好征地拆迁、施工环境保障工作,全市高速公路建设步伐进一步加快。

三、伟大的变迁

2018年，昭通市高速公路建设捷报频传：镇毕高速公路建成通车，革命老区镇雄县告别了不通高速公路的历史；宜昭、宜毕、昭泸、格巧等9条在建高速公路加快推进，沿金沙江高速公路3条连接线成功纳入国家"十三五"中期调整规划。全市高速公路在建里程、投资完成额均位列全省第一，全年完成高速公路投资259亿元，占全省的1/5，在全省高速公路"能通全通"工程攻坚战中跑出了"昭通速度"，成为全省区域综合交通枢纽试点市。

在整个"十三五"期间，全市围绕着力构建"一环两横四纵六联络"高速公路网、"两横四纵一枢纽"铁路网、"一中心四通用八航线"航空网、"一线四港九码头三转运"水运网目标，初步建成了滇川黔渝区域综合交通枢纽。

怎样将规划变项目、项目变工程、工程变投资？总规模达800多公里的高速公路估算投资1275亿元，资金问题怎么解决？如何动员各方力量，整合社会各类资金？面对诸多难题，昭通市按照"顶层设计降一点、规划引领争一点、资源整合筹一点、创新模式融一点、科学执行省一点"的思路，全力破解了深度贫困地区大干交通基础设施建设的最大瓶颈，保障了"能通全通"工程项目的顺利有序实施。

面对2475亿元的综合交通总投资（其中高速公路达1275亿元，占52%），昭通市不等不靠，主动出击，打好筹融资"组合拳"，积极探索、创新融资模式，多管齐下追求"最佳效果"。组建昭通高速公司、昭通高速资本公司负责项目融资、合作建设、管理等工作。采用"金融施工"模式优选投资人，主动寻求有实力、有能力、有信誉的央企、省企合作，采取"自建、合建、他建"三种方式，引进中国交建、中国铁建、中国电建、中国中冶等实力强、管理先进、技术过硬的央企，引入社会资本179亿元。强化"银政企"合作，与银行达

天堑变通途——镇（雄）毕（节）高速公路泼机段贯通

成融资合作意向达850亿元，与浦发银行共同成立总额200亿元的浦发扶贫基金，其中60%以上用于交通扶贫项目。投入市级财政22亿元与富滇银行设立80亿元高速公路发展基金。积极争取发行第一期收费公路专项债券47亿元。协调国开行贷款62.3亿元实施1.1万公里50户以上不搬迁自然村公路建设。统筹使用三峡集团库区淹没公路还建补助资金22.76亿元。实行高速公路征地拆迁费市、县两级共担机制，进一步控制了征地拆迁成本，为县（市、区）长远发展建立了持续稳定的长收益渠道。

昭通市大胆创新高速公路建设管理模式，按照"一路一策"的原则，探索出了一条适合昭通高速公路建设的新路子，确保全市高速公路建设顺利推进。创新"金融施工"建设模式：采取招选投资人，成立股份公司建设模式；采取"P+EPCM+建养一体化"（"政府补助+施工管理与总承包+建养一体化"）建设模式；采取"P+EPC+股权采购"（"政府补助+设计施工总承包+股权转让"）

建设模式；采取"BOT+可行性缺口补助+施工总承包"建设模式。这些建设模式首先减轻了业主筹集资本金的压力，解决了项目资本金不足的问题；其次，与实力雄厚、技术过硬的央企合作，可以保证项目建设进度和质量。

昭通市国省道改造按照"交通+"的创新思路实施，实现交通与产业、交通与旅游、交通与生态、交通与城镇的精准对接。按照"交通+旅游+产业"思路建成大山包一级公路，按照"休闲运动+生态景观"思路建成全省首条绿道——昭璞绿道。农村公路形成常规招标、打捆招标、一事一议、DBFO模式四轮驱动局面。

昭通市率先开展高速公路地标研究，因地制宜编制了《山区高速公路建设技术指南》，成为全国第一个制定高速公路地标的地级市。

多年来，昭通人民一直把致富的梦想寄托在交通的建设上，如今，天堑变通途，承载起625万乌蒙儿女的新希望。

"便捷的交通为革命老区威信带来了新的发展机遇。"威信县主要领导介绍威信大交通建设时,喜悦之情溢于言表。当年位置偏僻、交通不便的老、少、边、穷山区威信,如今即将成为滇川黔三省通衢之地。

"横下一条心,立下愚公志;苦战'十三五',县县通高速。"这是昭通市交通运输局办公楼挂着的醒目大字,这是昭通交通人立下的雄心壮志。

攀上群山看昭通,群峰之下的昭通振翅欲飞。一条条纵横交错的公路架起四通八达的康庄大道,繁忙起降的飞机拉近昭通与外界的距离,南来北往的火车长鸣进站,一艘艘轮船在壮阔的"万里长江第一港"扬帆远航,车站码头人便于行、货畅其流。面向成渝经济圈、背靠滇中经济圈、东接长江经济带的对外开放通道陆续打通,渝昆、成昆、成贵、沿金沙江、攀昭毕贵五条走廊带即将形成,西南四省市中心城市快速连接的综合交通枢纽初具雏形。

交通兴,昭通兴。一场声势浩大、盛况空前的"交通大会战"正在昭通的大山大水大峡谷中打响,一条条希望之路、致富之路正在崇山峻岭间延伸,昭通的发展之路将不断延伸,越来越宽广。

4. 边疆末梢迈向前沿

云南省临沧市与缅甸山水相连,境内有清水河、南伞、永和3个国家级开放口岸和19条边贸通道,有290多公里边境线与缅甸接壤,一直是"南方丝绸之路"、"西南丝茶古道"上的重要节点,云南五大出境通道之一。

然而,与这样优越的区位条件形成鲜明对比的则是临沧曾经"交通不便"带给人的深刻印象。由于山高谷深、地势复杂,临沧修建高速公路、铁路的难度极高、施工环境十分恶劣。长久以来,交通"瓶

三、伟大的变迁

颈"制约着临沧经济社会发展,"大路通衢"是长久萦绕在临沧各族人民心头的美好愿望。

为改变这样的闭塞面貌,多年来,一批批筑路人逢山开路、遇水架桥,使临沧交通建设不断迈上新台阶,综合交通体系不断完善。

2008年2月,祥云至临沧二级公路建成通车,临沧到昆明实现了公路交通全线高等级化;2011年9月,8条(段)二级公路建设全面完工并交验,临沧提前实现了县县通高等级公路的目标;2017年12月,临沧机场高速公路提前半年建成通车,结束了临沧没有高速公路的历史;2020年12月,历经5年建设的大临铁路正式开通运营,临沧不通铁路的历史宣告结束;墨临高速成功通车,结束了临沧没有通往外界高速公路的历史。

"十三五"期间,临沧实现高速公路从零到建设667公里、建成

高铁列车驶入临沧站

近300公里的重大跨越，沧源佤山机场建成通航，临沧机场完成改扩建。以昆明（玉溪）至清水河铁路、高速公路为"燕躯"，大理至临沧铁路、高速公路，临沧至普洱铁路为"燕翼"，沿边铁路和高等级公路为"燕首"，由昆明向着南亚东南亚和印度洋展翅飞翔的"飞燕型"综合交通网络正加快形成。

十余年间，临沧交通运输条件、运输能力、运输规模显著提高，长期制约临沧经济社会发展的交通"瓶颈"获得根本突破。

交通"瓶颈"得到破除，为临沧经济社会发展以及我国沿边开放带来了前所未有的历史机遇。交通的跨越式发展寄托着临沧各族人民对未来的憧憬，随着由高速公路与铁路并驾齐驱的中缅国际大通道建设的全速推进，临沧大交通理念正由规划变为现实，未来，临沧"面向南亚、肩挑两洋、通江达海"的区位优势将进一步得到释放。

（四）百万群众出穷山

云南集边疆、民族、山区、贫困为一体，全省有88个贫困县（27个属于深度贫困县），数量居全国第一；建档立卡贫困人口搬迁任务99.6万，规模居全国第三；2019年度搬迁30.6万贫困群众，年度任务全国最重；全省建设万人以上安置点11个，占全国的21.6%。

经过全省上下的共同努力，99.6万贫困群众有序迁出"一方水土养不起一方人"六类地区。易地扶贫搬迁真正成为云南"十三五"时期促进贫困人口减贫、地方投资增长，有序推进新型城镇化、人口市民化、生态环境治理的有效措施和途径，在此过程中，各级干部专注于政策落实、措施落地，搬迁群众得到了真帮实扶、脱贫发展，各级干部干事、创业的精气神明显提振。

三、伟大的变迁

1. 迈步从头越

四罗益没有想到自己这辈子会成为一个城镇人。

他不是没有想过搬离村寨。这个怒族村民所在村寨的生产生活太难了：缺水、缺路、缺电。但怎么搬？搬哪里？搬了后生计在哪里？四罗益没有办法细想。

机会终于在决战贫困中到来。作为被确定为"一方水土养不了一方人"的村寨，四罗益所在的怒江傈僳族自治州福贡县匹河怒族乡托坪村整村实行了易地扶贫搬迁。

四罗益一家和全村160多户群众一道，喜气洋洋地搬到了邻近乡政府的安置点——一个生活设施一应俱全的现代化小区。而今迈步从头越。

怒江福贡马吉米乡村队扶贫身影

——精准识别,"应搬尽搬"

横断山,路难行。云南美丽的自然风光掩蔽了一些地区的恶劣环境。云南是全国贫困面最大、贫困程度最深的省份之一。

一些高寒山区、边远山区、生态脆弱地区,一方水土承载不了一方人。

在决战脱贫攻坚的响亮号角中,云南省决策层果断布局:克服再多困难也要"应搬尽搬",统筹规划,整合资源,高质量实施好易地扶贫搬迁。

脱贫攻坚的诸多措施中,易地搬迁投入资金最大、涉及面最广、实施最复杂。

基础在精准识别。"应该搬的一定要搬,不应该搬的一定不搬。"全省以县乡干部、驻村工作队为主要力量逐村、逐户识别,确保对象精准。

搬迁任务在增加。2016年原定搬迁人口65万人。根据实际,后又增加34.6万人。截至2018年底,65万贫困人口已经完成搬迁。

易地搬迁成为一些深度贫困地区摆脱贫困的重要载体。怒江傈僳族自治州全州54万人,建档立卡贫困人口31万人,易地搬迁10.2万人。

位于乌蒙山腹地的昭通市,建档立卡贫困人口达180余万人,易地搬迁人口30余万人。

"脱贫攻坚越到后面越是硬骨头,啃硬骨头就必须要有硬办法。易地扶贫搬迁就是最关键、最管用、最硬的办法。"昭通市主要领导说。

——既挪"穷窝",更断"穷根"

"做到了搬得出、稳得住、能致富,已经为全省如期于2020年全面脱贫打下了坚实基础。"回望"规模空前"的易地搬迁行动，云南省发改委有关负责人说。

尊重群众选择。讲清楚易地搬迁的政策，充分征求群众意见，引导群众在现实和未来中权衡利弊，作出正确的选择。"易地搬迁的农户均是自愿的，均是签了协议的。"云南省发改委有关负责人介绍。

服务体系完善。集中安置，聚合资源，确保安置点的教育、卫生、文化等设施整体配套，满足群众的公共服务需求。为了慰藉群众的"乡愁"并留下历史"存照"，许多安置点还建设了村史馆。

产业配套。推行精准脱贫模式，实行安置区建设与搬迁群众后续产业扶持同步推进。昭通市昭阳区靖安、鲁甸县卯家湾两个跨县安置区规划了2万多亩蔬菜基地，可以提供就业岗位1.5万个，同步配套加工企业，可以带动10万贫困人口脱贫。

就业保障。结合群众就业创业需求和意愿，统筹整合公益性岗位、园区企业、物业管理、东西部对口协作等资源，为搬迁群众就业提供支撑。搬迁群众至少享有1项扶持政策，有劳动力家庭至少1人提供就业岗位。

盘活土地资源，增加群众收入。采取"公司＋基地＋贫困户"模式，确保搬迁群众"离地不离权"、"权随事走"，最大限度盘活林地、耕地、宅基地等资源。

——而今迈步，跨越发展

学校、超市、幼儿园、敬老院、服装车间……仅从表面看，昭通市昭阳区幸福馨居社区与城市社区没什么不同，事实上确有不同：社区住户是2700多名易地扶贫搬迁群众，来自昭阳区的6个乡镇。

"成了城里人，还领上了工资，这让我做梦也想不到。"在服装车间每天上班的林惠英连连感慨。2018年,搬迁群众正式入住幸福馨居社区,每户有劳动力的家庭均安排了就业岗位。贫困群众笑逐颜开,其乐融融。

作为打赢脱贫攻坚战的"头号工程"和重要支撑,易地扶贫搬迁功在如期啃下脱贫"硬骨头"。

如期全面小康。"一个都不能少!""脱贫路上不让一个兄弟民族掉队!"易地扶贫搬迁为云南如期全面脱贫打下了坚实的基础。

实行高质量脱贫。最困难的群众在搬迁中实现了产业、服务、就业的配套,一举阻断了贫困的代际传递,并享有了现代化的教育、医疗等公共服务,还融入了现代生活。

修复生态环境。土地减负,大山增绿。国土资源空间布局大为优化,生态得到了修复。在搬迁后,贫困群众的大部分旧房均已拆除并进行了复垦,全省脱贫搬迁复绿已达676.5万平方米。昭通市完成搬迁后,长江上游、乌蒙山片区生态环境改善明显。

"在新的家园,我们有了新的生活。我们的日子会越来越好。"四罗益满怀信心地说。

2. 背包上山,老乡下山

世代居于深山,故土难离的情感,在群众心里往往扎得很深。除了留恋家乡,还有一重顾虑:下山进城,离开熟悉的环境,万一没有营生,如何生活?这些心结,挡住了老乡搬迁的脚步。有心结,就得解。在云南怒江,有很多支当地干部组成的背包工作队,他们背着被褥上山驻村,跟乡亲们讲政策、说出路,在院坝座谈,在火塘夜话。渐渐地,老乡的态度变了……

进入怒江傈僳族自治州福贡县子里甲乡俄科罗村的路非常难走。从山下到村委会,只有一条能容纳一辆车通过的水泥路。路边是深谷悬崖,汹涌的怒江水咆哮奔流。车不知绕了多少个弯,越往上开,越觉得路仿佛挂在天上。这时,司机师傅一脚刹车:"再往上开不了了,步行吧。"

脚下的水泥路已被泥巴路取代,天空飘着雨,路面十分湿滑。"小心点,掉下去连抢救的机会都没有。"带路的俄科罗村拉谷片区易地扶贫搬迁工作队队长祝培荣说话像是打趣。

停车点到村委会不到500米的路,一行人走了近20分钟才抵达。几个皮肤黝黑的工作队员正准备出门。一打听,他们要去村民和坡益家做搬迁动员工作。

"政府在安置点提供免费住房,你家四口人可以分个三室一厅,家具齐全,拎包入住。"在火塘边落座,祝培荣掏出傈汉双语版的安置点户型图,给和坡益指出未来新家的位置。和坡益凑上来看了会儿,又坐回去,默不作声。

经过前两次沟通,祝培荣明白他心里的顾虑:搬迁后没处搞养殖,买米买菜要花钱,万一找不到工作,如何生活?

"放心吧,下去后政府提供公益性岗位,每个月收入1500元左右,保障基本生活没问题。安置点周边有扶贫车间,进去工作又多了一份收入。再说,县城里工作机会多,你也可以打工……"祝培荣耐心劝说。

火塘里的柴火烧得噼啪作响,和坡益慢慢抬起低着的头。这时,和坡益的小儿子跑了进来,祝培荣决定再加把"火":"安置点的学校条件好,两个娃娃上学不用翻山路,咱总得替孩子想想吧。"一番劝说,和坡益虽没当场签订搬迁协议,但终于答应先去县城安置点看看,再作决定。

"群众世代生活在山里,故土难离的感情根深蒂固,思想转变不是一朝一夕的事。"祝培荣说。

短时间不行，那就花更多的时间，倾注更深的感情。祝培荣一行12人，背上被褥，上山驻村。这支12人的队伍里，6人来自怒江州各党政机关，其余由县、乡、村三级干部组成。队长祝培荣，是怒江州社科联副主席。因为背着背包，现在他们有一个共同的名字——背包工作队。队员们还有一个共同的特征：熟悉农村工作，懂民族语言。

平日里，他们早上赶在村民下地前，晚上等到村民回家后，耐心地上门讲政策，空余时间还跟村民一起劳作，一待就是50多天。入夜，队员们住在村里的党群活动室。一间10多平方米的房间，摆了4张铁床，地上打了2个地铺。一层泡沫垫，一层稻草，一层铺盖，即便在地上铺了三层，最上面的被褥依然潮湿。

用真心暖人心。背包队驻村以前，整村384户易地搬迁户，仅有12户搬迁。从最初坚决不搬，到渐渐有村民主动咨询搬迁政策，背包队用实干和真情，感动了越来越多的群众。

在背包工作队的带领下，和坡益一家前往县城安置点看房。工作队员先后陪他看了4种户型，宽敞明亮的房间让和坡益心动。当天下午，和坡益就主动参与抽房并领取了钥匙。和坡益的妻子也向安置区管委会申请了一份保洁员的公益性岗位，即将培训上岗。

全州29个乡镇每个乡镇扩建一支背包工作队，聚焦"两不愁三保障"存在问题，开展"背包上山、巩固战果"行动。在怒江州六库镇举办的深度贫困总攻出征仪式上，100名即将奔赴一线的背包工作队队员，举起右手向党旗宣誓，祝培荣也是其中之一。"不忘初心、牢记使命，不夺取脱贫攻坚最后的胜利决不撤退！"

宣誓完毕，背包队队员转身登上客车，分赴未脱贫的80个贫困村。阳光下，车身上挂着的条幅分外醒目，上面写着——"怒江，缺条件，不缺精神和斗志！"

3. 打响"上甘岭"战役

"乌蒙之巅，金沙江畔。众志成城，脱贫攻坚……"脱贫攻坚工作开展以来，会泽县严格按照"三个组织化"要求，把易地扶贫搬迁作为脱贫攻坚的重中之重，科学规划、统筹推进，举全县之力，向脱贫攻坚战发起总攻，取得显著成效。

"以前知道会泽县贫困面大，贫困人口众多，但是没想到贫困程度竟有这么深，尤其是居住条件如此恶劣。"2019年12月24日上午，参与全省抓党建促脱贫攻坚暨产业扶贫就业扶贫易地扶贫搬迁组织化现场会的不少与会人员，在观看会泽县易地扶贫搬迁专题片《搬出大山天地宽》后纷纷表示。

"我们家以前居住的地方位于蒋家沟泥石流滑坡区域，属于干热河谷地区，山高谷深、土地贫瘠、交通条件较差。"会泽县大海乡白石岩村村民佟文俊介绍，全村经济来源主要依靠种植玉米、土豆和红薯，扣除肥料等成本，几乎没有余钱。

不甘贫穷的佟文俊在村里也算是很能"折腾"的人，但由于自然条件恶劣，他的一腔热血最终输给了现实。"我买了一头毛驴驮村里的红薯运往山外，打算换几个钱供孩子上学，结果半路上驴摔跤，全部红薯都滚到金沙江里了。"回忆起搬迁前的艰难生活，佟文俊仍记忆犹新，"2019年春节前夕，我家从大山深处搬迁到县城安置点，全家5口人住上了100平方米的楼房，我自己也筹了点钱，购买了一辆二手小货车，在县城做水果批发生意，总算摆脱了贫瘠的茫茫大山。"

会泽县位于滇东北乌蒙山主峰地段，东连贵州，西接四川，是云南第三人口大县。境内山高、坡陡、谷深，山区面积达95.7%，是国家扶贫开发重点县、乌蒙山片区集中连片特困县、云南省深度贫困县。

"在会泽县，与佟文俊一样居住在深山区、石山区、高寒冷凉地区、泥石流滑坡地带等'六类地区'的贫困群众约有40万人。资源承载能力严重不足、公共配套成本过大、难见效、易返贫，易地扶贫搬迁是唯一的出路。"会泽县易地扶贫搬迁新城建设指挥部相关负责人表示。

"全县规划建设易地扶贫搬迁安置点125个，搬迁安置105034人，其中建档立卡贫困人口83627人。"会泽县易地扶贫搬迁新城建设指挥部相关负责人说。县城集中安置点规划建设271栋165.5万平方米安置房，分两期搬迁安置，搬迁对象涉及20个乡镇（街道）293个行政村，整村搬迁514个自然村。一场难在当代、利在千秋的脱贫攻坚"上甘岭"战役已经打响。

"刚得知我们要搬到其他地方居住时，心里很不踏实。不知道要搬到哪里，也不知道搬出去以后我们住什么、吃什么、上哪儿种地去。"60多岁的搬迁户李粉英回忆，两三年前，当她第一次听说要搬迁时，心里很恐慌。

"后来，县、乡、村各级干部一次次来我家，跟我们说搬出去更好住，生病打针、买药也更方便，而且政府会盖房子给我们住，叫我们不用担心，安安心心地搬出去住。"李粉英说。

为让搬迁户及时掌握搬迁政策以及后续就医、就学、就业等问题，会泽县充分发挥基层党组织作用，通过成立临时党支部、新时代农民讲习所等，利用板凳会、院坝会、火塘会等方式，挨家挨户宣传易地扶贫搬迁政策，做到家喻户晓、人人皆知。同时，还开展"自强、诚信、感恩"教育活动，充分调动群众的积极性和主动性，确保政策落实不走样、不走偏。

会泽县还严控人均住房面积不超过25平方米的"标线",严守搬迁不举债的"底线",严格资金和项目规范管理的"红线"。用好用活土地增减挂钩政策,同步推进"拆旧复垦",2017年前的搬迁贫困户旧房已全部拆除,复垦率达91%。

"我家四个儿子都成家分开了,就我和老伴两人,我们老两口现在住进新楼房,新居有50多平方米,比以前住的危房好多了。"李粉英老人高兴地说。搬迁后,他们以前的土地一部分退耕还林,一部分种上了核桃树等,老两口领着低保、养老金,还有退耕还林补助,孩子们在外务工每月也会给他们一点钱,现在吃穿住都不愁了。

"在易地扶贫搬迁工作中,会泽县坚持对生产生活条件恶劣、一方水土养不活一方人的'重点搬';符合贫困自然村条件的'整体搬';生态脆弱、地质灾害隐患严重的'统筹搬';群众积极性高的'优先搬',确保搬迁工作顺利开展。"相关负责人说。

"2019年我们家双喜临门,4月12日拿到新房子钥匙,9月份儿子以全县理科排名第二的高考成绩考上浙江大学。"2019年7月从马路乡弯弯寨搬迁到县城安置点的王文选打开了话匣子。

王文选说,他们家有4口人,大儿子上大学,小儿子在县城安置点的学校上初中。搬迁到县城后,一家人的就医、孩子的就学,还有自己的就业问题都得到解决。"以前孩子上学每天要往返两小时的山路,由于不放心孩子一个人去上学,早上5点多我就得打着手电筒送孩子。"王文选说,"现在孩子可在家门口的学校上学,真是太方便了。"

让王文选更高兴的是,相关部门还根据他家的实际困难,给他安排了一份送水的工作。他每天早上7点多骑着电动三轮车出门,送完80桶水结束一天的工作,月底能拿到3000多元的工资。"不用出远门就能挣钱,还可以照顾一家老小,这在几年前想都不敢想。"王文选说。

搬迁是手段，融入城市奔向小康才是目的。在易地扶贫搬迁工作中，会泽县把劳动力转移就业作为重点产业来开发，设立转移就业小分队，全流程跟踪做好服务，推动贫困劳动力有组织、成建制转移就业。"我们采取'劳务转移输出一批、县内企业接收一批、扶贫工厂就业一批、发展产业带动一批、公益岗位解决一批'的措施，确保搬迁群众户均1人以上就业创业。"会泽县人社局负责人表示。

位于会泽县易地扶贫搬迁安置点的会泽爽身服饰有限公司生产车间里，工人们正在忙碌着。据该公司负责人介绍，他们是会泽县招商引资引进的企业，目的就是解决贫困群众的就业问题，工人大多数来自搬迁户。

"我在服装厂做裤腰压条，月工资有2800元左右，如果加班多的话每月能拿到4000多元，加不加班自己决定。"2019年初从矿山镇洒依村搬迁到县城安置点的邹美琼，刚搬来不久就被安排到服装厂上班，培训3个月后正式上岗，目前她已成为车间的骨干。

4. 做好易地扶贫搬迁"后半篇文章"

老百姓从大山搬进了社区居住，过上了美好新生活。但如何加强易地扶贫搬迁集中安置区后续管理，帮助易地扶贫搬迁群众融入新社区，保障易地扶贫搬迁贫困户"搬得出、稳得住、能致富"，也成为全州各级各部门亟待解决的问题。为此，怒江州各县（市）做了积极探索，助力做好易地扶贫搬迁"后半篇文章"。

——贡山县：推广普及国家通用语言文字　给梦想插上翅膀

扶贫先扶智，扶智先通语。通语立志，筑梦前行。随着易地搬迁工作的深入开展,越来越多的人搬出大山,走进城市。在融入城市的过程中,很多群众由于没有掌握普通话,难以获取有效信息、学习先进技术、外出务工经商,大大阻滞了他们脱贫致富的脚步。普通话在生产生活中的重要性日益凸显,已经成为贫困群众脱贫致富需要掌握的基本技能。

为进一步巩固脱贫成果,提升少数民族群众使用普通话的水平,贡山县在茨开镇幸福新区、普拉底乡腊早村南大门安置点、普拉底乡金湾小区等易地扶贫搬迁安置点开展了形式多样的普通话培训。培训教师根据搬迁群众特点,围绕生产生活技能、文明礼貌、举止行为、就医看病、家庭卫生等,采用互动、交流、点名回答等通俗易懂的方式进行培训,对检测达到合格标准的参训群众,颁发合格证书。参训群众从不会说到会说,从不敢说到踊跃说,掌握了更多与人日常交流的普通话,为日常生活带来了极大的便利。

在幸福社区的课堂上,学员们手拿免费教材,老师们用幽默风趣的语言、有趣的情景对话,教授了自我介绍、买卖产品等日常用语,课堂气氛十分活跃。学员李艳芳学得非常认真,一遍又一遍地练习着老师教授的内容。她说,孩子快上幼儿园了,她希望自己能学好普通话,成为孩子合格的"第一任老师"。

另一名学员娜有花今年23岁,在县内一家车行里务工,课堂上不时地提起笔在本子上记下老师讲的要点。"听说小区里要举办普通话培训班,就立马报了名。培训的这两天,我学到了很多,自己以前也没怎么念过书,普通话说得不太标准,老师教的都是我们日常生活中用得到的,现在我在车行上班,从外地来洗车的也很多,这样我与他们交流就更方便了。"娜有花说道。

贡山县通过普通话培训,把扶贫和扶志、扶智有效结合起来,充分调动搬迁群众的积极性、主动性和创造性,进一步提高了贡山县各易地扶贫搬迁安置点群众使用普通话与他人沟通交流的能力，提升了群众就业创业和脱贫致富的能力。

——福贡县：文化进社区　感恩新生活

夜幕降临，福贡县江西易地扶贫搬迁集中安置点文化广场大舞台前人头攒动，"福贡天天乐　百姓大舞台"活动热烈登场。来自包括安置点在内的本土歌手、搬迁群众轮番登台，把一个个自创编排的精彩节目带上舞台，过去在田间地头埋头劳作的他们，此时成为主角。台下，县城居民、搬迁群众以及外地游客不时跟着一起踏歌起舞。

为更好地推进易地扶贫搬迁群众"搬得出、稳得住、能致富"工作，巩固脱贫成效，福贡县在安置点举办"福贡天天乐　百姓大舞台"文化进社区活动，用百姓的歌舞，展现百姓的精彩，旨在不断提高搬迁群众文化生活和精神文明建设水平。通过举办文化进社区活动，让群众能真切地感受到新环境的温暖，能够在安置点住得安心，更好地融入小区生活，踏上崭新的发展道路。

刚从舞台上下来的坡思才一脸兴奋，刚刚他们为台下群众表演了傈僳族传统舞蹈。今年54岁的坡思才，2020年3月份从架科底乡搬进安置点，白天在安置点小区做保安，每个月能拿到2000多元的工资。晚上闲暇的时候他加入了社区表演队，每天准时参加节目编排，乐在其中。"之前在大山里做什么都不方便，如今搬出了大山，住进了城里，生活条件改善了。党和国家的政策那么好，趁着现在还年轻，我们要靠自己的双手去创造自己幸福的生活。"坡思才表示。

福贡县坚持把易地扶贫搬迁群众"搬得出、稳得住、能致富"工作作为首要政治任务和第一民生工程，全方位构建基层党建、社区

怒江州兰坪县城易地扶贫搬迁安置点

治理、公共服务、就业服务、文化服务"五大体系",全面抓牢抓实5274户21655名搬迁群众的各项扶持工作,助推搬迁群众实现了"五心",即放心住、暖心住、舒心住、安心住和开心住。

——兰坪县:"特殊群体"献爱心 "暖心"服务进社区

搬出大山后,搬迁移民群众"搬迁进城,住上新家",生活有了奔头,越来越多的青壮年劳动力选择外出务工,导致大量留守儿童、留守老人出现。如何丰富搬迁安置点留守老年人的精神文化生活,让留守老年人有"家"的感觉和归宿,促进安置点儿童健康成长,为安置点入住贫困户年轻人在外务工解除后顾之忧成了搬迁社区要解决的首要问题。

在兰坪县永祥社区,有这样一支"特殊群体暖心服务队",每天穿梭在社区居民楼道里,为行动不便的孤寡老人、残疾人提供扫地洗衣、整理家务、洗头理发、送餐上门等暖心服务。

永祥社区搬迁户余国文已84岁高龄,妻子患有慢性病,行动不便。了解到他们的实际困难后,暖心服务队对二老进行了特殊照顾,每天帮忙打扫卫生、洗衣、购买生活物资。"暖心服务队每次来都要做好饭菜后才离开,像对待家人一样照顾我们,太感谢他们了。"谈起这支爱心队伍,余国文满是感激。

2020年5月25日,永泰社区"爱心食堂"正式营业,食堂工作人员一早就去采购新鲜蔬菜,经过烹饪做出了美味可口的菜肴,为行动不便的老人打包饭菜,并送到他们家中。

易地搬迁点爱心食堂的建成,切实解决了易地搬迁点老年人群体做饭难等问题,给老人们提供了一个良好的就餐环境,既温暖了人心,也以实际行动传承与弘扬了孝善美德。

如今,兰坪县在永安、永昌、永泰、永兴、永祥五个社区开设了"爱心食堂",到爱心食堂就餐的有老人、孩子等,对于行动不便的老人,爱心食堂专门成立了一个送餐队开展送餐上门服务,赢得了群众的一致称赞。

"我们每个社区开发了六到八人的公益性岗位,组成特殊人群暖心服务队,以'流动爱心食堂'的方式为特殊群体服务,让搬迁群众安心生活。"兰坪县相关领导介绍说。

兰坪县根据特殊群体的需求,通过组建社区"特殊群体暖心服务队",常态化开展居家、党建、就医等九大暖心服务,积极统筹协调解决搬迁群众"最急、最忧、最盼"的问题,持续进行遍访入户工作,在群众大会、客厅及烤火房上"面对面"做思想工作、"实打实"回应关切,最后达到"心连心",不断提升搬迁群众的获得感、幸福感和满意度。

2021年1月29日,国家民委印发《关于命名怒江傈僳族自治州为"全国民族团结进步示范州"的决定》(以下简称《决定》),《决定》中提到"怒江傈僳族自治州开展民族团结进步示范州创建以来……深化各民族交往交流交融,注重易地扶贫搬迁与各民族共居共学共事共乐的互嵌式和谐社区建设相结合……鼓励支持各族群众进城就业创业和融入城市"，对怒江州城市民族工作给予了肯定。

5. "幸福城"里的幸福事儿

地处乌蒙山腹地的昭通市，在不到一年时间建起一座"幸福城"，这便是全国最大的易地扶贫搬迁跨县安置区——昭通市昭阳区靖安安置区。

149栋崭新的高楼拔地而起，来自昭通大关、永善、彝良、盐津、镇雄、昭阳5县1区的搬迁群众迁出大山，告别穷窝窝，搬入新家园，开启幸福新生活。

"搬不动山就搬人。"从搬迁前的超前谋划，到搬迁过程中排忧解难，再到搬迁后从入住到就业等各方面的贴心服务，靖安安置区在党组织强有力的引领下，确保搬迁群众搬得出、稳得住、能脱贫。靖安安置区也成为云南党建引领易地扶贫搬迁的一个样板。

从大山搬到社区，从村民变成居民，如今搬迁群众实现了在家门口就业、就医、就学，生活正在发生新变化。

——全国最大跨县安置区的崛起

易地扶贫搬迁是党中央、国务院作出的一项重大战略部署，是解决"一方水土养不好一方人"、帮助贫困群众摆脱贫困的有效途径。围绕"搬得出、稳得住、能脱贫"等目标，昭通市始终坚持把党建引领贯穿易地扶贫搬迁安置的全过程。通过健全完善基层党组织建设、强化搬迁群众精细化管理、多措并举拓宽就业路子等，扎实推进易地扶贫搬迁安置点建设，建成全国最大的易地扶贫搬迁跨县安置区——靖安安置区，让搬迁群众从贫困山区来到现代化城镇，实现安居乐业奔小康。

昭通地处乌蒙山腹地，曾是集革命老区、地震频发区、生态脆弱区为一体的深度贫困地区。为攻克"一方水土难以养活一方人"的难题，昭通市发挥"搬不动山就搬人"的新时代愚公精神，于2019年全面启动靖安安置区建设工作。

靖安安置区是昭通市集中安置区中体量最大的一个。按照规划，这里承接着来自大关县、永善县、彝良县、镇雄县、盐津县、昭阳区5县1区的搬迁群众9256户40549人。

搬迁人数众多是当地党组织面临的第一个难题，同时还面临跨县区搬迁安置后的服务管理工作。面对摆在面前的诸多困难，工作该如何开展？

林业扶贫20年——镇雄县生态天麻卖了好价钱

为此，昭通市高位统筹、超前谋划，搬迁前，在全市抽调多名干部职工，走村入户做好搬迁群众工作。同时，率先组建靖安安置区临时党工委和管委会，下设靖安安置区群众服务管理中心，全力疏通行政区划壁垒，将健全完善基层党组织建设与安置区建设等工作同步开展。

据靖安安置区临时党工委相关领导介绍，在下派工作组做好动员群众搬迁工作的同时，靖安安置区临时党工委同步开展了搬迁群众党员情况、村党组织和居委会担任过职务的人员情况排查工作。"借助人员情况排查建立人才储备库，为组建临时党组织和社区临时工作站奠定了基础。"

搬迁之初，靖安安置区临时党工委对人才储备库里所有党员开展培训，借鉴昭阳区城市基层党建的配置，靖安安置区及时完善基层党组织建设，率先成立社区党总支和社区临时工作站。人才储备库里的党员提前进入社区，全程参与并帮助群众做好搬迁安置的各项工作。同时，靖安安置区临时党工委将党员责任细化落实到每栋楼，将党组织的力量体现在服务群众的第一线。

群众搬到哪，党的组织和工作就跟进到哪。通过提前谋划，健全完善基层党组织建设，在搬迁工作和社区管理中，党组织和党员干部都发挥了积极作用。

走进靖安安置区，映入眼帘的是一栋栋整齐的高楼、宽阔的道路、干净整洁的小区环境和配备齐全的生活设施。

2019年3月，靖安安置区正式破土动工建设，在严格确保工程质量的基础上，建设安置房149栋，于同年11月21日完成分房，12月18日启动搬家。2020年10月18日，靖安安置区搬迁户全部完成搬迁入住。

从贫困山区搬到现代化城镇，从农民变为市民，易地扶贫搬迁让群众开启了新的生活。为让搬迁群众尽快适应新环境、融入新生活，靖安安置区各级党组织积极做好易地扶贫搬迁"后半篇文章"，发挥好党员干部的"主心骨"作用。

按照"规模适当、便于服务"的原则，靖安安置区共设置了滨江、惠民、合顺、康庄、思源、福兴6个社区，同时还成立了6个社区党群服务中心。为配强基层干部队伍，从昭阳区选派了6名优秀干部担任社区党组织书记，择优确定66名社区干部、32名片区长、149名楼栋长，确保工作有阵地、服务有窗口、活动有场所、办事有专人，为群众提供"一站式"、"一条龙"服务。按照"社区吹哨，部门报到"的要求，社区人员下沉、职责下沉，通过组建巾帼志愿者、维修服务队等8支志愿服务小分队，并公布24小时服务电话，为搬迁群众提供"全天候"、"保姆式"服务。

此外，靖安安置区各级党组织还注重收集民意，及时建设完善社区卫生服务中心、社区卫生室，幼儿园、小学、中学等公共配套设施。为帮助搬迁群众解决就业问题，靖安安置区坚持"搬迁安置同发展产业紧密结合、同安排就业紧密结合"，组建1个就业服务中心、1所技能培训学校，建立1个招聘市场，通过引进一批龙头企业、输出稳定就业、鼓励群众自主创业、开发公益岗位等途径，为广大搬迁群众提供全方位、多途径的劳动就业服务。

通过构建"党工委（管委会）—服务管理中心—县区工作站—社区党总支（居委会）—党小组（片区）—志愿服务队—楼栋长"的管理服务体系，靖安安置区做到了易地扶贫搬迁推进到哪里，党的基层组织就跟进到哪里，便民服务就延伸到哪里，确保了4万余名搬迁群众"能看病、有学上、可就业"，搬迁群众的幸福感、获得感、安全感不断提升。

一个集中安置区就是一个小社会。当4万余名来自不同地域、不同民族、不同生活习惯的搬迁群众齐聚于此,如何保障安置区内社区和谐、邻里和睦?

靖安安置区在推进易地扶贫搬迁社区治理工作中全面发力,强化党建引领,逐步建立"组织有力、管理精细、服务到位"的社区治理体系,切实把党组织的政治优势、群众工作优势转化为安置区治理效能,营造"支部引领、党员带头、群众参与"的共建共治共享社会治理新格局。

在探索社区治理工作中,靖安安置区成立了综治中心,打通各派驻安置区工作窗口单位及各社区的行政管理壁垒,形成有效的互联互动。通过对安置区内信息的收集、研判、分流、督办,在综治中心的统一调度下,借助"智慧党建"服务载体,通过"社区—片区—楼栋—楼层"4级网格服务管理模式和综治App,以相对集中的优势,对信息进行多渠道收集、多线发布、多途径解决。

"综治中心就相当于靖安安置区的'大脑',接收信号、分析信号、作出指令。收集到信息后,再根据实际情况逐级向社区综治中心、广大党员干部和志愿者派发任务,由此实现'一站式'、'全天候'、'保姆式'的管理服务。"靖安安置区派出所相关负责人介绍说。

为了实现科学治理,靖安安置区创新"红黄绿"精准动态管理模式,对社区居民电子档案进行"红灯户、黄灯户、绿灯户"分类标识,结合昭通易迁扫码识户微信小程序,开展"日随访、周随访、月随访",到户到人更新居民档案动态,及时解决问题。还对重点人群实施"5人包保责任制",对三级以上易肇事肇祸人群启动"居家看护"项目,建立留守老人等5类特殊人群管理制度。引导群众自觉守法、遇事找法,实现纠纷楼栋内解决、小事社区内化解。还在公共区域设置1280个监控探头,其中,有240个人脸识别探头。结合社区设立6个警务室,在辖区设立14个治安交通岗亭,全天24小时值守,并建立起由公安民警持续巡逻、社区群众义务巡防、治保委员会自治巡逻的治安防控网，确保社区安全。

为引导群众参与自治，在党组织的带领下，各社区健全各项制度，确保"四议两公开"落地落细，并将社会公德、家庭美德等内容纳入居民公约，规范社区居民行为。靖安安置区还充分发挥工会、共青团、妇联等群团组织的作用，开展以文明、和谐、卫生等为主题的宣讲及评比活动，引导搬迁群众形成健康文明新风尚。

在党建引领下，搬迁群众安下心、扎下根，逐渐融入城市社区生活，共建共治共享的新图景正徐徐展开。

——开启美好新生活

2020年3月，来自昭通5县1区的搬迁群众40549人，告别了高山上生存条件恶劣的村寨，搬进昭通市昭阳区靖安安置区新家园。搬迁群众实现安居后，解决好他们的长远生计问题尤为重要，也是艰巨的任务。靖安安置区努力做好"稳得住"的"后半篇文章"，让搬进新家园的群众开启新生活。

整齐排列的楼房，干净整洁的环境，配套齐全的服务设施，崭新的柏油路通到家门口——这不是城里的高档小区，而是靖安易地扶贫搬迁跨县安置区。搬迁来的群众不但住上了新房，而且开启了新生活。

从大关县搬迁来的青年王仕坤，放弃在深圳的工作，回新家园发展，享受到了靖安安置区对搬迁群众创业开设的"绿灯"。"我花了3万元买来一辆餐车，在美食广场开了一家奶茶店，除了办个体工商户登记时去了一趟服务大厅，都不用操心餐车放哪里、场地租金等问题，思源社区的工作人员还帮我协调办理了营业执照。我只要专心做好奶茶就行。"王仕坤说。

同样感受到如此便捷的，还有2020年从彝良县柳溪乡搬迁到靖安安置区的唐远城。唐远城打算和老乡在安置区共同开一家海鲜店，但资金短缺。虽然听说搬迁户可以申请创业贷款，但了解情况后得知，自己的海鲜店还没有办营业执照，不符合申请条件。由于自己以前住的老家离市区远，去办事极不方便，他心想："办营业执照，怕又得耽搁时间跑市区的相关部门。"正在唐远城犯难时，靖安安置区彝良工作站的干部得知情况后，及时告诉他到安置区服务大厅就能办完相关手续，不用去市区跑多个部门，也不用回老家办理。

得知好消息，唐远城第二天一早便带齐资料到服务大厅，用半天时间就办好营业执照和创业贷款。唐远城兴奋地向工作人员致谢道："以前在老家要跑到几十公里外、花几天时间才能办好的事情，没想到现在半天时间就办好了。"

搬迁，就是要让群众能安心留在安置区开启新生活。早在规划之初，靖安安置区的后续配套工作就已经全面跟进。为让搬迁群众"稳得住"，靖安安置区以党组织引领自上而下搭建各类服务平台。

靖安安置区临时党工委（管委会）除下设群众服务管理工作机构外，还从搬迁人口较多的大关、永善、彝良等3个县协调抽调工作人员组建县（区）工作站，从昭阳区各行业部门抽调精干力量，充实到搬迁群众便民服务大厅设立的医疗、社保、民政、教育、工商、就业等涉及群众生产生活各方面的9个服务窗口；以有温度、有爱心、有色彩、有特点的现代化党群服务中心为建设方向，按照"布局合理，功能齐备"的原则，整合社区公共服务资源和各种服务功能，合理设置建设了党群服务中心、综治中心、警务室、矛盾纠纷调解室、妇女儿童之家、四点半课堂、志愿服务工作站、职工之家、爱心超市、社区党校等社区业务功能用房……一系列举措落地，为群众提供了"一站式"、"一条龙"、"全天候"服务，有效打通联系服务搬迁群众的"最后一公里"。

医保怎么办理？电梯怎么用？水管漏水找谁修？工作怎么

找？……从山里搬进城市，群众一时难以适应小区的生活环境，出门不带钥匙、打不开防盗锁、找不到回家路等情况时有发生。

"为及时有效和群众沟通，我们探索了一些做法，比如开通微信公众号，做靖安安置区便民服务平台小程序，并发动志愿者、社区工作人员等逐户宣传，'手把手'教会搬迁群众使用便民服务平台。在后台收到群众诉求后，工作人员把问题收集整理后分解到各部门，由相关人员去对照落实。同时，还利用微信的及时性、互动性、便捷性等特点，建立起各个社区的微信工作群，有效提高了工作效率。"靖安安置区临时党工委相关领导介绍。

点开"靖安安置区便民服务平台"，可以看到包括社区党建、群众诉求、通知公告、维权服务、便民热线等5个服务大项，涉及维修服务、劳动就业、医疗保险、社会保险、民政救助、户籍管理、婚姻登记、教育咨询、卫生健康、心理疏导、工会维权、商业咨询、志愿服务、信息录入等近20个服务事项。

"大年三十却停电，连饭都无法煮。"过年期间住在福兴社区的罗方杰通过服务平台反映，后台工作人员及时把问题分发到社区去落实，经电力公司查询后发现停电是由于欠费导致，工作人员及时与罗方杰沟通协调，补齐电费后当天便恢复了通电。

通过居民"点单"、党员"下厨"，群众"留言"、党工委"回声"的方式，靖安安置区依托"两微一端"，借助"智慧党建"服务载体，对群众需要的创业、找工作、家电水管维修、就医咨询、日常出行、家政服务、生活缴费等问题实行订单式管理，为群众提供预约、代办、上门服务，提升了搬迁群众的幸福感和获得感。

"大爹，你看把东西放在抽屉里就不乱了。"看着志愿者忙碌的身影，从大关县搬过来的李有焕很感动。"他们经常来帮忙，现在我家里干净整齐，住得比在老家舒服多了。"李有焕说。

"我才务工回来,家里没收拾比较乱,没想到社区工作人员来帮我们打扫了。"搬迁户曾以全看着焕然一新的家,很是感激。他表示以后会好好地操家理务。

"翻身不忘共产党,幸福不忘总书记。"靖安安置区惠民社区13栋的70岁老人苟进敏独自在家,她搬进新家园的第五天就感冒了,志愿者送她去医院治疗并精心照料,她康复后写了以上话语给值班的同志。

"志愿者李路扶着我去输液,还照顾了我两天。我的亲人都不在身边,但搬到靖安安置区不仅有了家,还多了一个'孙女'。志愿者常过来慰问我,随时问我要不要买米买菜,教我怎么乘电梯、用马桶和认路。"苟进敏老人每当说起这些,心里充满了感激。

一系列精准贴心的服务工作,让搬迁群众吃了"定心丸",真正把"心"搬到了这里。

——拓宽增收新路子

"搬迁群众能不能脱贫,关键要看有没有持续稳定的收入。"为此,2020年以来,靖安易地扶贫搬迁安置区临时党工委以及各基层党组织积极发挥作用,通过引导群众自主创业、引进企业建"扶贫车间"、组织劳务输出等方式,不断拓宽群众增收致富的新路子,使搬迁群众真正实现"能脱贫"。

在靖安安置区现代农业创业示范区,一个个大棚异常显眼。大棚里一排排整齐的莜麦菜正茁壮成长。不少群众在自己租用的大棚里劳作,有的给莜麦菜浇水,有的正在管理大蒜和葱等农作物。

为帮助群众自主创业,安置区集中引进江厦吉之汇、贵州葱语、华宝科技等农业龙头企业,建规模化大棚,出租给搬迁群众种植蔬菜等,帮助贫困群众、弱劳动力和无劳动力家庭创业增收。

2020年10月30日下午,靖安安置区吉之汇现代农业创业示范区举行第一期摇号仪式，前期已报名的来自思源、康庄、惠民、合顺和滨江 5 个社区的 85 名搬迁群众，现场通过小组的形式依次有序进行公开、透明摇号抽签。

"目前，第一批 200 个大棚已建成，并提供给搬迁群众发展现代农业。"安置区临时党工委负责人说。第一年吉之汇免费提供种子、农肥及技术等，群众的产品销售渠道有保障，可自留自售，也可以按照市场收购价由吉之汇兜底收购。

"租一个大棚自己种菜，多少也能有收入。"正在大棚里忙碌的搬迁户季义云说，"这茬主要种莜麦菜，下一茬种植菠菜。"

一个摊位不仅能解决一个人的就业，还能圆一个家庭的增收梦。为支持更多的搬迁群众创业，安置区临时党工委还联合相关部门，按照"指定经营时间、指定经营地点、统一收费标准"方式，在农贸市场和临时文化广场划出约 3 米 ×3 米规格的摊位 200 余个，为有自主创业意愿的群众搭建平台。

"卖小饰品、炸土豆条、烤土豆……这 200 余个摊位，目前发挥出很好的作用，每日毛收入 1000 元以上的摊位有 21 家、500 元至 1000 元的有 27 家。"安置区临时党工委一名负责人表示。

走进位于靖安安置区的三江科技有限公司生产车间，机器运行的声音在耳边萦绕，该公司生产部经理殷发彪正在生产车间指导几名工人。

2020 年 3 月 28 日，殷发彪一家六口从永善县莲峰镇文潭村搬迁到靖安安置区。殷发彪说，从摇摇欲坠的木瓦房搬进 150 平方米的新楼房，他家的居住条件变化太大了。

殷发彪说，他家原来居住的地方交通条件差、信息闭塞，全家一年的收入全靠种植几亩花椒。由于父母年迈身体不好，加上两个孩子正在上学，一家人的生活过得异常艰难。

前些年，殷发彪也曾和村里人一起去浙江等地务工，做过协警、保安等工作。可由于家里老人和小孩需要照顾，他只好返回家乡发展。

2020年3月，安置区临时党工委从深圳引进了三江科技有限公司，殷发彪第一个报名就业。由于殷发彪头脑灵活又能吃苦，很快就被任命为生产部经理，月收入6000多元。

"现在，我一个人的收入就够一家人吃穿了，媳妇在家照顾老人和孩子，我每天下班后也可以帮衬一下。"殷发彪高兴地说。

为帮助与殷发彪一样需要照顾老人和小孩而无法外出务工的群众在家门口就业，安置区临时党工委以"政府引导、企业搭台、贫困户参与"的办法，从广东等地引进了一批实力强的企业到靖安安置区落户，实现了企业节约成本以及群众就业。

在君子兰服饰有限公司，电动缝纫机运转的声音萦绕在耳畔，车间里的服装生产线上整齐地摆放着缝纫机，42名女工坐在机器前忙着缝制校服。

柔和的灯光下，宋胜巧正埋头赶制校服。她家于2020年3月从大关县高桥镇核桃村搬到靖安安置区合顺社区。"现在搬到新家来，居住环境和工作环境都干净舒适，最重要的是不用外出务工也能挣钱养家糊口。"谈到搬迁后的变化，宋胜巧说。

（五）产业支撑拔穷根

产业扶贫事关脱贫攻坚全局，是打赢脱贫攻坚战的根本之策。云南省多数贫困县自然立地条件差，群众居住分散，基础条件薄弱，农村贫困面大、贫困程度深、返贫率高。坚持从群众的内心愿望和发展实际出发，认真找准群众愿望与发展实际的最佳契合点，云南在脱贫攻坚的战场上让群众在产业发展的道路上实现"弯道超车"，在发家致富路的轨道上全力奔跑。

1. 绿水青山就是金山银山

清澈的河水，优美的环境，似人间仙境。初冬的独龙江，又迎来一批山外游客。

碧蓝的独龙江，苍茫的原始森林，巍峨的山峦，依江而建的独龙人新居，蓬勃发展的绿色生态产业，让游客们流连忘返、乐不思归。山青水碧的独龙江乡，是名副其实的自然地貌博物馆、生物物种基因库、"云南旅游的最后一片原始秘境"。

以前，独龙族群众捧着良好生态"金饭碗"却过着贫困日子，2010年，独龙族群众还处在居住茅草屋、出行溜索道、吃饭靠耕粮、花钱靠低保的极端贫困状态。

如今，草果遍布贡山县各乡（镇），片片草果地，绿了荒山富了农民，成为独龙族、怒族等少数民族群众脱贫致富的支柱产业。

——生态文明成为干部群众共同理念

这几天，贡山独龙族怒族自治县丙中洛镇丙中洛村打拉一组森林资源管护小组长余仕忠和丙中洛二组森林资源管护小组长熊玉新带着巡护队员，奔走在各自管护的森林管护区，开展巡山护林检查和森林防火宣传，确保辖区森林安全。

生态是贡山发展建设的生命线。脱贫攻坚工作中，贡山县把生态保护和精准扶贫紧密结合起来，在全省率先实施了生态护林员脱贫工作。按照"生态补偿脱贫一批"的要求，从具有一定劳动能力但产业基础薄弱难以按期脱贫的贫困人口中，聘请3135名生态护林员，其中2520名为建档立卡贫困户，帮助贫困人口实现了山上就业、家门口脱贫。

怒江州贡山县老县长高德荣带领独龙江群众采收草果

"现在国家政策好，让我们这些建档立卡贫困户当上了护林员，一个月800元，一年差不多有1万元的收入。再加上草果收入，日子肯定会越过越好。"余仕忠说。

初冬时节，贡山县茨开镇丹珠村约哈斯李中蜂养殖专业合作社社长李春平和社员忙着采收蜂蜜。

金黄饱满的蜜扇从蜂巢中取出，放入甩蜜机内。金黄色的蜜汁如泉水般涌出，社员们立即将蜂蜜封装成瓶，等待上市。按照每斤100元计算，合作社收入5万多元。

李春平说，合作社养殖有400多箱蜜蜂，因周边森林茂密，生态环境好，蜜源多，蜂蜜产量在逐渐提高。

"我们正计划扩大蜂箱规模，争取让每个社员都能养上20箱蜂。那样的话，脱贫致富就有保障了。"李春平说。

"绿水青山就是金山银山。"贡山干部群众把生态保护作为可持续发展的最大本钱。将"绿水青山就是金山银山"实践创新基地创建工作列入县委、县政府的重点工作。成立了以县委书记、县长为组长的生态文明示范区创建领导小组，颁布了《云南省贡山独龙族怒族自治县独龙江保护管理条例》，大力实施天然林保护、退耕还林还草、陡坡治理、水土流失综合治理、复垦复绿等生态保护建设工程，积极推进"怒江花谷"建设，全面推行生态护林员制、河长制、路长制、片长制，累计聘请生态护林员、护边员、地质检测员、护路员、河道管理员等各类管护人员7010人，使山林、河流有了管护的主人。让群众在做好生态保护的同时获取工资性收入，实现了保护绿水青山和群众脱贫致富、县域可持续发展的互促双赢。

贡山县以草果、中华蜂、羊肚菌、中药材和独龙牛、高黎贡山猪、独龙鸡为主的特色生态主导产业不断壮大。山区农户通过发展生态特色产业走上了脱贫致富的路子。

如今，贡山天蓝水清，森林覆盖率达80.5%。大美贡山、生态贡山，成为各种动植物繁衍生息的幸福家园。千峰万壑中，雄伟的碧罗雪山、高黎贡山、担当力卡山三大山脉之间，长蕊木兰、光叶珙桐、南方红豆杉、喜马拉雅红豆杉等国家一级保护植物青翠葱茏，戴帽叶猴、高黎贡羚牛、赤斑羚、白尾梢虹雉、熊猴等国家一级保护动物繁衍生息。

——生态产业成为加快发展的助推器

茨开镇嘎拉博村黑马小组，"山药社长"钟文华的山药种植基地里，弯弯曲曲的山药柔茎爬满竹竿，形成一道道绿墙。

7年前，在党和政府的扶持下，钟文华一家靠种植6亩山药，收入近10万元。2012年，钟文华与其他6户山药种植户一起成立了"黑马山药合作社"。现在，合作社带动87户建档立卡贫困户种植了710余亩山药，年产450吨，收入540余万元。

三、伟大的变迁

"山药种植经济效益高,可以卖种子、卖根茎、卖种苗,一亩可以收入2.5万元左右,很划算。"钟文华说。

绿水青山,蓝天白云,是大自然给贡山各族人民最大的恩赐,更是贡山实现跨越式发展的最大优势。贡山县始终坚持生态惠民、生态利民、生态为民,坚持生态建设产业化,产业发展生态化,念好"山字经",唱好"林草戏",大力发展草果、核桃等林下经济和中蜂养殖、羊肚菌种植等特色产业。2018年农村常住居民人均可支配收入6291元,同比增长10.4%。

贡山被称为三江明珠,是怒江旅游发展的高地。这几年,贡山县依托丰富的生态文化旅游资源,加快生态观光、民族文化体验、生物多样性研学"三位一体"的旅游融合发展之路,大力推进独龙江AAAAA级旅游景区、丙中洛国家级旅游度假区建设,打造生态观鸟、观萤火虫基地,丙中洛镇等7个旅游扶贫示范村开工建设,把"绿水青山"的村寨变为生态旅游的美丽乡村,让绿水青山变成取之不尽的绿色聚宝盆,真正实现可持续发展。

家家有产业、户户有新居,四通八达的硬化公路、焕然一新的特色民居、生意盎然的生态产业基地,特色民居、乡村公路、绿水青山交相辉映,成为怒江峡谷最美丽的风景线。贡山县先后荣获"中国最美风景县"、"最美中国·生态旅游、文化旅游目的地城市"等荣誉称号,独龙江乡荣获全国"森林文化小镇"称号;丙中洛被誉为"人神共居·和谐家园",秋那桶村获得"中国最美村镇"景观奖。

2.因地制宜开发产业

仲夏时节,地处乌蒙山主峰地段的会泽县,水草丰茂,牛羊成群。2019年,全县肉牛存栏57.36万头、出栏30.2万头,存栏和出栏数均居全省第1位。全年牛肉产量达4.53万吨,总产值11.89亿元。

目前，会泽县已成为云南主要的优质肉牛生产基地县，被列入全国肉牛优势区域布局，成为云南省35个肉牛优势区域之一。

依托406.35万亩天然草场的资源优势，会泽县大力发展肉牛养殖，目前新街、宝云、驾车等9个乡（镇、街道）年出栏肉牛占全县的60%。

海拔约3000米的驾车乡钢厂村广阔的草甸上，会泽县峰源种植专业合作社的肉牛养殖基地坐落于此。"我们通过'公司＋合作社＋农户'的产业化经营模式发展肉牛养殖，目前肉牛存栏数达150余头，黄牛80余头。同时，合作社带动周边68户农户，他们通过养殖肉牛走上了致富路。"合作社负责人高天稳说。

据会泽县畜牧局办公室主任张国华介绍，在发展肉牛产业过程中，会泽县对有较好畜群规模和基础的大中型养殖场，采取政策引导、资金扶持、信贷支持等措施，鼓励其规模化、集约化发展。同时，对中小型养殖场（户），由龙头企业或规模养殖场牵头，通过组建肉牛养殖专业合作社等形式，实现抱团养殖，以保护养殖户利益，降低养殖风险。

"我们这里主要养殖能繁母牛和小牛，养殖规模最多可达400头。目前存栏小牛60头，去年毛收入有30多万元。"待补镇咩则村犇腾肉牛养殖场的养殖大户杨兴稳说。该养殖场通过上级补助、小额信贷、个人自筹等方式，筹措资金300余万元，在畜牧部门的指导下，实现了标准化养殖，目前发展势头良好。

在各部门的共同努力下，目前全县年出栏肉牛10—50头的养殖户有309户，年出栏50头以上的养殖大户有44户。

"养牛要靠技术。"杨兴稳说，"肉牛长得好，离不开科技的力量。"

"为发展好肉牛养殖产业，我们积极推广肉牛饲养综合配套技术，该技术示范推广项目获得 2018 年云南省科技进步三等奖。"张国华说。多年来，会泽县通过积极推广肉牛育肥、舍饲圈养、秸秆养畜、农田种草养畜等实用技术，并实施"山繁川育"战略，在山区和可放牧区域养殖母牛，生产出高质量、有特色、规格统一的犊牛，再转移到坝区、有育肥条件的区域进行养殖和屠宰加工。

与此同时，会泽县不断加大肉牛棚圈建设与改造，推进粪污资源化利用，促进肉牛产业与环境保护的协调发展。此外，通过推广应用铡草机、揉草机和制粒机等设备，实现长草短喂，应用青贮、氨化技术，降低饲草损失，提高利用率。

"自 1976 年开始，我们开始推广肉牛'冻精改良'技术，畜种改良步伐不断加快，现有肉牛冻精改良配种站（点）58 个，年推广细管冻精 10 万支，冻精改良配种 8.3 万头，受胎率达 83%，良种覆盖面达 87%。"张国华介绍说。"冻精改良"的杂交肉牛个体大、生长速度快、产肉率高，深受养殖户欢迎。

"我们通过自研自配牛饲料，增强了牛的繁育能力和抗病性，肉牛越长越好。"大海乡鲁纳箐村玉兰合作社负责人李发玉说。他们通过租地种牧草、"送母分仔"或吸收贫困群众到养殖场务工等方式增加群众收入。"我每天工资收入有 80 元，日子越过越好。"在养殖场务工的贫困户李珍培说。

宝云街道普珠村整合财政脱贫资金 127.5 万元入股合作社，建设肉牛养殖基地，现存栏肉牛 92 头。为让农户受益，该基地与 188 户贫困户建立利益联结机制，让每户农户通过村集体经济分红、务工和土地流转等方式，每年实现增收 1000 元以上。

在大井镇井田社区小海子小组，养殖大户杨克柱正忙着给一头体形肥大的肉牛饲喂草料。"这头牛有 800 多公斤重，按照目前的价格，能卖 2 万多元，纯收入有几千元呢。"杨克柱高兴地说。目前他养殖的存栏肉牛达164头，其中能繁母牛68头。在杨克柱的带动下，周边农户共养殖肉牛3000多头，只要是贫困户他都免费教技术，免费帮配种。

3. 做大做强特色产业

盛夏时节，行走在昭鲁坝子苹果主产区，60多万亩苹果园里，红彤彤的苹果缀满枝头，果香沁人心脾。

瞄准中国苹果总产业塔尖上10%的目标定位，昭通坚持规模化、高端化、品牌化，实现"此苹果非彼苹果"的根本转变。

昭通连续举办了"2018年昭通苹果展销会暨首届农民丰收节"、"2018年中国马铃薯大会"、"云南贫困地区品牌农产品招商对接活动"

三、伟大的变迁

等活动。2018年全国两会期间,昭通市市长郭大进在代表通道上推销昭通苹果,昭通苹果一时成全国"网红"。

"把笋用竹产业作为北部8县区贫困山区群众脱贫致富的主打和兜底产业,坚持产业生态化、生态产业化路子,大力发展竹基地,把绿水青山变成金山银山。"

"小小花椒树,致富大产业","品天下苹果,还看今昭","昭通大洋芋,世界马铃薯,扶贫大产业"……这些耳熟能详的高原特色产业品牌,已成为昭通"绿色食品牌"的亮丽名片。

苹果种植规模突破60万亩,马铃薯规范化种植规模突破310万亩,竹产业基地建设450万亩,花椒种植130万亩……"老产业+

昭通市鲁甸县龙头山镇万亩花椒基地

新理念、新机制、新技术＝新产业"，昭通优势特色产业正焕发勃勃生机。

——思谋求变　传统优势产业做大做强

特色产业发展是脱贫攻坚工作的重中之重，也是贫困山区群众稳定增收的重要支撑，昭通正在转变产业发展方式上进行着一场革命。

昭通低纬度高海拔、立体多样的气候和得天独厚的资源禀赋，孕育了马铃薯、苹果、天麻、花椒、竹子种植和生猪肉牛养殖等高原特色产业。

昭通是世界上马铃薯生长最适宜区、世界天麻原产地、中国南方最大优质苹果基地、中国最大的筇竹基地，昭通金江花椒声名远播，还是冷凉蔬菜、白魔芋、半边红李子、猕猴桃的优质种植区域。

长期以来，传统、粗放、低效、单家独户的种植模式，导致这些优势特色产业发展规模小、组织化程度低、产业链条短、产品附加值低、品牌影响力小，资源优势与产业现状"盛名之下其实难副"，这些"老产业"该如何做大做强？

要以高度的组织化走出一条适合昭通高原特色产业发展的规范化、规模化、品牌化发展路子来。

根据省委、省政府提出的着力打造世界一流"绿色食品牌"目标，昭通树立一步登顶意识，按照"三个全覆盖"的要求，以高度组织化为根本，围绕做大做强、彰显特色、形成支撑的目标，坚持"老产业＋新理念、新机制、新技术＝新产业"的理念，大力发展苹果、竹子、马铃薯、特色养殖、天麻、花椒"6个百亿元"高原特色产业。

缺乏龙头带动是制约昭通苹果产业发展的主要因素。2014年8月，经过多轮考察，全球最大的浓缩苹果汁生产及出口商、国内农业产业化重点龙头企业海升集团落户昭通，与昭阳区联合成立昭通海升现代

三、伟大的变迁

农业有限公司。

海升集团昭通项目总经办主任蒋启波介绍,海升在昭通的苹果基地全部采用世界先进的砧木矮化密植栽培技术,建设了5万亩苹果示范园,成为全国最大单体连片矮砧密植高标准苹果种植基地。此外,海升苹果基地培育或引种的华硕、红蛇等优良品种,亩均收益达10万元以上,与传统的玉米、烤烟种植相比,亩产值是玉米850元的118倍,是烤烟3800元的近26倍。新机制、新模式已成为引领昭通高原特色产业发展的标杆和方向。

在海升集团种植模式的示范带动下,昭通全市苹果龙头企业发展到20多家、专业合作社250多个,形成"大龙带小龙联结千家万户"的产业格局。

"在高寒冷凉山区把传统的马铃薯产业发展成规模化高效农业,昭通高原特色产业的做法值得宣传推荐。"马铃薯是昭通贫困群众参

昭阳区苏家院镇海升苹果园

与度较高的产业，优势区种植户近 110 万户 406 万人，占昭通农村人口的 77.3%。昭通立足资源优势、产业基础，以现代产业理念带动产业升级蜕变，将承载着贫困山区群众脱贫致富希望的"温饱薯"变身"脱贫薯"、"致富薯"。昭通计划在昭阳、永善两县区种植 5 万亩示范基地，带动全市 320 多万亩马铃薯产业向规模化、集约化发展。

——因地制宜　地方特色产业做特做优

盐津县落雁乡种植水稻历史悠久，素有"鱼米之乡"的美誉。2017 年 3 月，担任村委会主任的杨昌会选择了熟悉的水稻种植，成立盐津润龙水稻种植专业合作社，带领 1065 户 4310 人种植"状元米"。

"一是无公害，二是富含硒。"杨昌会用两句话概括了"状元米"的最大亮点。"状元米"已完成无公害农产品、绿色食品、有机食品和农产品地理标志的"三品一标"认证工作，获得"双 A 富硒认证"，受到广大消费者的青睐。

"目前走订单销售，产品不愁销。"杨昌会高兴地说，"在盐津县委、县政府的大力支持以及对口帮扶城市中山市的推荐下，2018 年的'状元米'行销广东、福建、上海等地。"

除了推出"状元米"、"榜眼米"、"探花米"，盐津润农水稻种植专业合作社还借助"状元"品牌效应，充分利用现有资源，将谷壳与艾草等通过系列加工，推出了"状元枕头"等产品，极大提高了"状元米"产品的附加值，延长了产业链。

走进海拔高达 2600 多米的巧家县崇溪镇背风村乌金猪养殖基地，放眼望去，群山连绵、天高云阔、绿满山坡，数十头腿短腰圆、体形健壮的乌金猪在山坡草地上悠闲觅食。

"背风村乌金猪食材生态，长达 12 至 18 个月的生长周期，造就了肉质鲜嫩、口感香糯、肥而不腻的特点，鲜肉产品在昆明及巧家备受青睐。"背风村甲马石养殖专业合作社负责人付荣钱介绍。

为壮大背风村乌金猪养殖业，巧家县采取"党支部＋合作社＋建档立卡户＋村集体经济"模式，在背风村成立2个乌金猪养殖专业合作社，建设占地面积达20亩的养殖场。2018年，背风村乌金猪已获得无公害食品认证，新建养殖场投入使用后，乌金猪年存栏量将增加到4000余头，辐射带动周边村社800余户群众养殖乌金猪超过1万头。

通过东西部协作引进广东温氏集团分别建起年出栏6万头、8万头的现代生猪养殖示范小区，示范小区让周边各村"分房入住"，统一管理、统一分红；流转土地5万亩种植高山冷凉蔬菜，建起10万吨有机肥厂，将猪粪经发酵后生产有机肥循环利用……巧家药山脚下高寒贫困乡镇的产业发展风生水起。

绥江半边红李子在北京销售受追捧成"网红"，永善脐橙远销广东，大关小黄瓜俏销市场，鲁甸冷凉蔬菜直供香港，巧家小碗红糖供不应求，大山包荞麦系列产品走俏日本市场……这些藏在乌蒙大山深处的优势小产业正在散发出独特的"芳香"，成为"一县一品"、"一乡一品"的"当家花旦"。

在脱贫攻坚做好产业发展这篇文章中，昭通不仅仅盯着传统优势大产业。围绕群众增收这一目标，各县、乡还将目光瞄准小特产业，用现代产业理念将其做特做优、做出规模成效，使之成为贫困群众脱贫的又一引擎。

——创新模式推动现代农业高质量发展

"我们用土地和劳动力参与公司入股分红，不出一分钱，公司出苗和技术，果子成熟后，公司全收购。资源变资产、资金变股金、农

昭通市彝良县洛旺乡养蜂合作社带动村民脱贫致富

民变股东，家里的收入稳定。"谈起土地流转带来的好处，盐津县牛寨乡新华村建档立卡贫困户周绍彬格外兴奋。

牛寨乡因地制宜，突出抓好中药材、茶叶、林果、花卉苗木、玫瑰花、蔬菜、养殖，打造"一村一品"产业，发展壮大村集体经济，助力脱贫攻坚。该乡以"党总支＋集体公司＋新型经营主体（龙头企业、种养大户、合作社等）＋贫困户"的模式，让资源变资产、资金变股金、农民变股东，采取土地流转、就近务工、综合服务、收益分红等形式，把农民从零散地块里解放出来发展现代农业。

彝良县立足资源优势想法子，引进山益宝生物科技有限公司，探索走循环经济发展和利用中高端市场助农增收的路子。山益宝公司研发和运用了26项专利，实现了国内省内多项技术创新和规模突破，提升了竹笋和天麻加工科技水平，延伸了产业链，实现了对竹笋和天麻全果利用，解决了天麻、竹笋无等级收购，使农民收入快速增长。

三、伟大的变迁

　　威信县立足生态优势，聚焦贫困户"短能脱贫，长能致富"，立好项、选对路，因地制宜选准脱贫致富产业，出台产业扶持政策，加强到户产业扶持，采取贫困户将财政扶贫资金、土地、山林等资源入股合作社等方式，扶持发展农民专业合作社，通过"合作社＋农户"、"公司＋合作社＋农户"等发展模式，大力发展竹子、魔芋、辣椒、马铃薯、中药材、猕猴桃、肉牛、生猪八大产业。如今，威信县"电商＋扶贫"、"金融＋扶贫"等新型产业扶贫模式广泛推行，覆盖所有乡镇，优质农产品顺畅走出大山。

　　借助中科院科研力量，对昭通天麻、猕猴桃、竹子等产业加大研发力度；与西南林业大学联合建立筇竹科研基地、建立仿野生菌院士工作站；成立昭通市天麻研究院；引进云南农垦建设马铃薯原种种薯扩繁基地；出台竹产业扶持基金……一项项举措落地见效。昭通市还制定了一系列优惠政策，加大金融支持力度，大力发展农民专业合作组织，全力营造"文明友善，开放包容"的营商环境，着力引进、研发、推广新品种、新技术，培育建设龙头企业，夯实现代农业基础。

　　陕西海升、云南农垦、山益宝、滇龙科技、昭通绿健等诸多企业纷纷扎根昭通农村，带领群众一同"掘金"。一大批特色农产品加工企业的"龙头"领舞、高扬，拓宽了农民增收渠道。在龙头企业引领和专业合作社带动下，昭通农业生产正从一家一户的传统模式，向规模化、市场化、集约化、标准化、品牌化现代农业高歌猛进。

4. 以"文化富矿"助力"拔穷根"

　　藏族黑陶烧制技艺国家级非物质文化遗产传承人郭军华，投资700多万元在尼西汤堆建起了窑厂，从小作坊变身小工厂，带动村里25户人家走上脱贫致富路；藏族传统金属技艺传承人洛桑扎西，在政府支持下建起工厂和展示销售厅，一年的销售额达2000多万元；同乐村的阿尺木刮和依山而建的傈僳民居，成为众多游客不远千里也要一睹慰怀的乡愁……这是迪庆藏族自治州非遗保护与传承助力乡村"挪穷窝"、"斩穷根"的生动实践。

迪庆是"文化富矿"，现有国家级非物质文化遗产保护名录项目8项、省级保护名录项目29项、州级保护名录项目94项、县级保护名录项目79项。迪庆也是被列为全国深度贫困地区的"三区三州"之一。在贫与富的强烈反差下，州委、州政府坚持实施"文化兴州"战略，以非遗保护为抓手，探索"非遗+"理念，发挥非遗保护与传承在扶贫和旅游方面的特殊作用，扩大传统艺术的辐射力、带动力，为全州决战深度贫困注入新动力。

注重"传"，以"不能等"为原则，在保护中传承非遗，增强文化自信，为扶贫激活内生动力。"给你们看个视频，在外地上大学的儿子这个暑假回到香格里拉天天练弦子，是受他爸爸带动的。"家在德钦的州委宣传部干部此追感慨不已。迪庆州非遗保护中心相关领导说："德钦藏族弦子舞蹈是省级非遗项目。近年来州里加大保护传承力度，如今年生产弦子2万把，'非遗+扶贫'干劲十足。"

随着脱贫工作进入深水区和关键期，"精神贫困"正成为脱贫攻坚路上难过的坎、难爬的坡。迪庆州以非遗传承为切入点，让文化的力量注入到乡镇、村寨，不断补齐群众文化生活中的短板。

注重"创"，以"不能断"为原则，在创新中发展非遗，培育文化产业，为决战深度贫困注入可持续发展的新动能。2018年8月15日，国家级文化生态保护实验区项目"藏族黑陶烧制技艺生产性保护传习馆"传统展示馆和多媒体电子展厅布展方案征求意见会在香格里拉举行。生产性保护传习馆的设立，可以让更多乡亲通过学一门手艺实现在"家门口"就业。2017年，郭军华与从云南民族大学毕业的儿子郭文亮一起开始新的创业。他们在尼西汤堆村建起新厂区，并在38种传统黑陶器型的基础上开发了年轻人喜欢的小器具、小动物摆件等产品。另外，还在新厂区、独克宗古城、香格里拉经济开发区设立了体验店。郭文亮说："如果汤堆能建成黑陶小镇，那么传统村落、尼西土鸡、尼西情舞、枪朵造纸、桃花节等优势资源与非遗传承结合起来，尼西可持续发展就有新希望了。"赵军介绍，2010年文化部批准同意设立"迪庆民族文化生态保护实验区"，8年来推动建立了非物质文化遗产保护和传承体系，同时推动了迪庆扶贫攻坚及经济社会全面发展。

注重"闯"，以"不能停"为原则，在旅游中融合非遗，美丽产业助力脱贫攻坚。文化遗产是文化兴州的核心，迪庆州保护传承优秀传统文化，以强烈的使命担当投入到乡村非遗保护工作中。"全州13个非遗保护传习中心，覆盖3个县市，为'世界的香格里拉'旅游品牌注入了文化内涵。"赵军说。维西傈僳族自治县叶枝镇同乐村孕育了国家级非物质文化遗产阿尺木刮，现在，这个藏在深山的千年古寨是国内外游客喜爱的旅游点。

"5月推出杜鹃花之旅，7月推出松茸之旅，9月推出摄行之旅，接下来还要推出冬季旅游。这些线路都有非遗文化体验点。文旅融合，是迪庆州推进'旅游革命'在产品供给方面变革的突破口。"迪庆州相关负责人表示，旅游从业人员占全州总人口的30%，其中直接从业人员近2.6万人。旅游产业成为迪庆发展速度最快，带动脱贫攻坚、实现富民强州的优势产业。

5. 石漠中蹚出致富路

"2016年我们入驻三光片区以来，以种植猕猴桃为主，流转土地5000亩，每年支付土地流转费350万元、务工费300多万元，有效带动了当地贫困群众增收脱贫。"文山浩弘农业开发有限公司负责人陈登贵说，"按照规划，公司将把三光片区打造成AAAA级景区，通过发展乡村旅游，带动更多的老百姓增收致富奔小康。"

秋日，地处西畴县兴街镇三光片区石漠化核心区的三光村委会多依坪村被绿色包围，昔日石漠荒山今朝欣欣向荣。

走进多依坪村，道路干净整洁，特色民居错落有致，热情好客的村民脸上洋溢着幸福的笑容。"我们这里原来石漠化严重，到处是石旮旯，不适合居住，通过石漠化治理，现在村里变成了宜居宜业宜游的好地方，外面的人都喜欢来这里游玩，生意也好做了。"说起村里的变化，开农家乐的村民高仕仙有说不完的话。

三光片区石漠化治理后，2016年，当地政府引进文山浩弘农业开发有限公司打造观光旅游，游客日渐增多。次年，高仕仙在家门口开起了农家乐，她家也成为休闲农业和乡村旅游接待点。"开业以来，几乎每天都有游客，生意越来越好。下一步要扩大经营规模，把农家乐做好的同时建农家民宿，让来到村里的游客吃好住好。"高仕仙说。土地平整好后，更有利于发展种植，现在除了搞农家乐，她家还种了100亩烤烟。村子美了，条件好了，游客多了，在家门口就能赚到钱，日子真是越过越幸福。

"多依坪村原来以栽种烤烟为主，收入较为单一。"村干部李朝国说，"随着石漠化治理成效明显，现在村民又种三七，还把部分土地流转给公司，又到公司务工，有产业、土地租金和务工等收入。"为开发乡村旅游，2016年，多依坪村启动村庄规划，建特色民居，扩宽进村道路，如今多依坪村乡村旅游发展势头良好，几乎家家有产业、户户有增收。

村里的江记农家乐里，村民祝大菊正在招呼客人。"以前从没想到有一天能在家里就做生意增加收入。"祝大菊说。她家开办了农家乐、民宿和小卖部，为游客提供吃、住、购等服务，家里还流转了30亩土地。现在日子一天比一天好，收入一年比一年高。

三、伟大的变迁

（六）山海相牵心相连

云南，是全国贫困人口最多、贫困面最广、贫困程度最深的省份之一。习近平总书记考察云南时提出，要坚决打好扶贫开发攻坚战，加快民族地区经济社会发展。脱贫攻坚，是新时代必须打赢的第一场硬仗。

不负总书记的重托，社会各界纷纷携手，凝心聚力，砥砺前行，助力云南社会扶贫工作体系不断完善，民生愿景正变成幸福实景。

1. 凝聚强大合力

上海与云南共饮长江水，自1996年起，沪滇结成对口帮扶合作关系，两地纽带进一步增强。步入新时代，"一带一路"和长江经济带的建设使两地进一步成为命运共同体，从单向帮扶到双向互动，从政府间合作到全社会参与，20多年来，沪滇帮扶合作为云南脱贫攻坚和经济社会发展注入了强劲动力，日益成为双方协作发展、优势互补、互利共赢的平台。

以东部之长补受援地之短，以先发优势促后发效应，在沪滇携手的同时，粤滇扶贫协作也结出丰硕果实。按照党中央、国务院加强东西部扶贫协作战略部署，2016年9月，中山市、东莞市与昭通市，珠海市与怒江傈僳族自治州结成对口帮扶对子，全面推进两州（市）间、部门间的扶贫协作工作。

东莞、中山、珠海市投入帮扶资金1.4亿元，分别支持昭通市、怒江州共14个县建设14个扶贫协作示范点。昭通市与东莞市、中山市共建了粤滇产业园，制定了产业园区招商优惠政策，引导了一批企业到昭通投资兴业。东莞华坚鞋业集团11条制鞋生产线正式入驻昭阳工业园区开始生产；润丰国际蔬菜交易中心拟投资 12 亿元打造的集冷链物流、分选包装、加工销售于一体的国际化农产品交易中心，落户昭通国际农产品产业园；中山健禾中药饮片公司、岭南园林公司、广东清州文化公司、东莞市养生源蜂业公司等 6 家企业相继入驻昭通市生物制药、文化旅游、生态农业等各领域。

怒江也在珠海开展特色农产品展销和招商推介活动，在珠海农控集团举办的怒江特色农副产品展销展示会上，怒江 34 家企业、1100 多种产品参展，两地 5 家企业签订了合作协议。两地还以"5·19"中国旅游日为契机，在珠海举办"江海情·携手行"怒江旅游文化宣传和招商推介活动，16 家企业签订了合作协议或合作意向书。

携手共建，情谊延伸，沪滇、粤滇协作向着更深、更广领域拓展。

2017 年 7 月，"云嫂"家政就业基地项目在云南挂牌，开展家政培训，组织化引进"云嫂"入沪，提供"云嫂"家政服务岗位，怒江、昭通分别在广东援建市设立了劳务服务工作站，真正实现"一人就业、全家脱贫"。

白族学生尹志芳是兰坪一中"珠海班"学生，各科总成绩名列班级前茅，但英语成绩相对薄弱。在珠海教师陆金范的帮助下，尹志芳的英语成绩从 81 分提高到 104 分。2017 年 4 月，珠海市选派的第一批 12 名骨干教师分别进驻怒江州兰坪一中和泸水一中，在两所学校高二年级理科班开设"珠海班"教学基地，针对怒江学生的学情和云南省高考现状开发了针对性强的教案、学案，成为补齐教育发展"短板"的创新之举，受到当地各级政府和学生、家长的好评。

治贫先治愚，扶贫必扶智。云南积极选派校长及教师赴沪参加培训，东莞市、中山市不断选派名师到昭通市指导教育教学工作，确定 10 所职业学校对口帮扶昭通市 10 所职业学校，珠海市安排 8 所优质学校结对帮扶怒江州，极大提升了当地教育水平。

德国 Seca 系列电子婴儿秤、婴幼儿身高体重测量仪、电子立柱秤、便携式身高体重秤……随着这些援建设备到位，红河哈尼族彝族自治州金平县最为边远的马鞍底乡儿童计划免疫室焕然一新，这里的宝宝们将得到完善的体检和计划免疫服务。这是由上海市长宁区卫计委指派的卫生专家组开展的"健康扶贫"项目，除捐赠价值3万元的设备外，专家们还进行了儿保计免现场流程重建指导和妇幼保健培训。

沪滇、粤滇的"健康扶贫"活动有力地促进了卫生服务工作的互动发展，为进一步完善卫生服务功能和医疗水平、提升卫生人才和队伍素质开启了崭新篇章。

"在三峡集团的帮扶下，我盖起了新房子。"看着高大、漂亮的3层小洋楼，兰坪白族普米族自治县金顶镇高坪村委会村民杨四金盘算着在家里搞个农家乐。另一边，在金顶镇干竹河村普米族聚居村，三峡集团探索了"借母还儿，滚动发展"的产业发展项目扶持新模式，并让其他贫困户轮流参与分红。

企业集团是打赢脱贫攻坚战、全面建成小康社会的重要力量，发挥企业集团在社会扶贫中的主力军作用，是企地协作扶贫的重要创举。

2016年，49家中央定点单位，情系云南边疆民族贫困群众，真情实意、真金白银、真抓实干帮扶云南省73个贫困县，有力促进了精准扶贫精准脱贫方略在云南落地落实。

走进新时代，担当新使命，社会各界积极行动起来，凝聚成推进脱贫攻坚的强大合力，为坚决打赢脱贫攻坚战，确保全面建成小康社会一个不能少、共同富裕路上一个不能掉队而努力奋斗。

2. 沪滇协作让高原格桑花常开

那么遥远，又这么相近。

是什么把迪庆雪域高原与远隔千山万水的东海之滨上海紧密地联系在了一起？

不仅仅是因为"君住长江头，我住长江尾"的地理渊源，更重要的是上海市的干部、支医支教工作队和青年志愿者，从低海拔来到平均海拔超过 3000 米的迪庆雪域高原，把迪庆 40 余万名各民族群众当作亲人，将雪域高原当作第二故乡。他们在承受着高寒缺氧和无尽思念等煎熬的同时，用心用情用力为迪庆的脱贫攻坚和全面小康殚精竭虑。

自 2004 年以来，上海市嘉定、宝山和闵行 3 区对口帮扶迪庆州德钦、维西和香格里拉，投入对口支援资金，实施高原特色产业、社会事业、基础设施和人才培养等项目。

——特色产业帮扶 贫困户的生活越来越好过

深春，顺着澜沧江畔蜿蜒崎岖的羊肠小道，来到捧绿叠翠的维西傈僳族自治县叶枝镇拉波洛村，随处可见村民们忙碌的身影。建档立卡贫困户余春天喜笑颜开地说："去年我通过种植中药材、白芸豆等经济作物，实现收入 25000 元，而且拿着股权证还可以领到分红，这真是一举多得的大好事。"

30 余岁的余春天，因家庭缺乏劳动力，以前靠传统种植，一家人的生活过得十分拮据。

该村安排沪滇合作项目资金 200 多万元，建设了 100 亩油用牡丹种植基地、100 亩以木香和当归为主的中药材种植基地、300 亩白芸豆种植基地和 1 个山地肉牛育肥厂。产业项目由村集体经济组织通过党建引领、合作社降低成本等方式实施。

通过实施上海帮扶特色产业,白芸豆每亩收入达1900元、木香2450元、当归4600元。油用牡丹与花荞套种,在油用牡丹产籽前,农民可得到花荞收入,3年后,油用牡丹又成为当地农民一项可持续发展的产业。

建档立卡贫困户余华生看着这一个个项目在村里实施,特别兴奋:"家里的木香、川乌、牛羊肉等生态特色农产品都不愁卖,小日子是越来越好过了。"

在实施沪迪对口扶贫协作过程中,两地牢固树立"绿水青山就是金山银山"的理念,紧紧抓住增强贫困地区自身"造血"功能这一关键环节,把发展特色产业作为提高自我发展能力的根本举措。

上海市充分利用信息、资金、技术、管理和人才等优势,与当地的资源和市场结合起来,按照"景观独特抓旅游、有山有水抓种植、水草丰富抓养殖、资源丰富抓开发、富余劳力抓转移"的产业开发思路,不断优化产业结构。

2004年以来,上海市先后投入援助资金支持迪庆发展产业项目,建成了葡萄、中药材、油橄榄、蔬菜、核桃、烤烟和花椒等基地,培育了一批以尼西鸡、藏香猪、牦牛等为主的高原特色畜牧产业,为农民增收开拓了新的渠道。

与此同时,上海市还积极扶持了香格里拉酒业公司、藏龙生物集团、维西碧罗雪山公司、康邦美味公司和德钦太阳魂冰酒公司等龙头企业,推动农产品精深加工,并推出了香格里拉藏秘葡萄酒、太阳魂葡萄冰酒、舒达核桃油、康邦美味食品、碧罗雪山农特产品、藏龙牦牛食品加工产品等一系列特色优质农产品。

上海市积极引导上海企业参与迪庆经济社会发展,除先后建成海钦盛大酒店和梅里花园小区外,还以沪滇对口帮扶为平台,通过到上海举办农产品展销会和邀请上海市有关企业到迪庆参加农产品展销会等形式，积极推广迪庆高原特色优势产品，开拓上海市场，推进两地经济合作。

——卫生专项帮扶　高原群众看病就医不再难

在迪庆州人民医院，七林农布老人来自四川省得荣县，已患病多年，但一直未能治疗痊愈。他说："我在家听说这家医院来了上海医生，在姑娘的陪伴下，就专程赶过来了。""我们那里很多生病的人，都来这家医院治疗，回去后都很精神。"女儿拉姆插话说，"他们说这家医院的上海专家，什么疑难杂症都能诊断出来，所以我就带我阿爸来了。"

两父女的话语透出上海医疗专家在开满格桑花的迪庆高原上不断传递的爱心。

关注民生，惠泽各民族群众，一直是上海援迪的一项重点工作。在迪庆雪域高原，不少的"高原病"和"特色病"让寻常百姓丧失了劳动能力，由此致贫。因而，在上海市的援迪工作中，建成了以迪庆州人民医院制氧站工程等为代表的卫生事业帮扶项目。

来到迪庆州人民医院支援的上海瑞金北院麻醉科医生王智渊说："我们要保持瑞金医院求真务实的医疗作风，在传授医技给医务人员的同时，还要带动科研，尤其是要在临床科研和高原病防治等方面加大研究力度。"瑞金北院医生康文岩说："医院发展的关键是人才梯队建设和管理水平提升，我们尽力培养当地医生，留下一支带不走的医疗队伍。"

沪迪帮扶源远流长，从20世纪50年代初到60年代，大批上海医务人员来到迪庆，帮助建立医疗机构。除了完成本职工作外，他们还大力培养当地少数民族医务人员，在交通极为困难的条件下，

三、伟大的变迁

开展上山下乡巡回医疗，种痘、接生、宣传爱国卫生运动知识等工作。

上海医疗队在援迪工作期间，除了完成常规的业务工作外，还规范医院流程制度建设，开展新技术项目30项，开设特色专科门诊5个，加强消化内科内镜室、骨科、儿科、康复科等重点科室的援建，参加巡回医疗及健康进寺庙等活动，同时还积极协助该院进行省级重点专科的申报及创建三级乙等医院，并援助设备及药品总价值180余万元。

迪庆州人民医院副院长吴鸿珍说："为把医院建成迪庆医疗救治中心，上海医疗队带领本院的医护人员，开展了25项新技术项目，捐赠价值10余万元的急需医疗器械，还建立了远程会诊协作关系。"

——扶贫先扶智　带给高原学子新的希望

身为上海市驻迪联络小组组长的王忠民说："经济越发达的地方，教育程度相对越高。越重视教育的地方，也越容易脱贫致富。迪庆的孩子相当淳朴，也非常热爱学习。所以，扶贫要先'扶智'，我们上海市先后援建了以香格里拉中学和迪庆州民族中学等为代表的教育事业帮扶项目。"

迪庆州民族中学科技实验楼于2011年建成，但由于缺少实验设备，实验教学一直无法正常开展，援迪干部及支教老师针对这一问题，积极为该校争取项目和资金。

2012年，上海市投资68万元，为迪庆州民族中学建起了微机室，能同时满足145人的网络教学需求；2014年，上海市政府援助该校450万元资金，用于采购实验室成套设备，改变了该校教师讲实验、学生听实验的困境。

该校不论春夏秋冬，一直在室外开展各项体艺教学，遇到雨雪天气教学活动便中断了。为此,上海市政府援助该校800万元资金,用于建设多功能体育馆,后续投资32万元,用于完善体育馆内部设施。多功能体育馆的建成和投入使用,不仅解决了学校开展活动的困难,极大地丰富了师生的课余生活,而且还为周边学校开展活动提供了场所。

该校图书信息楼建成后,2016年,上海市政府又为该校援助了500万元资金,配备了1.65万册图书、130套电子阅览设备和60套录播设备。

为提高该校办学水平和教学质量,援迪干部和支教老师积极为该校开展教师培训和志愿者服务等工作,切实解决教学中软件不足的问题。

该校老师李鹇鸣说:"2017年6月,我们学校5个学科共41名中青年教师,参加了沪滇援建项目中由上海师范大学承办的'迪庆州民族中学骨干教师培训'项目。通过培训,我们获益匪浅。"

自2004年以来,上海市先后有青年教师在该校开展志愿服务。志愿者在该校服务期间,累计下乡百余次,捐助了价值13万余元的体育器材、电脑、书籍和衣物等各类物品,还在学校创建了心理咨询室,为贫困学生捐款或联系捐款20多万元。

援迪干部和支教老师为贫困学生捐款或联系捐款365万元,受资助学生超过600人。该校高二学生尹绍云说:"在民族中学,像我一样家境贫寒,却又有着一颗对知识渴求之心的同学有很多,他们和我都受到了上海叔叔、阿姨们的帮助。"

皑皑梅里雪山,幽幽香格里拉大峡谷,滔滔金沙江和澜沧江,见证了历届上海市委、市政府与迪庆州的深情厚谊。上海市这一系列的关心帮扶,不仅使迪庆城乡面貌发生了显著的变化,各民族群众生活水平明显提高,更奏响了全国各民族大团结、大发展、大繁荣,全面建成小康社会的新时代强音。

3. 粤滇携手"拔"穷根

一条珠江，将云南、广东紧紧相连。

一场脱贫攻坚战，山海牵手情深意切。

"中央要求，广东所能，云南所需。"2016年9月，广东东莞市、中山市帮扶云南省昭通市，珠海市帮扶怒江傈僳族自治州。2019年4月，深圳市又帮扶昭通市。在东西部扶贫协作对口帮扶中，两地六州市围绕"两不愁三保障"目标任务，强化沟通协调，搭建协作平台，完善结对帮扶，拓展协作领域，不断推动东西部扶贫协作向纵深发展。

——强化使命担当，深化合作交流，建立协作机制

山海同心，携手同行。

滇粤之间一脉相连，交流合作源远流长。

广东省委、省政府以及东莞、中山、珠海、深圳4市，以高度的政治责任感和使命感，始终把云南脱贫攻坚放在心中、扛在肩上。

2016年9月，广东省委书记率团到云南省对接东西部扶贫协作工作，强调要深入贯彻落实习近平总书记在东西部扶贫协作座谈会上的重要讲话精神，按照中央关于加强东西部扶贫协作的决策部署，借鉴"闽宁模式"的经验做法，坚决完成好中央交给广东的帮扶任务。确定由广东省东莞市和中山市帮扶云南省昭通市、珠海市帮扶怒江州。

2018年11月，广东省委书记、省长率广东省党政代表团一行，赴云南省怒江州调研对接粤滇扶贫协作工作，并在怒江州召开云南—广东扶贫协作工作联席会议。

自粤滇扶贫协作机制建立以来，云南省委、省政府高度重视，多

次召开省委常委会会议、工作推进会，深入贯彻落实习近平总书记关于扶贫工作的重要论述，把粤滇扶贫协作工作纳入省委、省政府重要议事日程安排部署，成立了由省委、省政府主要领导任组长的粤滇扶贫协作领导小组，明确了有关州（市）和部门的职能职责，建立了省级统筹、州市推进、基层抓落实的扶贫协作工作机制。

多年来，东莞市、中山市、珠海市与昭通市、怒江州迅速行动、主动对接，携手推进扶贫协作工作。昭通市、怒江州分别与广东省东莞、中山、珠海3个市签订了《广东省东莞市中山市与云南省昭通市扶贫协作框架协议和8个专项合作协议》《珠海市怒江州对口扶贫协作工作总体计划（2016—2019年）》及15个专项子协议，分别形成了昭通"1+8"、怒江"1+7"帮扶工作格局。

地处乌蒙大山深处的昭通，是云南乃至全国贫困人口最多、贫困程度最深、贫困面最大的地级市，为啃下这块"硬骨头"，根据中央要求，广东省在自身帮扶任务较重的情况下，2019年又增加深圳市从8个方面重点帮助昭通解决易地扶贫搬迁贫困群众后续发展的问题。

在两省党委、政府的高位推动下，两省扶贫协作州（市）、县（市、区）和部门之间交流协作互动密切。根据昭通市与东莞市、中山市签署的《对口帮扶干部人才交流协作协议》，珠海市与怒江州签署的《对口扶贫协作干部交流方案》，广东省第三、第五、第六扶贫协作工作组136名挂职干部进驻怒江、昭通开展帮扶工作；选派970余名专业技术人才到云南省开展智力帮扶。云南共选派163名干部赴广东挂职锻炼，选派教育、卫生等专业技术人才914人次赴广东帮扶地区学习交流。通过人才交流推动粤滇扶贫协作向更精准、更广阔、更务实方向发展。

三、伟大的变迁

——推进产业合作,强化"造血"功能,增强发展动力

"这里的猪住的是恒温房,吃的是定制餐。"巧家县教育投资有限公司总经理赵从友介绍,借助东西协作扶贫平台,巧家县引进国内一流的现代化大型畜牧企业集团广东温氏食品集团,在海拔2000多米的马树、老店两个镇建设两个总规模达到12万头的种养循环示范园生猪养殖场。两个养殖场采用全欧式智能化设备,完全实现自动喂食、自动喂水、自动除粪、自动调温,就是不同的猪喂食喂多少,都可以根据情况来设定。

"养猪赚不了多少钱,我们赚的是猪粪钱。"据赵从友介绍,一头猪出栏最多赚两三百元,而每头猪产生的粪便生产成有机肥出售可赚到1200元左右,而且销路不愁。

2个循环养殖场分别同步建设年产10万吨的有机肥厂,有机肥一部分售卖,一部分供给2个镇5万亩蔬菜基地。蔬菜基地也是通过东西协作扶贫找寻的平台引进广东鸿霖公司,种植出来的蔬菜以供应全县8万多名学生营养餐为主,部分蔬菜直供广东和香港市场。

温氏集团入驻昭通,彻底颠覆了昭通传统养殖业的现状。

昭通市坚持把承接产业转移和加大产业协作作为扶贫协作的重点,充分利用召开联席会议、参加各种博览会、开展"岭南优品"平台农产品上线免费发布活动、开办"云南昭通高原特色农产品体验馆"、邀请东莞市和中山市农业企业到昭通实地考察等机遇,大力宣传推介昭通高原特色产业资源。争取东莞市、中山市企业到昭通开展产业扶贫项目82个,实际投资18.68亿元,吸纳贫困人口就业1334人,通过利益联结机制预计带动贫困人口脱贫1.6万人;共建滇粤产业园区,引导华坚鞋业集团、富顺光电LED灯具和汽车充电桩项目、昭通立时电子有限公司等13个企业到园区投资兴业;建设扶贫车间16个,吸纳1034名劳动力就地务工(其中建档立卡贫困劳动力302

名）；开展产销对接，帮助农户采购、销售农特产品金额达 5335.45 万元，预计带动贫困对象脱贫 10129 人。

通过上述多种方式推动，昭通东西扶贫协作中以企业合作带动产业发展的基础正在夯实，扶贫协作逐步实现从"输血式"向"造血式"转变。

珠海市在对口帮扶怒江中，在产业发展上瞄准怒江气候、土地、生态等优势，结合珠海市场、信息、区位优势，扶持怒江贫困群众大力发展羊肚菌、冬早蔬菜、中华蜂、花椒、金银花等产业。

为确保种出的农产品能卖出好价钱，珠海在市内 6 个农贸市场、批发市场设立怒江特优农产品专区，与京东等电商进行战略合作，扩大怒江特色农产品在粤港澳的销售渠道。珠海企业不断到怒江投资兴业，培育电商人才，引进中药材加工企业，夯实冷链物流等涉农产业基础设施建设，发展壮大怒江绿色生态产业，探索在怒江造血式扶贫的路子。

推进产业合作，强化"造血"功能，增强发展动力。资金、技术、管理等"发展性资源"丰富，是广东省的强项，气候、生态等"基础性资源"丰富，是云南的优势，根据两地实际情况，广东和云南立足各自资源禀赋和产业基础，将"强项"与"优势"结合，推动产业合作，为脱贫攻坚注入"活水"，增强"两地三市"的发展动力。

——紧盯劳务协作，补上教育卫生短板

"窝在家里种苞谷，一辈子也脱不了贫。到这里，一个月有 4300 多元收入，好好干上三四年，可以回家盖新房了。"福贡县子里甲乡金秀谷村村支书坡相夺说。他带着 100 名村民到珠海市务工，开拓新的增收路。

就业是最大的民生。珠海市在对口帮扶怒江中，把劳务输出作为

三、伟大的变迁

花钱少、受益多、见效快的精准帮扶措施,专门设立怒江州驻珠海劳务服务工作站,出台用工企业社保补贴、中介机构奖励、村委会奖励、贫困劳动力稳定就业补贴等劳务协作政策,实施"双百工程",即对有意愿来珠海接受技工教育且具备基本文化素质等条件的"两后生",实行百分之百接收入读珠海市技工院校、百分之百推荐就业。在怒江建立珠海企业培训生产线,开展订单培训和定向输送,引导怒江农村劳动力到珠海市务工就业,学技术、转变生活理念,激发内生动力,提升能力素质,实现就业增收脱贫。

劳动力资源大市昭通有320多万农村劳动力长年外出务工,为做好劳动力转移这篇大文章,按照"近抓外出就业为主、远抓产业培育支撑"的思路,该市变无序输出为有序输出,通过积极整合各类培训资源,立足企业用工需求,有针对性地开展"订单式、定向式、定岗式"培训,提高农村劳动力技能水平。

自开展东西部扶贫协作以来,东莞、中山、昭通3市围绕聚焦精准对接、实现机制协同,聚焦精准组织、实现动员协同,聚焦精准推动、实现市场协同,聚焦精准落地、实现稳岗协同"四精准四协同"模式,着力提高劳动力转移组织化程度。

在有序输出的同时,昭通市以东西部扶贫协作为契机,强化产业招商引资,支持鼓励外企带设备、带技术、带订单创建"扶贫车间",吸纳贫困劳动力就近就业,不断拓宽就业增收渠道,促进贫困群众稳定增收。

为阻断代际贫困,珠海市支持怒江州人社部门劳动力转移就业和技能培训工作经费,出台奖补政策,两地互设劳务服务工作站,建设"怒江员工之家",实施"双百工程"(每年输送百名怒江"两后生"到珠海职业院校就读,并实现百分之百就业),设立智力帮扶基金,支持怒江州职业技能教育和素质提升工程,促进怒江州劳动力转移就业，帮助8000余名贫困人口实现就业。

广东省在昭通市和怒江州还积极探索"职教2+1"，开设"怒江班"，招收昭通、怒江籍学生5140人到东莞、中山、珠海3市学习。

脱贫攻坚，医疗保障是关键。在健康扶贫工作中，广东省东莞市、中山市、珠海市38家医院与昭通市、怒江州33家医疗机构开展一对一医疗帮扶；珠海市派出医务人员为怒江州群众开展义诊活动，稳步推进"结核病防治"项目实施；东莞市派出眼科专家团队常驻昭通，为眼科患者做白内障筛查和手术治疗。珠海市动员蓝海之略公司在怒江州人民医院首批建设心血管介入、病理、皮肤美容3个重点学科。

为深化结对帮扶关系，广东帮扶昭通的东莞、中山、深圳3市，帮扶怒江的珠海，按照"携手奔小康行动"要求，广泛开展教育、文化、卫生、科技等方面的合作，瞄准贫困任务重、贫困程度深、脱贫难度大的贫困县与帮扶方区域内经济发达的区、镇（街道），积极探索"2帮1"、"1对1"结对帮扶新模式。

山海相拥情依依，粤滇牵手扶贫又"扶智"，授艺更育人，通过教育协作、劳务协作，不断补齐教育短板，不断加强实用技能培训、劳动力转移培训，为脱贫带来强大的内生动力。

（七）民族团结谱新篇

习近平总书记强调，全面建成小康社会，一个民族都不能少。党的十八大以来，各族群众牢记习近平总书记的殷切嘱托，走出了一条波澜壮阔的脱贫奔小康之路。"到2020年现行标准下的农村贫困人口全部脱贫"这一郑重承诺在民族地区如期实现。困扰少数民族和民族地区千百年来的绝对贫困和区域性整体贫困问题历史性地得到解决。

在以习近平同志为核心的党中央坚强领导下，民族地区发生历史巨变，各族儿女携手同行，正向着更加美好的新生活奋力奔跑。

1."感恩连"守望幸福安康

春天的香格里拉和谐、安宁，漫山遍野的杜鹃花，一张张喜悦的笑脸，各族人民手足相亲，像石榴籽那样紧紧拥抱。在香格里拉市五境乡泽通村，听群众细数"感恩连"的点点滴滴，言谈间，透露出各族群众手牵手的情感基石，将心比心、以心换心的和谐氛围。

"我家原来是贫困户，全靠我一个人挣钱，那时候相当困难。"42岁的吉仁叶古村民格茸说起从前。家里老人60多岁，两个孩子正在上学，关键时期，妻子又生病，无法从事体力劳动。"地里种点苞谷，闲时捡菌，即便如此，辛苦一年，全家收入最多也就5000元。"格茸说，"从2015年开始，党的政策越来越好，家里不但养起了几百只野鸡，还搞起了蔬菜种植，另外，我又担任生态护林员，去年家庭收入达到3万多元。"

发展是解决民族地区各种问题的总钥匙。安民可与为义，而危民易与为非。五境乡顺民意、惠民生，着力解决各族群众牵肠挂肚的一些问题，召开了脱贫攻坚冲刺动员大会，对全乡脱贫攻坚工作再安排、再部署。

"因地制宜，从大处着眼、细处着手，发放党员创业致富贷款，扶持藏香猪、野鸡、土鸡、中药材等种植养殖业，抓实抓细落实好各项工作。"乡长李建华说。干部群众同心协力真抓实干，科学谋划，向着脱贫目标发起冲刺，向党和人民提交满意的答卷。

"2010年，我们村有10多名党员，现在已经有20多名了。"格茸说，"有党的领导，就有了'主心骨'，大家齐心协力加油干，好日子就有了。"那么，如何才能同心共筑小康梦？"幸福生活靠的是好政策、好时代，吃水不忘打井人，要懂得感恩。"格茸萌生了同大家一道感恩的想法，并讲了出来。在乡党委、政府的指导下，格茸与其他贫困户商量后，"精准扶贫感恩连"破土而出，格茸被大家推举为"感恩连连长"。随着"感恩连"活动增多，影响范围逐渐扩大，自愿加入的人越来越多。

五境，藏语称"绒巴书安"，"绒巴"意为干热河谷区，"书"为辖地，"安"为五，其意为五个伙头分割管辖之地。五境乡地处香格里拉市西部，下辖仓觉村、霞珠村、泽通村3个行政村，29个村民小组。2018年末，全乡总户数871户，总人口3911人，人口密度约为每平方公里12人。

五境乡世居民族有藏族、傈僳族、纳西族、汉族等，其中仓觉村子母雄村民小组是傈僳族聚居村寨，其他村组均为藏族聚居村。"感恩连"先后开展多次义务劳动，以互帮互助、扶贫济困、发展产业、美化家园等实际行动，把握关键话题，喊响做实"拥护核心·心向北京"；把握核心问题，组织、带领、发动群众发展产业，带领群众致富；引导各族干部群众都要像爱护自己的眼睛一样爱护民族团结，像珍视自己的生命一样珍视民族团结。

"感恩连"的成员走进群众家里，了解生产生活情况。与村民们围坐在一起，听意见、出点子、谋发展。温暖的阳光透过窗户，洒进村民肖农家里。"两个残疾孩子需要照顾，自己无法外出务工，缺乏经济收入来源。"肖农回忆起加入"感恩连"时的场景，仿佛就在眼前，"我开始努力发展产业，养了500多只野鸡，种了朝天椒，生活条件越来越好。"

"在'感恩连'的带动下，邻里矛盾少了，打架斗殴、赌博、酗酒等不良行为不见了，群众对政策的知晓率不断提高，贫困群众内生

三、伟大的变迁

动力和自强意识不断增强，大家团结一心，产业发展了，环境变好了，脱贫致富信心更加坚定了。"五境乡乡长李建华说，"经过'感恩连'潜移默化的感染，群众增强了团结和感恩意识，支持党委、政府工作的积极性高了，落实各项工作比过去容易了。"

守望相助，民族团结之花常开长盛。"11·03"白格堰塞湖洪峰过境期间，受泽通村"精准扶贫感恩连"的影响，仓觉村党员群众自发成立了应急抢险突击队。在洪峰到来之前，突击队冲在第一线帮助群众转移财产物资，尽可能减少群众的损失。洪峰过境之后，突击队连续奋战在灾区第一线，开展抢险救灾，帮助受灾群众重建家园。堰塞湖灾害过去后，这支突击队重新组建为"感恩突击队"，队员达到30名。2019年1月，五境乡霞珠村成立"感恩自强队"。至此，五境乡三个村均成立了"感恩连（队）"，以服务群众为宗旨，从与群众息息相关的小事、琐事做起，组织开展各类志愿服务活动。

2. 雪域高原盛开民族团结之花

雪山上雄鹰展翅，草甸中牛羊成群，田地里青稞低垂，藏族、纳西族、傈僳族等民族群众正准备迎接丰收时节。

这里是位于青藏高原东南边缘的云南省迪庆藏族自治州，也是"三江并流"的核心区域。金沙江、澜沧江等江河将群山切割成深深的峡谷，河流成了自然通道，道路交通很不方便。

如今，迪庆州交通等基础设施得到了极大改善，生活在这里的各民族群众像石榴籽一样紧密相连。

——多个民族一家人的和谐密码

随着雨季陆续结束，迪庆州德钦县迎来一年中最美好的季节，不少游客慕名而来，领略梅里雪山的壮丽景色。

藏族退休老教师洛桑永平也最喜欢这个季节，每天早上，他都会到镇里的阿墩子古城转上几圈，然后回家吃糌粑、喝酥油茶。

"我们家是一个多民族的大家庭。"洛桑永平说。他的父亲是回族，母亲是藏族，姐夫是汉族，有两个妹夫分别是彝族和白族。谈及多个民族如何相处时，他认为："爷爷奶奶是全家的榜样。"

爷爷是当地小有名气的银匠，奶奶是做回族饮食的好手，本打算扎根西藏，但老家亲人想念他们，不断给他们写信。最后，他们回到了德钦县，和家人在一起。

洛桑永平认为，成为一家人已是不易，大家要相互尊重、包容，多看到对方身上的优点。

作为一名退休教师，洛桑永平教过很多民族的学生，深切感受到民族教育让大家更加紧密地团结在一起。

"出钱买课本、笔墨给学生……"洛桑永平说。为了帮助学生，他们在学校开垦了一块菜地，用卖菜的钱给学生买学习用品。

"现在不用担心学生因贫困失学辍学。"洛桑永平说。改革开放以来，国家逐步在民族贫困地区实施了"三免一补"、"十四年免费教育"等政策，让更多孩子能接受教育。

——和谐进步擦亮高原明珠

香格里拉独克宗古城有着1300多年的历史，是滇藏茶马古道重要驿站。走进独克宗古城，斑驳的石板路和两旁古色古香的藏式建筑仿佛将时光拉回到过去。

79岁的祁继光从小就生活在古城边上，见证着独克宗古城从被田野包围的小山村，变为世界旅游目的地。祁继光说，以前去一趟昆明需要走好几天，现在坐飞机1个小时左右就到了。

同时，因独特的民族文化与长期的和谐稳定，迪庆州成为世界级

三、伟大的变迁

的旅游目的地。各国的游客都爱来旅游,还有一些游客来后就在当地定居,做起民宿和特产等生意。

80多年前,红军长征走过迪庆,播撒了民族团结的种子;80多年后,一批批来自上海的对口帮扶干部,精心呵护民族团结果实,秉承初心与使命,全力帮助迪庆州摆脱贫困。

迪庆州属我国"三区三州"深度贫困地区。2004年,中央明确上海对口帮扶迪庆州,确定了上海嘉定区、宝山区、闵行区帮扶迪庆州德钦县、维西县、香格里拉市。

眼下,维西县的糯山药将进入收获季节。维西县白济汛乡碧罗村的侯李按捺不住心中喜悦,每天都往地里跑。

"去年的糯山药卖了8000元呢!"侯李说。在上海扶贫干部的帮助下,他们家种植了糯山药,如今有人到家门口进行收购,价格也翻了几番。

回想起多年前的生活,侯李仍唏嘘不已。"住的是木楞房,走的是土路,种地也没什么收入。"侯李说,"在沪滇协作资金支持下,木楞房已改造为更安全牢固的二层楼房。"

"把民族团结进步创建工作与精准扶贫工作有机结合起来,让老百姓同步小康是我们企业的首要任务。"这是维西傈僳族自治县农特资源开发公司经理李卫红常说的一句话。2015年,李卫红创办了农特资源开发公司,年平均聘用临时工4200多人次,其中,少数民族占86%。

康普乡齐乐村花烈小组村民雀银山家有4口人,是建档立卡贫困户,在李卫红的帮助下,雀银山种植了木香、桔梗等药材,仅药材一项,雀银山就有1万多元收入。不只是雀银山,在花烈小组,有41户种起了中药材,从一家一户小生产到加入合作社,小康路越走越宽广。

面对改革发展稳定的艰巨任务，维西县以奋发有为、只争朝夕的锐气，以跨越发展、时不我待的精神，咬定青山不放松，一张蓝图绘到底，一任接着一任干。特别是2018年开展全省民族团结进步示范县创建以来，该县始终坚持"共同团结奋斗、共同繁荣发展"的民族工作主题，紧紧围绕"少数民族和民族地区与全国全省全州同步全面建成小康社会"这一目标，团结带领全县各族人民共谋发展、共同奋进，平等、团结、互助、和谐的社会主义新型民族关系得到巩固和发展。

针对产业发展"小、散、弱"的问题，维西县制定和实施产业扶贫措施，积极培育新型农业经营主体，构建了以"公司+专业合作社+建档立卡贫困户"为主的多种产业扶贫发展模式，将产业发展与龙头企业相结合，不断加大招商引企力度，培育新型农业经营主体，重点发展种植业和乡村旅游业，推进新型经济组织覆盖。

如今，维西县越来越多的群众对"美"有了自己的认识和追求，对美好生活有了更多的向往和行动。以保和镇老鸦树、王平、扎尼洛和中路乡施根登村民小组等为代表的一批美丽村组正在逐步形成，也涌现出了以永春乡何小六等为代表的身残志坚、追求幸福生活的一批个人，以及拉河柱村老鸦树组全体村民自发递交"不再当贫困户申请书"，要求主动脱贫的先进集体。

3. "国门第一村"焕发新活力

一栋栋蓝顶红墙的两层小楼掩映在青山绿荫中，平坦的村间道路环绕村寨，沟箐里的核桃树果实累累；目瑙纵歌广场边，几十名游客在观赏景颇族传统歌舞表演、品尝景颇族特色农家菜。这是怒江傈僳族自治州"国门第一村"——泸水市片马镇片马村委会下片马自然村的情景。昔日偏僻落后的边境小寨，经过40年的建设，展露新的容颜，一派欣欣向荣的景象。

下片马自然村距离片马国门仅2公里，生活着42户景颇族支系茶山人和傈僳族群众。

"40年前的下片马，村民住的是茅草木勒房，吃的是苞谷杂粮，偶尔能吃上一顿肉，也得靠上山打猎。"片马村委会党支部书记普三才回忆起以往的生活，摇头叹息。

"那时候，吃的用的，大多靠鲁掌（原泸水县城）供应。"普三才说，"有一年冬天，5个村民到鲁掌买盐巴，到风雪垭口碰上大雪封路，忍饥挨饿走了3天才到家。"

20世纪80年代，乘着改革开放的春风，片马经济社会发展迈出新步伐。1987年，打通金索朗到缅甸楚玉河大黑山的边境通道，中缅边民互市互贸。1991年，片马被列为省级内陆开放口岸，1992年升格为国家级二类开放口岸，成为云南省对外开放的重要窗口。片马镇以此为契机，将国家兴边富民政策落到实处，加快口岸、道路、边民集市等建设，带动边民发家致富。到2017年底，下片马村42户村民中，除1户4人因病暂未脱贫外，其余全部脱贫。

"感谢国家改革开放的好政策。现在村里样样都好了，住房、水、路都解决了。"从事三轮车运输的下片马村党小组组长张启政说。

如今的下片马有了响亮的新名字——怒江"国门第一村"。

虽然下着雨，村民普波才仍在核桃地里忙碌着。"雨水多，杂草长得旺，得及时清除。不然，过几个月打核桃时，就难找了。"他说，"几年前退耕还林还草时栽下的6亩核桃现在挂果了，家里还有一台拖拉机跑运输，每年收入有3万多元。"

下片马森林茂密，发展林下种养殖得天独厚。七八年前，片马村委会党支部就引导村民充分利用林地资源，成立种养殖专业合作社，发展核桃、草果、花椒等产业。如今，1200亩核桃、600亩草果、300亩花椒不仅鼓了下片马村民的腰包，还促进了乡村旅游业发展。

傍晚时分，劳作了一天的人们聚集在目瑙纵歌广场，跳景颇族舞蹈，健身娱乐。

"想不到在这里能观赏到如此美妙的景颇族歌舞，非常开心！"在昆明生活的景颇族游客恩波尼说。

"特色旅游村寨项目建设后，来这里旅游的人多了，农家乐的生意也越来越好。""边民景颇姐妹农家乐"掌柜王何美说，"村里旅游设施在逐步完善，我的农家乐一年有4万多元的收入。"

2016年，泸水市投入4015万元将下片马打造成最具幸福感的中缅边境第一村，已完成42户安居及基础设施工程建设，目瑙纵歌广场、太阳广场、月亮广场、民族民俗文化展览馆、特色商店、文化活动室等配套设施已投入使用。

28岁的景颇族青年董绍华刚搬进新房，对未来特色旅游村寨充满期望。他计划组建一支景颇民族文艺队伍，向游客展现他们原生态的民族歌舞。

"我们这里有景颇族、傈僳族等丰富多样的民族文化，吃喝玩乐都很有特色。"董绍华说，"村里已有农家乐2家，正准备开的有3家，还有2家人准备开民宿。旅游业是我们未来的主打方向。"片马镇党委和政府把乡村振兴战略与脱贫攻坚有机结合起来，深入挖掘和传承特有民族文化，通过举办新米节、目瑙纵歌等民族节庆活动，提高片马旅游知名度，积极引导村民发展生态种植养殖业，开展民族工艺品制作，让更多的贫困群众依靠旅游业发家致富。

一个生态良好、产业繁荣、民族团结的边境特色村寨，正在片马崇山峻岭中初现雏形。

四、幸福的日子

大地回春，万物焕然，云岭大地处处勃发生机。从巍巍雪域高原到绵延数千公里的边境线，从横断山区高山深谷到岩石裸露的石漠旱地，一条条水泥路蜿蜒向前、一栋栋农家新居错落有致、一座座致富厂房拔地而起、一张张幸福笑脸灿烂绽放……

2020年末，喜讯传遍云岭大地：经过8年持续奋斗，云南如期完成了新时代脱贫攻坚目标任务，困扰云南千百年的绝对贫困问题得到历史性解决。

集边疆、民族、山区、贫困于一体的云南，脱贫攻坚的特殊性、复杂性、艰巨性十分罕见，是全国脱贫攻坚主战场之一，也是打赢脱贫攻坚战必须要啃下的"硬骨头"。坚决打赢脱贫攻坚战，是云南的首要政治任务、第一民生工程。

党的十八大以来，云南省坚持以脱贫攻坚统揽经济社会发展全局，推动全省脱贫攻坚取得了决定性成效。苦干实干铸就脱贫攻坚伟大史诗，生动实践闪耀出新时代脱贫攻坚精神的耀眼光芒，汇聚起夺取全面胜利的磅礴力量。

各族人民拧成一股绳，以"敢教日月换新天"的豪情、"咬定青山不放松"的坚韧、"不破楼兰终不还"的奋斗，跑出加速度，推动大变化。

在产业方面，放眼全省，县县有主导产业、村村有产业基地、户户有增收项目、人人有脱贫门路已成为乡村脱贫致富的新风景；

在教育方面，88个贫困县实现县域义务教育均衡发展，义务教育学校办学条件"20条底线"全部达标，贫困地区实现从教育脱贫一代到教育阻断贫困代际传递的巨大转变；

在医疗方面，88个贫困县县、乡、村医疗机构全部达标，实现建档立卡贫困人口基本医保、大病保险、医疗救助全覆盖，群众就医负担进一步减轻；

在就业方面，建档立卡贫困劳动力每户平均转移就业人数达到2人，"挣了票子，换了脑子，练了胆子，育了孩子，闯了路子"成为群众变化的鲜活写照；

在住房方面，99.6万名搬迁群众住进24.4万套搬迁安置房，开启不愁吃穿、学有所教、病有所医、住有所居的新生活；

在饮水安全方面，1963万农村人口的饮水安全保障水平巩固提升，群众取水方便程度、供水保障率全部达标，更多群众喝上了"放心水"；

……

八方合力、攻坚克难、决战决胜，云南省实现了"坚决打赢脱贫攻坚战"和"一个都不能掉队"的庄严承诺。

今天的云岭大地，城乡面貌发生了巨变，人民群众收入大幅增加，生产生活条件明显改善，贫困地区经济社会发展全面提速，特色产业培育和就业状况呈现良好发展势头，脱贫攻坚制度体系不断健全完善……脱贫攻坚战取得了全面胜利！本章节围绕基础设施建设、产业扶贫、教育扶贫、健康扶贫、就业扶贫、易地搬迁、移风易俗等方面，选取部分典型案例，全面展现脱贫攻坚以来云南人民日子越过越红火、云岭大地处处焕发生机的美好图景。

四、幸福的日子

脱贫只是第一步，更好的日子还在后头。2021年4月，党史学习教育领导小组印发《关于〈"我为群众办实事"实践活动工作方案〉的通知》，云南省各级党组织把学习党史同总结经验、观照现实、推动工作结合起来，一场场生动的"我为群众办实事"实践活动蓬勃开展，一件件事关群众切身利益的"急难愁盼"事得到解决。放眼云岭大地，云南各族儿女正满怀豪情，砥砺奋进，在全面建设社会主义现代化国家的新征途上，书写着新的时代答卷。

（一）靶向发力　补齐短板增活力

一直以来，基础设施建设滞后都是掣肘云南发展的最大因素，如何补齐短板、构建起完善的现代基础设施网络，是云南的"必答题"。

党的十八大尤其是"十三五"以来，云南省通过改善供电、交通和水利等基础设施，不断补齐发展短板，让群众步入幸福生活的"快车道"，为云南省打赢打好脱贫攻坚战奠定了坚实的基础。

一条条"畅安舒美"的农村公路修进村里、通到农家，成就了群众的致富梦想；一根根银线接入山乡，点亮了群众的希望和未来；一处处甘泉，滋养了民心；一户户通网，实现了人流、物流、信息流的有效连接……

——天堑变通途　架起云南山乡的希望

云南地处西南边远山区，地形复杂，山高谷深，沟壑纵横，道路崎岖不平，交通建设成本大，建设周期长。长期以来，云南贫困地区的主要交通方式是人背马驮，在怒江等地因为山多、山大、山陡，全州无高速路、无机场、无铁路、无管道运输，道路等级低。部分地区的人民以溜索作为飞跃峡谷的工具，一对对颤悠悠的溜索，挂满了辛酸和危险。山区群众世世代代饱受"出行难、出行贵、出行不安全"的切肤之痛，闭塞的交通成为他们走出大山、奔向康庄大道的"拦路虎"。

脱贫攻坚，交通先行。"十三五"以来，云南省交通运输厅将建制村通客车工作纳入脱贫攻坚考核指标，把行业扶贫兜底性任务确定为乡镇和建制村实现"三通"。5年来，云南累计投资约9800亿元，建设公路11.5万公里。其中，新改建农村公路10.7万公里，完成固定资产投资908亿元，为新中国成立以来云南省5年规划最高值。累计建成自然村通硬化路约5.8万公里，实现81298个自然村通硬化路，自然村通硬化路率由2015年年底的不足20%迅速上升至51.53%；完成边远山区199座"溜索改桥"项目，15个州（市）、2153个村小组、122.9万名群众告别"溜索时代"。

初夏的夜晚，沿着滨江走廊来到怒江傈僳族自治州福贡县城江西易地扶贫搬迁安置点，怒江大桥叠级花台里花开正艳，搬迁安置楼依山傍水，中交福贡木尼玛大桥上车辆穿梭。宽敞的广场上，群众弹起弦子，唱起来，舞起来……"晚饭后，只要有空闲，我们总喜欢到滨江走廊逛一逛。这几年，福贡县城变化太快了，几天不见就有新的惊喜。"上帕镇珠明林村致富带头人胡秀花说。在各级党委、政府和中交集团的帮扶下，胡秀花成立了建筑公司，搬到县城，带着一支傈僳族施工队伍，四处务工挣钱。

"看，这就是我们怒江最宽最漂亮的中交福贡木尼玛大桥。旁边还有一座新的吊桥正在施工，搬迁群众过江越来越方便了。"胡秀花边走边拍视频，发给远在宁夏、湖南的工友们。

福贡县地处怒江大峡谷腹地，修路难，架桥更难，交通内联不通、外联不畅，大部分群众出行靠走路、过江靠溜索、运输靠

四、幸福的日子

人背马驮。这曾是福贡县高山村寨傈僳族、怒族群众生活的真实写照。

"当时,我们最苦的是过江,要么过溜索,要么绕道十几公里,走七八个小时山路,到有桥的地方过怒江。"原碧江县委副书记鲁国壁回忆说。20世纪70年代初,碧江县古登到架科底,5个乡80公里的地段只有4座过江桥,干部群众过江大多靠溜索,非常艰险。

党的十八大以来,福贡境内的跨江桥梁建设步入快车道,从吊桥到永久性大桥,各类桥梁飞架怒江,连通东西两岸,串起各族人民的美好新生活。

"从古登到匹河怒族乡,不到30公里的地段现在有9座跨江桥梁,仅福贡县城就有6座各式桥梁,各族群众过江难问题得到彻底解决。"福贡县交通运输局相关负责人说。精准扶贫中,福贡县构建起以怒江

怒江中交福贡木尼玛大桥

美丽公路为轴心的县、乡镇、村组公路，架起了50座跨江大桥，解决了群众的出行难问题。

2018年12月30日，总投资508万余元的马吉乡马吉米村乔马桥如彩虹般飞跃怒江，连接东西两岸，困扰桥马嘎人的天堑变成了通途。

如今，一座座连心桥、幸福桥连通怒江两岸，人员与车辆畅达。原先藏在深山的草果、茶叶、核桃、蜂蜜等山珍，伴随着滚滚车轮过江入城，鼓起了山区群众的腰包。

"几年前怒江上修了桥，村民们不用溜索过江了。山上的贫困户都搬迁到山下的安置点，山上没搬迁的村子都通了水泥路。群众看病，坐车十几分钟就到卫生室。"石月亮乡乡村医生邓前堆说。党和政府架起了一座座彩虹桥、幸福桥、连心桥，让边疆人民过上了好日子。

"现在托共产党的福，生活太幸福了。以前只有梦里才有这么好的桥、这么好的路、这么好的生活，如今实实在在摆在眼前了。"家住上帕镇腊吐底村的村民叶利娜说，"中交福贡木尼玛大桥通车后，我回江对岸老家管护草果园、茶园不用再绕路，桥边搭个车，十几分钟就到了。"

初夏，福贡县竹叶菜采摘季节，胡秀花爬山进村，格外忙碌。

胡秀花要带领村民成立合作社，办一个竹叶菜加工厂，让各地消费者一年四季都可以品尝到福贡最美味的山珍，拓展山区农民致富路。"现在，从高山到城里开车两三个小时就到，过江也只要几十分钟的车程，运输条件改善了，竹叶菜深加工大有可为。"胡秀花对未来信心满满。

福贡县匹河怒族乡的沙瓦村，是坐落在高黎贡山山脉上的一个怒

四、幸福的日子

族村寨。原先，受自然环境影响，这里交通闭塞，村民出行长期靠一条狭窄的人马驿道。每年雨季来临前，村民都会自发赶去修路，尽力保障这条"生命线"畅通。如今，沙瓦公路贯通了，村民的生产生活得到极大改善。

在沙瓦村，每个人都有关于路的回忆。

有一年雨季，坡罗家的冰箱坏了。因为没有一条像样的路，维修人员的车子上不来，他只能一步一步将冰箱背下山。崎岖不平的山路上，坡罗走一段歇一段，累了就吃点随身带着的干粮。平时两个多小时的路程，他花了大半天才走到。

"背冰箱下去那一趟我休息了十多次，修好了还得再抽半天时间把它背上来。"坡罗说，"不通路，做什么都难！"

早些年，村民李建华就开始养鸡。同样是因为没有路，他一直不敢扩大生产规模。"我每次背下山去卖，一个人一趟最多背20只鸡。"他说，"要是能有一条通往山下的路，也不至于让大家这么折腾。"

近年来，因发展产业的需要，沙瓦村对路的渴望尤其强烈。2017年，当地政府决定新修一条水泥路，方便老百姓生产生活的同时，也为将来发展旅游创造条件。

当年9月，沙瓦村通组公路正式动工开挖。不到2年时间，一条近10公里长的水泥路就修通了，将沙瓦村与山外的世界串联起来。村民小组长李小二说，路好了之后，一个最大的变化是，家家户户都开始买三轮车，生产劳作的积极性也越来越高。

坡罗在村子里开了一个小卖部，还贷款买了一辆拖拉机，方便下山进货。"三个娃娃要读书，本来家里都不同意我贷款买车，但我还是想试一下。现在路好了，我进货方便，还能帮别人拉点东西，赚些运费。"坡罗说。

李小二说，正是因为有了这条路，村子里发展产业的底气更足了。2019年，沙瓦村60户202人全部脱贫出列。近50亩的猕猴桃2020年起开始挂果，收成时直接有收购商开车上来收购。此外，在专家指导下，村民发展起茶叶、核桃、草果等特色产业，还计划发展乡村旅游。

如今，沙瓦公路上人来车往。"闲着没事的时候，我们最喜欢看小孩子在水泥路上骑单车。"李小二说。

福贡县只是怒江州脱贫攻坚的一个缩影。2020年11月，云南省人民政府宣布福贡县摘帽。至此，福贡县如期打赢了脱贫攻坚这场硬仗。千百年来压在怒江各族人民头上的贫困大山被彻底挖掉，实现了从区域性深度贫困到整体脱贫的千年跨越。

云南省文山壮族苗族自治州西畴县岩头村，位于大山深处的悬崖峭壁之上。由于地势陡峭，从邻村垮石岩村到岩头村的最后一公里，被大岩石挡住了。修路，成为村里人最深切的期望。

出生于20世纪50年代的李华明，从小生活在岩头村。该村四周被大山包围，进出村只有一条狭窄且危险的悬崖小道。

谈起以前的生活，李华明似乎有着吐不完的苦水。村里有人生病，只能用担架抬到医院救治；孩子们在2公里外的学校读书，来回要走2个多小时的山路；村民们卖猪，要请人把猪抬出去，光工钱就能花掉卖猪钱的一半，甚至还发生过猪掉下悬崖的事情……

令人更为揪心的是，这个只有15户村民的小寨子便有6个讨进来的媳妇因忍受不了村里的艰苦条件，选择了外出改嫁；而村里的小伙子娶媳妇也很难，根本没人愿意嫁进来。环境本来就很恶劣，再没有了娶妻婚嫁，岩头村的未来显得更加迷茫了。

"我们不能再这样苦熬下去，苦熬下去的结果只会一辈子受穷！"看到周边村寨纷纷建起了进村入户路，饱尝交通闭塞之苦的岩头村干

四、幸福的日子

部群众，终于下定决心要干件大事！

要致富先修路。作为村民小组长的李华明也深知这个道理。于是，他便暗下决心：哪怕砸锅卖铁，也要带着大家把进村道路彻底打通。

早在2002年，村组班子就动员群众户均集资5000元，开挖村子到岩口800米长的路段，用了整整9年时间。尽管在修路过程中遇到了种种困难，但"早日修通进村路"的火苗，在群众心中一直未熄灭。

"最后的200米，是最险峻、最难修的！"回想起当时在悬崖上开山凿路的情形，李华明直呼"很不容易"。悬崖下有农户、高压电线，在最险的地方既不能用机械施工，也不能施放炸药，甚至还有跌下悬崖的危险……由此可见，当时开凿这条"天路"的确很不易。

到了2007年，李华明再次动员大家，倡导每户集资3000元，下决心要把这块"硬骨头"给啃下来。"当时的3000元钱，是群众们一年的经济收入，为了筹够这笔'修路款'，他们有的卖猪卖牛，有的到外面打工筹钱，这让我很感动。"在采访中，李华明满怀感慨地说。

当李华明把继续修路的想法告诉大家时，村民和他打赌："你要是能把这条路修通，我就拿手掌心煎鸡蛋给你吃！"李华明认为这句话既是奚落也是鼓励，"因为修路是绝对不能打退堂鼓的"。

在村里，大部分村民还是和李华明有着共同的想法。为了筹够"修路款"，村民李光祥全家选择到安徽打工，但不幸的是，在工作中他不小心被机器绞断了右手，厂里给了李光祥3000元的工伤补贴，但他一分没用，第二天就将钱寄了回来，叫他母亲拿来交修路的费用。"当时我很感动，也流泪了。"再次谈及这件事时，李华明仍不停地抹着眼泪。

当村民们得知这件事后，纷纷表示，李光祥连治手的钱都拿来修路了，我们没有理由不交钱！于是没过几天，修路的集资款凑齐了。

关于李光祥捐资修路的故事，还远远不止于此。为了打通这条进村路,李光祥家欠下3万元外债。当小儿子的北京民族大学录取通知书寄到家里时,这个盼望已久的好消息却成了摆在全家面前的大难题,因为家里已无力再供儿子继续上大学了。

"爹,供不起我算了!我能理解,只要这条路能修通,我觉得很值得……"当李光祥转述儿子的这句话时,他充满辛酸的泪水正唰唰唰地往下流。但好在李光祥的小儿子并没有放弃学业,在其朋友的建议下,借了6000元的助学贷款在云南读完了大学。如今,他和本村一名女大学生即将结婚,村里目前只有他们两名大学生。聊起小儿子即将结婚的事情,李光祥的嘴角露出了一丝笑容。

在修路过程中,些许碎石将位于悬崖下的民房瓦片砸坏,作为村民小组长的李华明,便将自家房顶上的瓦片拆去作为补偿。"作为村干部,我觉得这件事必须去承担,再说了,总不能让我去拆村民家的瓦片吧?"李华明笑着说。因协调公路占地问题,有的外村群众出口骂李华明,嘲讽他……但这一切他都没计较。

为了打通这条"天路",李华明受过无数委屈。还有很多像李光祥家一样的村民,他们自愿倾其所有,也无怨无悔。

自2003年开始,李华明共发动村民筹集了21万元修路款,村里14人挥动着铁锹、举起铁锤、舞动铁撬,向悬崖峭壁宣战。用铁錾击平路面的硬石、用双肩从山间地头扛来石块备料,甚至用绳子系在腰间在岩壁上凿炮眼……仅剩的200米悬崖路,他们足足修了3年。

历经12年的坚守和苦干,岩头村于2014年1月终于修通了长1公里的进村简易路。在不久之后,由西畴县政府出资16万元、群众投工投劳20多天,顺利实现了进村道路的硬化工程,至此也圆了岩头村祖祖辈辈的通路梦。

在修路的12年里,李华明几乎顾不上自己的家,特别是在打通悬崖的最后3年间,他从没种管过家里的田地,两个孩子年幼在校读

西畴县西洒镇岩头村最后一公里

书,全家人的生活重担都落在了妻子孙兴辉的肩上。为了支持丈夫组织群众修路,孙兴辉也是毫无怨言,将家里打理得井井有条。

路通了,岩头村也具备了发展的条件。放养乌骨鸡,开办农家饭庄……如今,村里建档立卡贫困户全部脱贫,家家盖起新房、户户用上自来水。走上致富路的岩头村,正幸福地迈向小康生活。

西畴修路,远近闻名。2012年以来,全县共补助资金1.6亿元,带动群众自筹资金8.2亿余元,推进乡村公路建设。如今,山村路路相通,为村民持续增收打牢基础。

从发动群众打通最后一公里,到"万名人才兴万村"引领群众干……文山州赓续和弘扬着"西畴精神"。

——银线飞舞进万家　点亮群众的幸福梦

夕阳西下,林间溪水潺潺,羊群踩着夕阳涂抹的五彩霞辉,探头吃着青草缓缓回到家。罗小平开启洋芋粉碎机，羊群争先恐后享受美味的加餐。这里是大理白族自治州剑川县松坪集中安置点，从石龙三社搬来的13户人家正享受着家家住上安居房、户户接通自来水、用上小康电的幸福生活。

石龙三社是剑川县相当偏远的彝族聚居区。说是村，其实东一家，西两家，村民居住分散，一度过着"洋芋粑粑疙瘩火，松明烛火睡大觉"的生活。彝族老大爷罗文龙记得，有一次，村民因想看春节联欢晚会打开了电视，不料微型水轮发电机就此被烧坏，全村立即陷入黑暗之中。"以后我们就再也不敢用电器了。"

几年前，村里还自筹几万元钱买了几台600瓦的微型发电机，但微型发电机需要天天处理杂质，且一到干旱的季节基本无法发电，维修成本高。"不通电时，孩子读书盼光明，父母'滴血'劈松明。在石龙村，通电以前用煤油灯和劈松明子照明。松明子要劈成细细的条，生活在大山里的母亲陪儿子读书，劈松明子条时，手常常被砍破出血，他们做梦都想用上电。"被大家称作"白族歌王"的李根繁说。

2012年7月5日，石龙三社终于通了电，村民的激动之情难以言表。

如今，搬迁到松坪安置点的村民又用上了小康电。目睹这些巨变的罗卫海社长感叹道："脱贫攻坚战打响后，我们村搭上了跨越发展的快车。公路、电力、水利、网络等工程的建设，使村民致富有了坚实的硬件基础。"

据了解，南方电网大理剑川供电局通过工程的扎实落地，使剑川县农村配电网得到了全面升级和改善，网架结构和装备水平迈上了新的台阶，剑川县37个搬迁安置点用电得到保障，确保不因供电问题影响一个安置点的搬迁入住。

如今，农网改造升级工程、小城镇中心村农网改造升级工程、贫困村通动力电工程、农村机井通电工程、易地扶贫搬迁配套工程等项目工程已全部竣工,改造后的电网基本能完成村民生活用电不愁、乡村动力电覆盖的目标。

"以前养了20多只羊,但仅靠我和妻子供应不了更多饲料,没有能力再增加羊的数量。"罗小平说,"自从搬迁到松坪集中安置点,洋芋粉碎机几乎成了养殖户的标配。电闸刀一合,一天需要的饲料半个多小时就能打出来。我家也终于扩大了羊群的规模,现在已经发展到了148只羊,年收入有望达到7万元。"

在曲靖市富源县流传着一句谚语:"高不过法土,低不过特土。"营盘山是富源县最高峰,海拔2874米,而法土村委会就位于此处。

"现在啊,村里电不愁,水不愁,读书也不愁。国家政策太好了!以前我做梦都没想到能过上这样的好日子。"70多岁的彝族低保户老人赵秀珍乐呵呵地说。他的身侧是别具彝族风情的一排排新房。

为了解决村民用电难题和吃水困境,在此前农网改造基础上,2016年,富源县供电局投资137万元对线路进行升级改造,并在该村委会的5个水源点附近布点11台全新100千伏变压器,同时在法土完小专设了一台变压器及动力表用于解决全校147名师生的食宿及临时教室用电,还把村委会的13条分支线及510户户表全部换新。

施工过程中,工作人员采用人背马驮方式运输材料,在一处处岩石基础上,用柴油机带动风钻,让157棵电杆沿着山石路"爬上"了高海拔的法土村。

2019年,村民们又在地里种下"巴东魔芋",这种魔芋对抽水灌溉的要求更高,否则影响产量。为此,墨红供电所又专门架设线路到地边助其浇灌。看着地里的魔芋长势很好,村民柳光问开心地唱起了彝族山歌——"地里锄禾心欢欢,有电有水不怕旱……"

入夜，法土村委会四周鸟鸣虫语，坐落于村口的"木香故里"（彝语译为"欢迎你来"）里传来笑语欢歌。

正月酿酒时节过后，李小飞将自家酒厂改建成生态园，慕名前来的游客们可在法土林场赏百亩杜鹃、逛仙女湖，到"木香故里"品尝小土鸡和山毛野菜，喝古法秘制的彝家贡酒，同彝族老少对山歌……

为了确保酒厂及生态园生产、休闲娱乐用电有保障，墨红供电所为生态园安装了变压器，架设了一条780多米的10千伏线路。

据介绍，2015年始，魔芋种植、彝族刺绣、生态旅游构成了法土村委会特色农业加商业的发展模式。目前，当地年旅游人数超过10万人，村民的人均年收入也从几百元增加到过万元。

"国家政策好，现在电力稳定了，我们魔芋、刺绣、酿酒，还有生态旅游业都发展得越来越好，村民们日子红火有盼头，大家坚信，更加美好的日子还在后头。"法土村委会书记赵三冲看着围着火把唱歌跳舞的游客和村民，满脸全是暖暖的笑容。

在怒江傈僳族自治州贡山独龙族怒族自治县，古老神秘的独龙族世代生活在独龙江畔的崇山峻岭中。独龙江乡境内遍布峡谷沟壑，绵延的群山隔绝着独龙族群众通往外面世界的通道，也扼住了当地经济社会发展的"喉咙"。

为了改善独龙江乡包括电力在内滞后的各项基础设施，多年来，中国南方电网有限责任公司先后投入1.7亿元开展独龙江乡电网建设。在党和政府持续努力、独龙族群众不懈奋斗之下，这片曾经封闭、落后的河谷区域发生了翻天覆地的变化。

2008年，南方电网云南电网公司正式启动了独龙江乡无电人口户户通电工程。

受地形地貌限制，独龙江乡成为无电人口通电工程中风险高、难度大、户均成本高的地方。电力工作者们不得不"与山猴子比攀岩，跟蜘蛛学溜索"，通过人背马驮、溜索等方式，跨越高山峡谷运送、架设供电设施。

历时5年、投资3025万元，2012年10月，独龙江乡行政村通电率、自然村通电率和户通电率均达到100%。

为使独龙江丰富的水能资源得到科学充分的利用，2014年，南方电网公司在独龙江乡建成投运20千伏峡谷孤网，同年11月，投资建成麻必当电站，改变了独龙江单电源供电的现状，形成了"北有孔目，南有麻必当"的"双电源"供电格局，为独龙江的经济社会发展提供了强大的动力支撑；2018年，独龙江乡建成400千瓦柴油发电及200千瓦储能系统，实现水电、柴油发电、储能多能互补的微型智能电网。

此外，为减轻独龙族群众的生活负担，南方电网向独龙江乡群众推行"以电代柴"优惠电价，用电价格不分丰枯水期，全年执行0.1元每千瓦时。不仅如此，电网的覆盖使4G网络信号覆盖全乡，如今使用电脑、手机缴纳电费已经成为独龙族群众的日常。

独龙江乡旺美村李忠清家中如今有电饭煲、洗衣机、电视机、饲料加工设备等家用电器10余种，2021年1月份的电费30多元。"自从南方电网实行了优惠电价，现在生活基本都用电器，比以前用柴火干净方便多了。"李忠清说。

独龙江乡独立电网不但能满足居民的照明用电需求，更能保证居民常见家用电器、工厂小型工业生产的需要。此外，南方电网在独龙江乡大力开展科技帮扶系列活动，向群众讲解农业科学常识，捐赠电视机、玉米脱粒机、节能灯具等，教授科学劳作、节能用电常识，并经常开展安全、节能用电宣传活动，帮助独龙族群众利用电力科学发展生产，提升自身"造血"能力。

用电不愁，当地群众能够一次性使用更多机器，对收获的草果进行批量烘干作业。随着怒江"美丽公路"通车,运输成本也大大降低,独龙江乡的草果、重楼、当归、坚果加工等产业也越做越旺。

以电代柴、以电代薪使独龙江畔的青山绿水得到了更好的保护,生态环境和民族文化资源带来的旅游红利逐渐成为独龙江乡发展的新动能。

迪政当村的白忠平开设了自己的抖音账号,把独龙江的美景、上山采药找野菜、徒步登山等视频发布到抖音,收获了越来越多的粉丝。如今,有更多的独龙族群众开始利用网络平台直播带货,招揽游客、增加收入。

2015年独龙江全乡用电量98万千瓦时,2020年增加到330万千瓦时,5年用电量剧增2.37倍,电力成为实现独龙族"一步跨千年"的重要支撑。

——守住农村饮水安全底线　让群众喝上"放心水"

要想打赢脱贫攻坚战,就要解决山区群众的吃水问题。

从前,坡陡峡谷深,降水留不住,有水无处蓄,这让居住在云南大山上的群众在伏旱季节只能"望水兴叹"。吃水难,是部分贫困山区突出的民生问题;用水难,一直困扰着贫困地区社会经济发展。

"十三五"期间,云南省巩固提升了1963.1万农村人口的饮水安全保障水平,其中建档立卡贫困人口280.5万人。农村集中供水率从2015年底的83%提高到2020年的96.7%,自来水普及率从2015年底的77.7%提高到2020年的95.5%,农村饮用水水质合格率明显提升。

如今,在云南的土地上,一座座水源工程润泽大地,一处处甘泉滋养民心。这水,心系民生民愿,带来了希望,孕育了梦想。

昆明市倘甸和轿子山两区联合乡落水洞村空气清新,小鸟啼鸣声

四、幸福的日子

不绝,翠绿的苞谷叶随风摇曳。50多岁的田自坤提着水桶来到自家院中的自来水管前,打开龙头,"哗哗哗"的流水声让他感觉很畅快。田自坤洗干净拖把,很快就把堂屋里的地板砖打扫得干干净净。

而在2016年10月以前,由于没有自来水,落水洞村的村民要到3公里外的响水沟去背水,别说打扫卫生、洗衣服,连喝水都要省着点。

"感谢党和政府,给我们通了自来水,没有水的日子太苦了!"提起现在用水的方便,田自坤说他做梦也没有想到,有一天可以这样畅快地用水。

吃水难,曾是落水洞村民心头之痛。没有通水之前,村里都是用小水窖集雨水用,雨水少的日子储水就不够,村民生活用水和喂牲口还是要去背。人背、马驮、摩托车运水,20多年一直如此。"村里的妇女们洗衣服要到几公里外的水沟边洗,洗完晒干又用竹箩背回家,很辛苦。"落水洞村的书记蒋后锦说。

缺水问题严重影响了村民们的生产生活,更阻碍了落水洞村脱贫致富的步伐。作为昆明市呈贡区政府对口包乡帮扶项目之一,落水洞村饮水安全工程于2016年3月正式启动建设。呈贡区筹资158.38万元,从松棵村翻山越岭铺设了18.6公里长的管道,新建容积100吨的蓄水池,把山泉水引到了落水洞村的山顶。

2016年10月30日,蓄水池建成投入使用,落水洞村正式通水。"水来了!水来了!"那一天,村民们奔走相告,清澈的泉水顺着管道流进了家家户户。

"通水后,村民们对未来幸福生活更加向往。"蒋后锦说,"现在,很多村民都有了自己的致富计划,有的忙着盖房子,有的忙着试种经济作物,有的出去打工,村里先后已有40多户人家盖起了新房。"

在各方帮扶下,如今落水洞村的进村道路已全部硬化加宽,彻底告别了"晴天灰雨天泥"的日子；产业扶贫也在稳步进行，村里开始尝试种重楼、三七等药材，以及山药、大白芸豆、油牡丹等经济作物。

田自坤家正在老房子旁边建着两层小楼房。"通水后才开始建房的，打算给儿子结婚住。"田自坤说，"我家以前是建档立卡户，党的扶贫政策给家里带来了大变化，也让我对未来充满了信心。现在每年种地有2万元左右的收入，媳妇的病也治好了，儿子到昆明打工，每个月有2000多元的工资。现在不仅吃穿不愁，手里余钱也多起来了，在党和政府的带领下，以后我还要自己多想办法，把日子过得更好！"

大理白族自治州鹤庆县被誉为"银都水乡"，虽然水资源丰富，可连绵的群山却让鹤庆山区群众常年望水兴叹，水困成了制约当地经济社会发展的瓶颈。2015年，在大理州委、州政府的领导下，鹤庆县实施引水上山工程，解决了山区群众"吃水难、水难吃"的历史难题。

鹤庆县是国家级贫困县之一，全县建档立卡贫困人口31420人，贫困发生率达13.32%。虽然境内河流、泉眼众多，水系发达，但因为水资源分布不均，山区缺水十分严重。于是，解决水困成为鹤庆县脱贫攻坚的重要任务。鹤庆县扶贫办主任董静海说："因为严重缺水，山区的不少村民一生只洗三次澡。这不是他们不讲卫生，而是没有这个用水条件，日常的水只能保证生存。"

六合乡位于鹤庆县东南部，因金沙江和漾弓江穿境而过，这里重峦叠嶂、山高壑深。全乡13个行政村分布在海拔1435米到2784米之间，1.6万多的人口中有四分之三的村民靠天吃水，因水受困、因水致贫。因为缺水，村民们只能穷尽一切办法存水寻水。雨季，雨水沿着房檐流下，进入水窖储存，用于一家人几个月的日常生活。到了

鹤庆县羊龙潭集中供水工程

旱季，村民们只好出高价请人从30公里外的金沙江边拉水，因为山高路远，一吨水需要花费50元。什么时候能够用上方便干净的自来水，成为六合乡全体村民共同的期望。

2015年，在大理州委、州政府的领导下，鹤庆县确定了以"低水高用、高扬程提水"的方式实施燕子崖提水工程，将燕子崖漾弓江边的一处泉水，通过管道和三级泵站提升至海拔2718米，最后再通过近200个调节池和150多公里的管网，实施分级分片自流供水。"过去，我们祖祖辈辈喝的都是地窖水，现在能喝上干净的自来水，真好。"村民绞伟军说。

2017年5月，一股甘甜清冽的自来水从北山村村民赵荣珍家的水龙头里喷涌而出，不仅润甜了他的心田，更润甜了他对生活的希望。"现在我一个人一年吃水只花30多元。家里还种上了果树，一年能增加5000多元的收入，再加上家里养的黑山羊、黄牛和生猪，一年下来又可以收入近万元。"赵荣珍说。

截至2020年9月,鹤庆县9个乡镇114个村委会全部通了自来水,供水覆盖农村人口65641户25.69万人,自来水供水入户和农村饮水安全保障率达100%。

如今,六合乡许多村民家里添置了洗衣机、电冰箱,村里家家户户发展起了种植业、养殖业。水来了,群众的生活也越过越红火。

——编织乡村网络 托起群众的致富梦

怒江傈僳族自治州兰坪白族普米族自治县啦井镇九龙村委会的村民都走入了网络时代。人们用手机上网、聊天,用宽带看电视,网络给这个贫困村带来了新气象。

"以前信号差,打电话有时候会自动挂断,现在建起了信号塔,打电话信号好了,还可以用手机上网、看电视,方便多了。"九龙小组村民欧建芳说。

在欧建芳家,还没有上学的女儿正在看动画片,跟着学唱儿歌、跳舞,十分快乐。

欧建芳说,现在全家人都会用无线网看健康和种养殖方面的知识,有时还网购。

据了解,2016年怒江州移动公司扶贫挂钩兰坪县啦井镇九龙村委会以来,为让当地群众能够享受到便捷的通信生活,同时拥有信息致富的基础条件,公司聚焦信息化基础建设,一直在信息化助力脱贫攻坚方面重点发力。

"现在,可以用宽带看电视、视频聊天,家人出远门,亲戚之间隔得远,但用视频聊天可以相互看得见,真的方便了。"九龙小组胡正英说。

与此同时,怒江州移动公司还开展了许多惠农活动,先后对全村客户开展免费送手机下乡、免费送话费等优惠活动。

在红河哈尼族彝族自治州蒙自市，以"互联网+"推动的新型扶贫改革，厚植"信息扶贫"理念，走出了一条精准扶贫的新路子。蒙自市西北勒乡香塘村委会新寨村村民杨梅一家正围坐在大屏液晶电视前，津津有味地看着电视节目。杨梅高兴地说："现在电视信号非常好，我们都用上了超高清的4K电视，图像太清晰了。"

"自从村里实现网络全覆盖后，有网络有信号，上网、看电视都跟城里一样的方便。我还用微信上网呢。"新寨村村民王国亮说。

"真好，现在的政府太好啦！给我们免费送手机、送话费，以后可以跟外地打工的儿子视频聊天啦，还可以从网络上把自己的农产品推销出去。"芷村镇老芷村村民杨梦勇领到移动公司发放的4G手机，欣喜地说道。除免费赠送120元的话费之外，他家还安装了免费宽带，不用担心流量费用了。

2017年9月25日，蒙自市与中国移动云南公司红河分公司"互联网+电商"扶贫活动在西北勒乡举行。自此，中国移动客户可通过云南移动"彩云优品"电商平台订购到香甜可口的西北勒苹果。

65岁的李正英是西北勒乡的苹果种植大户之一，家里种植了80余亩果树，有2000余棵果树挂果。按每棵果树结果40公斤计算，她家就有8万多公斤苹果可以销售。如今"互联网+电商"的销售模式，让李正英对自己家种植的苹果更有信心，"我家小孙女还开设了淘宝店卖苹果，在网上做农产品销售更方便，千里之外的人都知道我们的产品呢！"

在蒙自市水田乡嘎马底新村，电商扶贫成效也十分显著。水田乡嘎马底新村属于山区贫困村，距离市区68公里，农民收入主要以种植业为主，农资需求量大。2016年11月，村里建成了电子商务服务站点。目前，水田乡嘎马底新村的电子商务服务站点已累计为村民代购了10万余元的化肥、种子，帮助村民有效降低了生产成本。

蒙自市老寨乡乡级电商服务站的运作也十分完备，既有物流快递业务、农产品上行业务，也有工业品下乡业务。老寨电商服务站结束了老寨乡没有物流快递的历史，当地群众的水果、三七等农产品也能够及时外运外销，增加群众的收入。

沧桑巨变，如今放眼彩云南，越织越密的微循环、愈发畅通的交通动脉，仿佛脱贫攻坚战场上的一串串耀眼明珠，在更加宽广的视野中，照亮各族群众全面小康的梦想。

网络助力蒙自市西北勒乡的苹果走出大山

四、幸福的日子

（二）精准施策　鼓起百姓"钱袋子"

产业扶贫，扶出好生活。

习近平总书记指出："发展产业是实现脱贫的根本之策。要因地制宜，把培育产业作为推动脱贫攻坚的根本出路。"党的十八大以来，云南省委、省政府高度重视产业扶贫工作，坚持把产业扶贫作为稳定脱贫的根本之策，立足资源优势，发展特色产业，加快由"输血式"扶贫向"造血式"扶贫转变，走出了一条产业有特色、带贫有机制、增收可持续的产业扶贫新路子，促进贫困群众持续稳定增收。

产业扶贫，成功演绎了云南大山里的"逆袭"。如今，云南省"县县有主导产业、村村有产业基地、户户有增收项目"的产业扶贫格局基本形成，越来越多的贫困户稳定脱贫，奔向幸福新生活。

——念好"山字经"　百姓日子甜如蜜

从昭通市鲁甸县龙头山集镇出发，乘车沿鲁甸至乐红盘山公路行进3公里左右，便到了翠屏村青山村民小组，高文权和妻子李明会正在花椒地里采摘刚成熟的鲜花椒。"今天天气好，太阳不大，特别适合采摘花椒。你们看，我家今年的五六十亩花椒长得还可以吧？"高文权边采摘着花椒边说。放眼望去，漫山遍野都是花椒树，近处的花椒树上，一串串青花椒挂满了枝头。

高文权是一名40多岁的壮汉，黝黑的脸上长满络腮胡，说话声音洪亮，老家在龙头山镇光明村黄家林村民小组，从小跟着父母学习种植花椒。成年后，高文权与翠屏村李明会结婚并生育了两个儿子。为了发家致富，从2000年起，高文权夫妻俩就将光明村自己家的5亩土地全部种植上了花椒，开始了创业路。由于土地少，高文权夫妻俩辛苦了10年，也只能解决温饱，难以实现致富。眼看着两个孩子开始上学，家庭开支增大，夫妻俩一起寻找着致富的机会。

随着打工经济的兴起，李明会老家翠屏村青山村民小组外出的人员增多，闲置了不少的土地。2011年，高文权夫妻俩合计，搬回青山村民小组，流转土地60多亩，带领翠屏村在家群众种植花椒。

"各级党委、政府对我们发展花椒产业十分支持，在水、电、路和苗木、品种、市场销售等方面帮助我们解决了许多困难和问题，全镇花椒产业才得到了快速发展。我们家就是依靠这几十亩花椒树，过上了今天的好日子。"在青山村民小组流转土地种植花椒10多年来，高文权领头成立了鲁甸县明会花椒种植专业合作社，吸纳了21户贫困户入社，带动了周边100多户农户种植花椒致富。最近五六年来，高文权夫妻俩在光明村建起了楼房，在翠屏村建起了砖房和厂房，购买了一辆客运车辆请人代运营鲁甸至乐红线路，还有一辆自用的微型车，供养着一个上大学的儿子和一个上高中的儿子，日子过得红红火火。

小花椒致富大产业

四、幸福的日子

像高文权一样,龙头山镇 10 个村 2 个社区的群众都在种植花椒,目前年产值超过 3 亿元,占农村经济收入近一半,成为全镇的支柱产业。许许多多的龙头山群众,因此走上了致富奔小康的道路。

小小花椒树扎下鲁甸群众的致富根,火红的草果让怒江群众过上了火红的日子。

怒江大峡谷三河村的傈僳族脱贫户李兴明家正忙着起新楼。眼瞅着草果产季将近,李兴明站在院里,催促工人加紧施工。

"草果熟了,就没空管盖房子咯。"62 岁的李兴明和其他村民一样摩拳擦掌,想在草果季大干一场。

三河村位于怒江傈僳族自治州泸水市鲁掌镇。怒江州地处中缅交界地,98% 的土地是高山峡谷,是中国最贫困的"三区三州"之一。

三河村,因有三条发源于高黎贡山的溪流穿过而得名。山高谷深,交通不便,光照不足,自李兴明记事起,村里房前屋后陡坡悬壁,只要是能种的地都种着苞谷。在这里,一亩精耕细作的苞谷地最多只能产 100 公斤。

"种苞谷只能保证不挨饿。"李兴明再辛勤劳作也难以致富,自己和妻子落下一身病更让家庭雪上加霜。

自 2013 年以来,三河村进驻了一批扶贫干部。从不通路,到每个小组都通了硬化路,三河村悄然发生着改变。

驻村扶贫工作队和村干部还给村民带来了一批政府补贴的草果苗。"种苞谷,没出路。"三河村党支部书记唐才文向村民介绍,草果喜欢阴凉有水的地方,三河村背阴湿润的环境正好适合这种经济作物。

李兴明将信将疑,决定一试。从 2014 年起,李兴明家逐步放弃种植苞谷,改种了草果。"价格最高的一年赚了 10 多万元,现在挂果了100亩，价格不好也能赚3万元左右。"李兴明还建了草果加工点，帮助其他村民加工生果。

李兴明是怒江州发展草果带动脱贫的一个缩影。在村干部和种植大户带动下，陡坡壁耕的苞谷地逐渐变少，村民祖祖辈辈吃的苞谷饭变成了大米饭，一日两餐变成了一日三餐，人畜混居的杈杈楼变成了混凝土小楼房……草果挂果后，敢为人先的种植户们收获的亩均产值是苞谷的5倍以上。不仅在三河村，如今在怒江大峡谷，火红的草果正成为群众的致富果。

火红的"金果果"拓宽村民的致富路，小小树叶汇聚出脱贫致富的强大能量。

在西双版纳傣族自治州景洪市基诺山基诺族乡新司土村亚诺寨，个子不高但很壮实的新司土村党总支书记飘布鲁和妻子玉梅正站在家门口。

蓝天白云下，站在亚诺寨高处，举目环顾，四周全是大片的原始森林，云雾缭绕，空气清新，生态环境极佳。

在基诺山，茶叶又多又好的就数亚诺寨。它距离村委会13公里，距乡政府14公里，全寨现有120户410人。

来到村里半山坡上的一处茶园，只见参天大树下，鸟语花香中，生长着一棵棵高矮不一、树龄不等的茶树。遭遇了春旱的基诺山，下半年雨水丰富，所以秋茶长势反而比春茶更好，绿油油的茶叶条索很是肥大。飘布鲁、玉梅、吴应华以及大学毕业后回乡当茶农的青年木腊资、切薇等茶农，一起爬高上梯，采起了秋茶，不时发出阵阵欢声笑语。

基诺山，古时被称为"攸乐山"，地处无量山脉南沿的山区地带，属于亚热带边缘山区，高原季风气候，海拔550米至1691米，年平均气温约18℃，年降雨量平均为1400毫米左右，非常适合茶叶生长，

四、幸福的日子

曾因清朝时期生产"贡茶"而闻名，居云南古六大茶山之首，也是中国最古老的产茶区之一。

清代乾隆年间进士檀萃在《滇海虞衡志》卷十一载："普茶名重天下，此滇之所以为产而资利赖者也。出普洱所属六茶山：一曰攸乐；二曰革登；三曰倚邦；四曰莽枝；五曰蛮砖；六曰慢撒。周八百里，入山作茶者数十万人。"

但是，这些茶叶并没有改变基诺山的贫穷面貌。是新中国给基诺人带来了幸福生活。70年弹指一挥间，在党和各级政府的领导及帮助扶持下，基诺山如今发生了翻天覆地的变化。

1999年11月，国家民委和国务院扶贫办有关领导到基诺山乡调研，将基诺山乡列为扶贫综合开发示范乡。2000年4月，云南省政府在景洪召开现场办公会，确定对基诺山进行整体扶持，列入当地"两山"扶贫综合开发项目。同时，基诺山又被国家民委列为全国22个人口较少民族扶贫综合开发试点之一。

近年来，在云南省大力发展茶产业、通过普洱茶帮助少数民族脱贫致富的政策引导下，亚诺寨抓住机遇，依托自身的丰富古茶树资源优势，大力推进生态茶产业发展，探索以行政村为主、自然村为成员的合作社发展模式，做优茶叶产业，全面提升茶叶品质，通过多种渠道与外地客商搭建了合作桥梁，外引内联，进行产业化发展。

依靠种茶、制茶、卖茶，亚诺寨的茶农年收入在三四十万元以上早已不是什么新鲜事，现在家家户户都买了小汽车，住上了二层小楼房，手机、电视机也都普及了。

——见山望水话乡韵　云岭山乡孕新机

乡村旅游是旅游业的重要组成部分，是实施乡村振兴战略的重要力量，而云南丰富的自然资源、良好的生态环境和多彩的民族文化为发展乡村旅游提供了良好的条件。特色突出的旅游线路、丰富多彩的旅游资源，让云岭大地一个又一个贫困村迎来逛村居、看民俗的游客，成为远近闻名的"旅游村"。好风景带来好光景，"旅游+扶贫"在帮助群众脱贫致富的同时，让乡村更美丽、更宜居，为全面推进乡村振兴打下了坚实基础。

2020年冬天，吉林省长春市市民张友树又邀约亲友开上房车，从东北自驾来到云南省普洱市宁洱哈尼族彝族自治县的那柯里村，"去年我们来这里住了8天，感觉特别好，就想着今年还来。"

那柯里好在哪？在张友树看来，一是环境优美，满眼青翠的小桥流水人家；二是民风淳朴，村民热情好客。

那柯里位于宁洱县同心乡，因为山陡地少，当地村民一度纷纷外出打工。2007年6月，宁洱发生6.4级地震，那柯里是重灾区。尽管震后恢复重建，政府帮村民盖好了房子，可对于未来，大家心里依然没底。

"做好茶马古道大文章！"经过反复调研，当地确定了发展思路。宁洱曾经是普洱府衙所在地，从这里始发的条条茶马古道，将普洱茶远销八方。出县城10多公里，是古道驿站那柯里。古道边的青山郁郁葱葱，各家各户都有故事流传。

10多年来，普洱市、宁洱县着力打造那柯里旅游，修缮恢复茶马古道，鼓励村民建新民居，那柯里有了连心桥、马掌铺等17个景点。

"当啷啷当啷啷……"山间铃响，夕阳染红天际，炊烟袅袅升起，村民高家宝牵着两匹马回家了。全家人搞旅游分工明确：儿子负责茶叶销售，媳妇主理农家乐，高家宝服务游客骑马。"当初发动村民发展旅游，很多人不敢干，怕赔钱。"高家宝说，"最后还是靠党员干部带头。"

那柯里的旅游中心区在那柯里村民小组，其他村民小组怎么办？

四、幸福的日子

2017年起，村里办起"茶马古道乡村旅游文化节"。山地自行车骑起来，户外古道徒步走起来，趣味捉鱼抓鸡摘果子，前来体验的游客越来越多，村民们把山上的果、地里的菜都摆出来卖。"烤牛干巴一天卖30斤，你说增收不增收？"高家宝笑着说。

村党总支书记张华建动员村民修复了从烂泥塘小组到那柯里小组2公里多的古道。他说："沿这条路实施低密度开发，配上各种特色小店，茶马古道旅游更活了。"

那柯里吸引外地游客的，除了山清水秀的美景、茶马古道的历史，更有富不忘本、团结和睦的精神。那柯里虽名为景区，但不收门票，村子里夜不闭户，一家有事全村帮忙，大家伙儿像一家人一样。

清晨，在那柯里沧桑的茶马古道上漫步，不远处便是车流滚滚的昆明至磨憨的高速公路。那柯里2019年还获评云南特色小镇，小山村又将迎来发展大机遇。迎着朝阳，张友树把眼前的美景摄入手机，在社交媒体发了条短视频："我在那柯里等着你！"

从那柯里出发，驱车300多公里，位于红河哈尼族彝族自治州元阳县新街镇的阿者科村便出现在眼前。阿者科村始建于1855年，至今已有160多年的历史，是红河哈尼梯田世界文化遗产区5个申遗重点村落之一。这里的人们如千百年来延续的生活一样，依旧住在蘑菇房里，日出而作，日落而息，以耕作梯田为生。

站在蘑菇屋前，闲看袅袅炊烟，仰望漫山梯田，体验原汁原味的风俗民情，如同世外桃源一般。

然而，拥有如此美丽景色的阿者科，长期以来却因为地处偏僻、单一的传统种植模式以及落后的基础条件，60多户400多名哈尼族群众一直守着"绿水青山"过着苦日子。

由于人均年收入较低，全村有60多人在外打工，约占全村劳动

普洱市宁洱县那柯里美景

力总数的一半,还有的村民将传统民居出租给外地经营者。如果经济状况得不到尽快改善,未来很可能成为空心村。

"大家都出去了,那么传承了上千年的梯田传统农耕文化将会消失。"90多岁高龄的村民普欧觉对此很是担忧。

阿者科在哈尼语里指的是成片成林的地方,寓意希望与茁壮,对于当地村民来说,阿者科更意味着一处牵挂、一缕乡愁。为了保护好当地的传统村落,阿者科鼓励外出务工的青壮年返乡创业、留住乡愁,当地县委、县政府与中山大学联合实施"阿者科计划",帮助村民们修缮传统的蘑菇房,改善生活环境,发展乡村旅游。

"上个月我刚拿到3000元分红,是我们村最多的。"村民高阿关说起"阿者科计划",满脸笑容。

在阿者科,看到游客进村时,热情的村民都会迎上前去为游客引路,参与度非常高。

四、幸福的日子

"'阿者科计划'最核心的就是全民参与、人人受益的原则。古村落的保护主体和受益主体都定义为本村村民，权利与义务统一，村民享受旅游分红的同时自发保护村落景观。"阿者科旅游公司总经理高烟苗说，"只有当村民做好了保护工作，才能得到相应比例的保护分红，而且在'阿者科计划'里绝对没有平均主义。"

阿者科的旅游热，吸引了许多外出务工的年轻人纷纷回归。村民罗美花原本跟随丈夫在外打工，听说家乡要发展旅游了，她高兴地回到村里成了旅游公司的一员。"之前因为没有固定收入才出去打工，现在能在家门口工作，还能照顾老人和孩子，这样的生活是我所期待的幸福样子。"罗美花说。

如今的阿者科村，独具哈尼特色的蘑菇房恢复了，入村石板路通畅了，人畜得到了分离，村民家中整洁干净，还新建了通村公路和停车场，古老的阿者科村落又展露出了曾经的原貌，吸引着外地游客前来观光"打卡"。

飞机缓缓降落在腾冲驼峰机场，驾车10多分钟，眼前便豁然开朗：山坡上是层层的梯田、碧绿的菜地，司莫拉佤族村的寨门，掩映在绿荫中。每天太阳从边境线升起，司莫拉佤族村寨家家户户开始了一天的劳作。司莫拉，佤语意为"幸福的地方"。这个以佤族为主的多民族聚居村落，位于保山市所辖腾冲市清水乡三家村，曾经是个贫困村。

在一栋佤族风格的砖混院落里，佤族汉子赵家啟忙着给自家民宿安装吧台，妻子李发果在打扫卫生。从住茅草屋到经营民宿，夫妻俩的梦想正在照进现实。

李发果家曾是建档立卡贫困户。早些年，为了给患心脏病的儿子看病，赵家啟在城里做泥瓦工，李发果做过保洁员、洗过公交车，还兼职当过向导，到建筑工地打过零工。

除了打工，家里还种了一些猕猴桃、油菜和苞谷，夫妻俩靠着双手逐渐摆脱贫困，瓦房替代了茅草房，后来又改造成砖混院落。

看到村里发展乡村旅游，李发果和赵家啟商量："家里房间够，为什么不做民宿呢？"说干就干，2020年12月，有着7间客房的"果果旅馆"正式营业。

梯田蜿蜒，竹林掩映。走进中寨司莫拉佤族村的游客络绎不绝，"果果旅馆"的人气越来越旺。

三家村党总支书记赵家清是中寨司莫拉佤族村脱贫的见证者和推动者。他说，民族团结进步，离不开产业发展和经济社会全面进步。

农家小院里，菜苗碧绿。曾在外务工的赵家清妻子徐金召，如今在村里办起农家乐，吃上了"旅游饭"。

2019年6月，腾冲清水司莫拉幸福佤乡旅游专业合作社成立，赵家清担任理事长。在保护好村寨风貌基础上，合作社着力引导全体村民参与乡村旅游资源开发和农副产品加工、餐饮和民宿服务等产业。

为此，村里实施了公共环境提升、消防安全提升等工程，并推动大米粑粑生产加工体验基地、5G信号覆盖等项目建设，进一步完善基础设施和公共服务配套设施。

李发顺和杨彩芹是佤族村的一对佤族夫妇，粑粑制作专业户。"现在在家做粑粑比出去打工收入还高，以前想都不敢想。"杨彩芹说。

李发顺家有一个农家乐，是一个两层的四合院。除了软米粑粑，这里还提供民族特色的餐饮。客厅门帘上，"自强不息"的横批颇为醒目。庭院外，黄砖墙上贴着艺术字"诗与画的庭院、你和我的乡村"。一批批游客闻着软米粑粑的香味而来，品尝其中的香甜味道。

随着司莫拉知名度的提高，前来"打卡"的游人越来越多，李发顺、杨彩芹的粑粑生意也越来越红火，一天最多能卖300多个，一个月能赚四五千元。

四、幸福的日子

眼下，村里准备以合作社的形式开发大米粑粑，以此带动更多村民增收。

过去，司莫拉佤族村是腾冲市清水乡三家村典型的贫困村。全村有农户73户299人，建档立卡贫困户就有16户69人。脱贫攻坚以来，村里先后实施"草改瓦"、"农危改"等工程，并推进美丽乡村建设，建起文化陈列馆、景观栈道等配套设施，穷寨子摇身一变成了少数民族特色村寨、国家AAA级旅游景区，昔日小山村破茧成蝶。

乡村的基础设施升级后，凭借特色的民族历史文化，来这里旅游的人越来越多。

佤族村民赵德瑞以前在外打工，回乡后在自家院里开了一家"阿佤人家"农家乐。"现在我们司莫拉的知名度相当高，在这里做农家乐，每个月能有6000多元的收入。"赵德瑞说。

宽阔整洁的道路通到了每户村民家门口，黄墙黑瓦的屋舍错落有

幸福佤寨司莫拉

致，每栋房屋的外墙上都画着佤族的文化生活景色，各类路牌标识井然有序。顺着村道一路往上走，便能看见司莫拉礼堂，周边围绕着数十个小吃摊，只见游客们手里拎着、嘴里吃着，对当地的小吃夸赞不已。

近年来，司莫拉佤族村着力打造佤族文化特色旅游村，产村融合，帮助村民脱贫致富；建设美丽乡村，改善村民生活条件，阿佤人民唱新歌的场景在这里随处可见。

——电商助力　优质农产品走出大山

近年来，云南省把电商经济作为推进乡村振兴的重要抓手，以特色产业为支撑，通过品牌设计、产品包装等方式，不断加快电商发展，助力优质农产品走出大山。

天还未亮，住在迪庆藏族自治州香格里拉市洛吉乡中村的车都玛便早早起床，喝一碗酥油茶，吃点糌粑，她立即向森林深处进发。为了能采摘到品质上乘的松茸，整个松茸季，车都玛和老乡们都保持着凌晨进山的习惯。

8月，伴着淅淅沥沥的雨，正是云南松茸大量上市的季节。从林间到餐桌，松茸抵达的方式已经产生了变化，越来越多的消费者通过电商渠道购买到价廉物美的产品。在这个过程中，产业链上的菌农、电商、物流、客户都因此受益。

"有时在山里采菌一天，能碰上好几场雨。"森林里的雨说下就下，虽然给采菌带来一定困难，但雨又是车都玛她们所盼望的。雨下得多，松茸才会长得更多、更好，而多采一些，便又多了一些收入。

松茸对生长环境有严苛的要求，只在没有被污染过的高海拔原始森林中才能生存，至今仍然没办法实现人工培育。云南是中国松茸主产区，年产量占全国的60%至70%，每年出口600至700吨鲜茸到日本、韩国等地。香格里拉因气温低，对松茸的生长很有利，松茸的

四、幸福的日子

营养成分和口感也更胜一筹。

车都玛所在的中村,几乎全村人在松茸采摘季都会放下手里的活儿去采菌。他们每年有两三个月的时间上山采摘,凭着一半经验一半运气的收获,这一季的收入占了他们全年收入的大部分。

在山沟中,有不少临时搭建的小木棚,是藏民们的松茸采集点。整个松茸季,离家远的村民们通常会住进小木棚;在比较集中的地方,收购商们还固定设置了"收购点"。如此一来,便免去了长期以来藏民们一家人辛勤采摘后,还需要人背马驮送去贩卖的舟车劳顿。

凌晨进山的藏民们,会在下午4点前回到收购点,等候在此的收购商已做好分类的准备,根据松茸大小、品质付钱。有了收获的村民,有的还会再进山采摘两三个小时,有的也会返回休息,为第二天的采摘作准备。"总的来说,这些年靠松茸还是增收不少的。"车都玛说,在她的村子,近年来人均增收在3万元左右。"虽然辛苦,但还是挺不错的。"

每天中午,习龙都会在收购点等待老朋友们从山里归来。被大家亲切地称为"龙哥"的他,曾是令人羡慕的大学生,学的也是大家眼里好就业的专业——土木工程。没想到,毕业后,他和堂哥一起,做起了松茸生意。

"最重要的是我们香格里拉环境好,孕育出了好的松茸,希望把我们家乡的好东西,分享给更多的人。"习龙介绍,目前市场上的松茸以长度来制定定价标准,分别是5厘米至7厘米、7厘米至9厘米、9厘米至12厘米以及12厘米以上几个等级,在未开伞头尾大小基本一致的情况下,个头越长价格越贵,12厘米以上的未开伞松茸是极品,但松茸只要一开伞,就没那么值钱了。

"这些年,大家的保护意识更强了。"习龙说。当地在保护好生态环境的同时,通过村规民约等方式增强群众对松茸的保护意识。此外，迪庆州松茸保护与发展计划领导小组办公室也发出倡议，呼吁全民共护松茸资源，确保科学采集、规范收购；倡议松茸产地村组将松茸资源保护与采集纳入村规民约；全民相互监督，文明、科学采集。

位于香格里拉的松茸交易市场每天都热闹非凡。一箱箱包装好的松茸，正待乘坐"专机"或是前往丽江搭乘"专列"，去往各地。

拼多多一家贩卖松茸的店铺叫作"云众菌业小店"，它的店主吴昌恒是一名广东小伙。2020年一次偶然的机会到云南丽江旅游，结识了习龙哥俩，尝到了松茸的味道，他便决定留在丽江。"这么美好的东西一定要分享给更多的人。"于是，吴昌恒开了拼多多店铺，订单一来，龙哥他们收购和分拣好的松茸，会以最快的速度发往各地。

"云众菌业小店"里，在拼多多农货节"百亿补贴"后，750克7厘米的精品松茸只要150多元。这样一来，在以往看来价格高高在上的松茸，也能轻松"飞"上寻常百姓的餐桌。

"我们都给大家及时发很好的货，希望消费者能有很好的松茸体验。"吴昌恒说，"在我的计划里，还希望把更多云南的美好带给更多的人。我们准备拍摄和制作一些视频，让更多的人了解和喜欢云南。不仅是松茸哦。"

同样是在8月，丽江市永胜县软籽石榴种植基地里，10多名采购商慕名而来，和永胜县河谷生物科技开发有限责任公司负责人吴理春相谈甚欢，表达着他们的采购意向："永胜软籽石榴品质优良、味道上乘，一定能获得消费者的青睐。""石榴果大、色泽鲜艳，果籽饱满，果肉晶莹剔透、汁多味甜。"

在2021年举办的第三届云南果蔬产业大会暨中国地标农产品产销对接万里行之云南站活动上，永胜软籽石榴惊艳亮相，让与会嘉宾对永胜软籽石榴产地行充满了期待。而事实证明，永胜软籽石榴并没

四、幸福的日子

迪庆当地群众采收松茸增收致富

有让他们失望。

据悉,此次永胜软籽石榴产地行活动,共吸引到了来自全国大型商超、社区团购、批发贸易等业内的50多名采购商。

"我们家今天就开始出货咯。我们县种植水果历史悠久,这软籽石榴,让老百姓都过上了好日子。"种植户吴理春一边盯着石榴采收,一边笑着说。

得益于得天独厚的气候环境优势,永胜县软籽石榴早在2004年就开始引种。2014年,永胜县委、县政府将其列为金沙江库区移民扶持的重点产业,并在片角镇召开了软籽石榴产业推进大会。同年,吴理春开始种植软籽石榴。2015年,吴理春扩大种植面积,建成了一个拥有300多亩软籽石榴的示范基地,并成立了永胜县河谷生物科技开发有限责任公司。

"2016年,我家的石榴开始少量挂果,当年一公斤石榴能卖到16元。2017年,永胜县举办了软籽石榴节,吸引了很多客商前来采购,为我们打开了销路。"吴理春说。石榴丰收,产业发展起来了,吴理春的日子越来越好,但他并没有忘记村里那些建档立卡贫困户。他主动邀请大家来自己的石榴基地工作,还免费为他们提供软籽石榴种苗。如今,村里家家户户都种上了软籽石榴。

截至2020年底,永胜县软籽石榴累计种植面积9.8万亩,主要栽种品种为"红如意"和"突尼斯",进入盛果期面积达6万余亩。软籽石榴总产量稳定在5万吨,并呈逐年递增趋势。2019年12月,"永胜软籽石榴"地理标志商标申报成功,永胜软籽石榴有了属于自己的品牌。

为让永胜软籽石榴能吸引更多优质客商,当地政府曾先后举办了软籽石榴节、软籽石榴永胜·快手发布会、电商对接会、产销对接会、线上购物节等线上活动,并与京东、阿里巴巴等集团合作,打造了永胜软籽石榴"互联网+农副产品"销售新模式。目前,永胜软籽石榴已经进入上海超市、批发市场,并销往北京、郑州、大连等城市。

9月的大理白族自治州的洱源县进入了收获的季节。在这风景秀美的洱海源头,得天独厚的生态条件和资源禀赋,赠予了人们丰饶的物产。

然而在过去很长一段时间内,丰收之际却常常喜忧参半,农产品难卖的问题时有发生,附加值低更是困扰着当地人。

随着扶贫工作的推进,精准脱贫各项措施有力展开,这一"卡脖子"难题终于得到了解决。

2018年开始,云南省委网络安全和信息化委员会办公室挂钩洱源县,牵头云南社会主义学院等省、州9个单位组织开展脱贫攻坚工作。通过整合、壮大农村电子商务,两年多来,"洱源好物"成了热

四、幸福的日子

销品，诞生了一大批"带货达人"，探索出一条既有针对性更具代表性的精准扶贫、精准脱贫的路子。

如今在洱源，干电商的人越来越多，在众多"带货达人"里，不得不提的是那个仿佛从武侠小说里走出来的"90后"姑娘——赵敏。

赵敏和她的团队最忙的时候一天能做10万单线上生意，2019年营收达2000多万元，驰名省内外的"紫玉萝"就是她的"独门武功"。

所谓"紫玉萝"，是指洱源当地的紫皮萝卜，曾因为"难看"被人嫌弃。但有意思的是，许多省外朋友却格外喜欢它。"当我看到朋友圈有湖南朋友转发卖紫萝卜，一公斤能卖200多块钱的时候，我就想，这生意做得成！"

于是，从收购到包装，再到取"紫玉萝"这样一个雅号并销售，赵敏数天之内就把300多斤紫玉萝卖光了，淘到了第一桶金。

紧接着，赵敏开始同源凤宝农业创始人陈子壁、新农人产品运营蔡立彪一起，与云南省农科院等科研院校合作，对紫玉萝进行改良并引导农户进行标准化种植。当年就累计卖出200余吨，为当地农户增收80多万元。

赵敏说，在洱源像紫玉萝这样"小而精"的农产品很多，无形中契合了人们网购个性化、精品化的选择。因此，让洱源农产品上线是非常"因地制宜"的做法。

"以前卖不出去的'小而精'的产品，现在不早点订，根本没机会买了。"赵敏乐呵呵地说。

如今，走进洱源县电子商务公共服务中心，琳琅满目的特色产品让人目不暇接。尤为让人惊喜的是，大多数农产品已经告别了初级形态，有的精深加工，有的精美包装，还有的创新出众多延伸品，并以"洱海之源"的公用品牌闯荡市场，让人深刻感受到当地农业产业火热发展的气息。

除了线下的实体中心外，洱源县还搭建了农村电子商务公共服务信息化平台，开通了京东"中国特产·洱源扶贫馆"、苏宁易购"中华特色馆·洱源扶贫馆"，并与阿里巴巴签订合作协议，引入淘乡甜、兴农扶贫等上行项目……电子商务俨然已成为洱源县的一张"新名片"。

自2015年以来，云南省推动96个县（市、区）进入全国电商进农村综合示范县，96个县（市、区）共获得中央财政资金16.9亿元，示范县数量在全国排名第一位，实现了电商进农村综合示范国家级贫困县全覆盖。

产业发展是脱贫攻坚的发力点，产业兴旺是乡村振兴的"牛鼻子"。在砚山县，成片的辣椒种植基地在幕菲勒村的坝子里铺开，染红了村民的日子；昭通市80万亩的苹果基地，"昭阳红"甜到村民心坎里；德钦县云岭乡斯农村，整齐的葡萄架绵延成片，从房前屋后直到高山脚下，葡萄种植面积达1035亩，小葡萄在雪域高原助力群众增收致富。

寒来暑往、四季更迭，村村寨寨得到的实惠，都写在群众的笑容里，大家笑出了内心的喜悦，倾诉着家乡的巨变，折射出了幸福美好的生活。

（三）教育帮扶　为振兴"插上翅膀"

扶贫必扶智。发展教育事业，让贫困地区的孩子们接受良好教育，是脱贫攻坚的重要任务，也是全面建成小康社会的重要一环。

四、幸福的日子

习近平总书记强调:"要推进城乡义务教育一体化发展,缩小城乡教育资源差距,促进教育公平,切断贫困代际传递。"云南省始终把教育扶贫作为脱贫攻坚的重中之重,聚焦"义务教育有保障"和"发展教育脱贫一批"各项重点任务,加大教育基础设施建设力度,深入开展控辍保学专项行动,充分发挥人才优势、科技优势、资源优势,把先进的理念、人才、技术、经验引用到乡村校园、课堂,全方位提升云南省教育脱贫攻坚质量,发挥了教育对阻断贫困代际传递的重要作用,书写着教育扶贫的奋进篇章。

——千方百计补齐软硬件短板

雨季,拨开迷雾,航拍镜头下的红河哈尼族彝族自治州金平苗族瑶族傣族自治县老集寨乡的"云端"小学绿茵足球场格外醒目。这个崭新的足球场,不仅为大山的孩子们提供了运动的场地,更为他们搭建了放飞梦想的舞台。

这个位于山顶的"云端"小学名为大竹棚小学,2017年新建校舍后,学校里建起了录播室、体育室、音乐舞蹈室、美术室、计算机室、科学实验室,还有宽敞的绿茵足球场、崭新的校舍、现代化的教学设备,让山里的孩子第一次看到了不一样的世界。

雨停的间隙,崭新的足球场上不时有孩子奔跑,有了专业的体育老师,学校开始组建专业的足球队,孩子们也可以得到专业的训练。走进音乐舞蹈室,曾经城市孩子才能接触到的电子琴、架子鼓等设备,如今山里孩子也能学习。美术室内,整齐摆放的画架上,还有同学们刚画完的作品。无论是色彩搭配,还是画面想象力,都不输城里孩子。

"以前在老学校因为活动场地有限,课余活动比较少。现在我们不仅有篮球场,还有足球场,一下课,我就喜欢跟同学一起打球、踢球。"学生盘国强说。

在 14 岁的女生卢小丹的记忆中,在新校舍建成前,学校只有两层教学楼,运动场地很少,一到雨季同学们都要扫水沟。孩子们课间上厕所,得跑到学校外。搬过来以后,卢小丹的第一印象就是,比以前干净多了,放学了还能去图书馆。曾经内向的卢小丹一下课就和同学们跳绳,性格开朗了很多,参加跳绳比赛还得了奖。

大竹棚小学实行住校制,这里的孩子很多都是留守儿童。新校舍建成后,不仅改善了孩子们的住宿条件,还丰富了他们的业余活动。看书、打球、画画,孩子们在这些娱乐活动中,也逐渐感受到集体的温暖。

"最早老集寨乡实行一师一校,一个老师带两个班,因为教学条件跟不上,加上交通受限,学校很难留住优秀的老师。"老集寨中心小学校长熊道禄介绍。集中办学后,大竹棚小学虽然教学条件有所改善,但因校舍占地面积有限,渐渐地已无法满足教学需求。近年来,

红河州金平县老集寨乡的"云端"小学

在各级党委、政府和教育主管部门的支持下，占地面积约9亩的新校舍于2016年建成。

熊道禄依然记得刚从城里到老集寨乡任职时，这里的孩子成绩全县倒数第一，孩子们也很少在各级竞赛中获奖。随着师资力量及教学设施不断提升，孩子们在各方面得到了专业的训练，越来越多的孩子在绘画、书法、摄影、作文等竞赛中获奖。

在怒江傈僳族自治州泸水市上江镇大练地村大山脚幼儿园，一名傈僳族妇女正在幼儿园门口等着孙子放学。

2017年4月份以前，大练地村只有一个幼儿园，设在位于瓦窑寨组的大练地村完小里面，是乡村比较普遍的一个"校中园"。全村33个村民小组16个自然村1626户村民的幼儿只能依靠这所唯一的幼儿园。

"我们2015年8月到这里走访时发现，上片大概有20多户80多名幼儿因为受各种因素限制，无法顺利接受正规的学前教育。一个幼儿园满足不了整个大练地村。"云南省教育厅派驻大练地村扶贫工作第一书记王梓介绍。大练地村是一个集坝区、半山区、山区为一体的少数民族农业村，也是云南省教育厅挂联帮扶的村子。

"省教育厅专门为大山脚幼儿园及其配套设施的建设倾斜了全面改薄经费200万元，包括修通幼儿园周边的水泥路面。"王梓介绍，"为了方便幼儿入学，在幼儿园建造过程中就完成了相关路面改造。就算下雨天来上学，也不用踩泥巴路了。"

历经10个月，大山脚幼儿园于2017年4月在大练地村青山田野的环抱中矗立起来，辐射大山脚片区8个自然村14个村民小组，孩子们就近入园的梦想得以实现。

幼儿园配备有教室、午休室、大型玩教具、校园监控设备，以保障幼儿生活学习等各项活动的开展。幼儿园免除幼儿保教费,建档立卡贫困户家庭幼儿还享受生活费资助政策。

"许多小朋友刚入园的时候都不敢讲话,但我们一直在鼓励他们,希望他们懂礼貌,不惧怕人际交往,并拥有独立的人格。"大山脚幼儿园的特岗教师浦冬琼说,"几个月的幼儿园学习经历让小朋友们变得更加爱笑和懂事了。"

大山脚幼儿园还是第一所学前教育与党群活动场所资源共建共享试点示范园。它充分利用有限的土地资源,在原大山脚党支部党群活动场所和设施基础上建设而成,既是一所"特殊"的幼儿园,也是一个"特殊"的党员活动室。每周一至周五是幼儿园的办园时间,晚上和周末是党员和村民的活动时间。

"以前小孩去上学不仅路远,而且一下雨就一步一滑,非常不方便。我们非常感谢省教育厅的帮助,帮我们建起这所幼儿园。"大山脚党支部书记义发扒激动地说,"我曾经在入户走访时看到一个原本害羞内向的小朋友主动上前用普通话打招呼,目睹这一变化的我激动得差点流下泪来。"

2018年1月,一个衣着单薄、满头冰花的"冰花男孩"的照片,让昭通市鲁甸县新街镇转山包小学三年级的王福满成为"小网红"。转山包小学的住宿设施,也引起了广泛关注。公益项目"会飞的盒子"和学校对接了解情况后,在腾讯公益平台上发布《让我们一起,送给"冰花男孩"们一座温暖的宿舍吧!》一文,获得5万多名网友90多万元的捐助。

转山包小学海拔2976米,位于典型的高寒冷凉山区,也是昭通市鲁甸县"海拔第一高"的学校,有一至六年级6个教学班,141名学生,平均上学距离6公里。孩子们在寒冷的冬天,常常变成"冰花

四、幸福的日子

男孩"。本着节约资源的原则,学校将原本弃用却保存良好的教师宿舍改造成学生宿舍,并与"会飞的盒子"公益项目达成共识,由此公益项目出资改造。剩余的款项继续帮扶其他的"冰花男孩"。

此后,转山包小学利用寒假的时间,将宿舍楼内外墙重新粉刷翻新,门窗、灯具也全部换新,同时将线路改造,并采购了新床400张。在鲁甸县教育局的大力支持下,孩子们顺利入住宿舍。

谈及学校现在的变化,"冰花男孩"王福满说,现在晚上可以住在学校,不用像原来那样天天走路回家,很开心。现场志愿者表示,学校不仅有国家营养午餐支持和住宿补贴,学生一日三餐也全部免费,孩子们住得好、吃得好,大家都放心了。

罗颢颖、李光辉、杨晋鹏、孙骏强,这4个有梦想的小男孩,来自楚雄彝族自治州武定县古柏招银希望小学。不同年龄、年级的他们,来自同一个兴趣班——招银机器人社团。而这个兴趣班则诞生于央企帮扶招商银行教育扶贫落地云南乡村小学的第一个机器人创客实验室,这是孩子们"梦想"的实验室。

每周两节的机器人编程课上,老师梅艳淳带着孩子们一起学理论、学编程,动手组装,不断调试。

"哈!我编程编对了!""噢!我的乐高机器人拼好了!""耶!我的机器人胳膊会动了!"机器人课堂启发了孩子们探索科技的浓厚兴趣,让他们从学习中获得快乐。

除了兴趣小组的孩子,学校的每一个孩子每周也能上一次机器人课。古柏小学90%以上的孩子来自山区少数民族家庭,这珍贵的一课,对山区的孩子而言,是他们距离未来最近的一刻。

孩子们很懂事,知道能像城里的同龄人一样接触到机器人编程,是因为招商银行把机器人教室建在了他们的小学,让他们体验到了

"动手又动脑"的快乐。孩子们也很争气，短短半年学习后，第一次参赛就在楚雄州机器人创客比赛中一举拿下了3个单项一等奖、8个团体二等奖。

"这说明孩子们全面逻辑思维和动手体验能力很强，一点都不比城市里早早就接触到机器人编程的孩子差。"引进该项目的武定县王炳华副县长感到很欣慰。

早在2012年，招商银行扶贫干部、武定县副县长王炳华就与古柏小学"结缘"，他曾来到古柏小学支教。当看着孩子们对外面世界的向往、对科学知识的渴望时，他暗下决心：一定要让孩子们在小学阶段就有一个"仰望星空"的开始！

王炳华所谓的"仰望星空"，其实指的是科技教育扶贫，在他的理念里，农村孩子也应该享有跟城市孩子一样体验式学习的机会。

武定县是国家级深度贫困县，是少数民族聚居区，生活方式、思想观念相对落后。武定县狮山镇香水小学下辖14所村完小，古柏小学正是其中一所。长期以来，香水小学也在尝试素质教学上的创新，校长王荣俊认为，知识不能只停留在书本上，要提升素质教育，要让孩子们自信、从容地成长。

王炳华和王荣俊达成了教学理念的共识。于是，楚雄州第一个乡村学校机器人课堂诞生。

如今，机器人课堂已然"开花结果"，取得不俗成绩的同时，更起到了巩固教育扶贫成果的作用。"现在再也没有旷课的情况出现。我们古柏小学零辍学、零旷课，孩子们从学习中获得了快乐，他们变得更加阳光、开朗、自信。"古柏招银希望小学校长郑署云说道，以前很多孩子都有"上一天旷一天"的情况，找理由找借口，就是不爱来学校读书，很多家长认为"上不上都一样"，还有的孩子出现了厌学情绪，老师要去家访才能让孩子回校上课。但自从机器人创客课堂开课后，孩子们的学习兴趣越来越浓了。

孩子们手里的机器人，为他们打开了一扇"仰望星空"的窗，也为未来飞向更远的天空插上了"翅膀"。

——把梦想种在孩子心里

提升硬件设施只是教育扶贫的第一步，要打通教育扶贫的"最后一公里"，还要从提升教育质量入手。

在云南广袤的山区与乡村，有这样一群人，他们用青春和热情，十年如一日站在三尺讲台之上，用教育之光阻断贫困代际传递，照亮了无数人的心。

沿着丽江市华坪县城边的狮山南巷往坡上走，是张桂梅曾工作过的华坪民族中学，女子高中就在旁边。红黄色调的大铁门上，是"扣好人生第一粒扣子"的红布标语。这所看上去不起眼的高中，在当地颇有影响力：女高成立前，华坪县中考升学率还不到50%，2020年达到90%以上，全县高考升学率多年在丽江保持第一；以前农村女孩早婚早育的多，现在读高中的越来越多。

华坪女子高级中学，是一所因抵抗贫困而生的学校。

1996年丈夫去世后，张桂梅从大理调到华坪教书，面对傈僳族、彝族、纳西族的学生，大山里的贫困超出了她的想象。有家长带着一包硬币和角票交学费，有学生只吃饭不吃菜，有学生头天晚上把大米放进暖水瓶做早点。班上男生多女生少，"一些女生读着读着就不见了"。

张桂梅意识到，提高山区母亲们的教育水平，将至少改变三代人。2002年，她开始筹建免费女子高中，"规模化"地帮助山里女孩，改变她们的命运和家庭贫困。

但贫困地区办免费高中，这在许多人眼里简直是异想天开。

可张桂梅不这么想，为了改变这片贫困的土地，她毅然踏上募捐之路。5年间，她被人放狗咬，被吐口水骂是骗子，一次因太累还坐在机关大门口睡着了。姐姐心疼，骂她："这是人干的事吗？"女子高中办公室主任张晓峰却说："直面贫困，张老师最懂山里人的渴盼，她是大山的女儿。"

2007年，张桂梅当选党的十七大代表。在北京开会时，一篇《我有一个梦想》的报道，把张桂梅女子高中的梦在北京传开。随后丽江市和华坪县各拿出100万元，帮助张老师办校。从此，女高这棵教育扶贫的"珍稀苗木"栉风沐雨茁壮成长。

女高的教师工资和办学经费由县财政保障，学校建设由县教育局负责。女高学生除了自己的生活费，其余全免。张桂梅说："女高不是普通学校，是贫困家庭未来的希望。"

2016年，华坪女高建设完成，学校有了食堂、宿舍和塑胶运动场，在校生有460余人。连续多年，华坪女高不仅一本上线率均超过40%，高考成绩综合排名也位居丽江市第一。建校至今，把近2000名大山女孩送进大学。

2008年，首届100名学生招进来了，学校却面临难以想象的困难：女高只有一栋教学楼，连围墙和厕所都没有，学生吃饭要到旁边的民族中学。几间教室，是老师们的宿舍，睡的是大通铺。没多久，17名教师就走了9个。

张红琼是女高的资深老师，受张桂梅一次演讲感召，2008年建校时她坐17个小时大巴来投奔张桂梅。张红琼也曾打过退堂鼓，但当她拿着辞职申请忐忑地来到张桂梅办公室门口，看见张桂梅正在吃药时，心里实在不忍。她说："我是自愿来的，是党员，这时候不能一走了之。"

剩下的8个老师中，有6个是共产党员。打小就读《红岩》的张

张桂梅深夜仍在批改作业

桂梅，一下子找到了精神支点和工作抓手。她让人在教学楼二楼画了一面党旗，举起右手咬牙宣誓：人在，教育扶贫的阵地就在！

10多年来，女高每周坚持"五个一"教育：党员戴党徽上班，重温入党誓词，组织理论学习，合唱革命歌曲，看红色影片。

看看华坪女高的"速度和激情"吧：女生们五点半起床，晨起5分钟后洗漱完毕，跑步上下楼梯，课间出操1分钟站好队。从下课铃响起，到跑进食堂排队、打饭再吃完，10分钟内完成。

女高不只有严苛的纪律和领先的升学率。这里的老师，像姐姐哥哥一样关心学生。这里的学生抗压能力强，还特自信。

在北京"时代楷模"发布现场，毕业生们在荧幕上一个一个向她汇报："我现在是医生，我现在是警察……"张桂梅忍不住举起手掩面而泣："她们一个个跟以前完全不一样，丑小鸭变天鹅了。"

2020年12月30日下午，云南省委在昆明举行张桂梅先进事迹报告会。当晚张桂梅就赶回了华坪，11点多到，她下车就去办公室了。

张桂梅身患心脏病、肺气肿等23种疾病,多次送往医院抢救才活过来。她行走困难,上下楼梯都是攥紧扶手,一步步地挪。可是每天早上5点,她都准时起床,第一个出现在校园里,每天至少3次巡校、查课……

张桂梅没有子女,也没有财产,至今和学生一起住在宿舍里。她的钱都去哪儿了?30万元的"兴滇人才奖"奖金,一次性捐给华坪县丁王民族小学建教学楼;昆明市总工会专门拨给她治病的2万元钱,最终也捐了。张桂梅把全部奖金、捐款和大部分工资累计100万余元,捐献给了山区孩子们和其他需要的人。

说起为啥想要办学校,张桂梅最初的想法就是报恩。中年丧夫,自己随后又重病缠身,在张桂梅最艰难的时候,是华坪这片热土接纳了她,给了她第二次生命。

坐落在云南省文山壮族苗族自治州广南县莲城镇大山深处的落松地村,曾经是人们避而远之的"麻风村",自1986年独闯"大山禁区"以来,乡村教师农加贵一师一校坚守了34年,将110名学生送出了大山。

从莲城镇驱车前往落松地村,半个小时候后,微微晨光中,落松地小学的校门映入眼帘,农加贵老师也已经站在门口了。

还来不及寒暄,7个小孩就蹦蹦跳跳地窜了进来,不一会儿,教学楼里传出了琅琅书声,农加贵老师一天的教学工作开始了。

天光渐明,得以看清落松地小学的全貌:一进校门是篮球场,往里走是一个小花园,再往前是一栋崭新的4层教学楼,后面还有小片的菜园和果园。尽管面积不大,但整座校园整洁干净,花草繁茂,一派欣欣向荣的气象。

1986年,读高二的农加贵,因为家贫辍学在家。前途一筹莫展

四、幸福的日子

之际,叔叔农春盛带来了"好消息"——有一份代课老师的工作。然而,高兴了没两分钟,农加贵又陷入了愁绪,甚至还平添了一丝恐惧,因为提供岗位的地方,是"那边那个村"。

"那边那个村",是附近村民对于"麻风村"的别称,在"谈麻色变"的年代,那里无疑是一片禁区。

在叔叔反反复复地劝导后,农加贵决定先去看一看。皮肤病防治站里的医生农炳康告诉农加贵,孩子们都是健康的,不用担心!并送上了一个"秘方"——酒精。"让我上下课都擦擦手消消毒,实在害怕的话也可以兑点水喝到肚子里。"

有了医生给的"秘方"壮胆,农加贵接下了代课老师的工作。然而开学第一天的场景,还是让他害怕到想逃。"当时有12个孩子来上学,8个家长带着他们来,我远远地一看,家长里有跪着走路的,有嘴巴歪的,有眼睛斜的……说实话当时非常害怕,只想掉头就跑。"

然而,上了几堂课后,农加贵改变了主意。"孩子们渴望知识的目光,让我实在迈不开逃跑的步伐,一咬牙就决定留了下来!"

1986年,农加贵成了"那边那个村"建村近30年来的第一个老师,也是第一个愿意进村常驻的"外人"。

时间来到1992年,"那边那个村"警戒线拆除,医生撤离。另外一个好消息也跟着到来——村里的第一届小学毕业生,在统考中无一例外,都超过了录取线。"我现在都还记得,最高206分,最低135分,孩子们太争气了!"尽管时隔多年,但说起当年的情景,农加贵仍难掩激动。

查到分数后,农加贵又四处奔走,希望外面的学校能够放下成见,给自己的学生一个升学的机会。经过多番争取,广南县五中同意在体检合格的前提下,接收农加贵的学生。消息传来,整个村子都沸腾了,"村民们比过年还高兴!"

农加贵与孩子们在一起

欣喜之余,细心的农加贵替学生们想到了一个问题:"入学资料要填家庭住址,总不能填'那边那个村'吧?"略加思索后,农加贵脑海里出现了一个词——落松,"村子里种了很多花生,我们方言叫'落松',它们就像老一辈的村民一样,虽然外表不好看,但内心却很美。"

自此,"那边那个村"有了自己的名字——落松地。而第一批落松地小学的毕业生到外读书,也意味着曾经的"大山禁区"终于迎来了开放和新生。

34年来,农加贵一师一校,坚守着落松地小学,媒体称赞他是深山里的"明灯",是暗夜里的"启明星",是优秀教师的典范……他却说自己只是一个普通的乡村教师,唯一自豪的是,在自己的努力下,落松地全村的孩子,一个不少,都读过书!

任教34年来,农加贵见证了落松地村巨大的变化,学校从最初

四、幸福的日子

借来的20多个平方米的医务室，到土木结构的简陋校舍，再到现在设备齐全、干净整洁的校园；村子从以前散布在山坡上的几间茅草房，到现在统一规划建设有联排小平房、路灯、花坛、小广场，通电通水、环境优美的小村寨，还被评为了文山州民族团结进步示范村。

"硬件"之外的改变，也在悄然发生。"第一届毕业生出去读初中的时候，拉着我哭作一团，害怕融入不了外面的世界。后面一届接一届，走出了多少孩子，有当老师的、当警察的、当医生的……以前要盼个外人来村里，是非常难的，现在路修通了，人们观念也改变了，进进出出，跟旁边的村子没什么区别。"落松地村的一切，都在朝着好的方向发展。

黄浦江开放包容，金沙江奔腾不息。上海—云南，相距2000多公里，跨越山海来相聚。1996年，中央确定上海市对口帮扶云南省以来，两地在真挚频繁的交往中结下深厚情谊，用责任和担当书写东西部扶贫协作的精彩答卷。

清晨，伴随着清脆的上课铃声，文山壮族苗族自治州广南县第一中学校园里传来琅琅书声。张健松老师像往常一样走进教室，开始了一天忙碌而紧张的教学工作。

毕业于北京师范大学数学系的张健松，是上海新中高级中学的一名数学教师。2019年10月，他积极响应上海市委、市政府号召，远赴广南县第一中学支教，开启了奉献边疆教育事业的新征程。

"我还有几年就退休了，多年的教学经历，让我深深感受到基础教育的重要性，想为边疆地区的教育事业做一些力所能及的事情，所以选择来云南支教。"张健松道出了初衷。

在贫困面大、教师力量薄弱的广南县，上海支教教师来到后，克服各种生活上的困难，全身心投入到教学工作中。为了尽快融入当地的生活，他们与少数民族教师、学生朝夕相处、真诚相待，上教师家串门、去学生家家访，迅速融入当地的环境中。支教教师严谨的教学作风、创新的教学模式赢得了当地广大师生的信任和尊重。

"在这里我主要是发挥传帮带的作用，提高年轻教师的教学水平，指导数学组的科研和教学，为教师和学生开展一些教学和学习方面的讲座。"张健松说，"刚到云南时饮食和住宿不太习惯，县里和学校的领导、同事们给了我很多的关心和帮助，让我安心教书工作。"

师生们的热情，让张健松很欣慰："我们没有办法改变人生的长度，但我们可以想办法拓展人生的宽度与厚度。我会尽力用上海先进的教育理念引导他们，多组织学生参加社会活动和实践创新，提高孩子们各方面的素养，为他们今后的人生道路做好准备。"

扶贫优先扶智。实施东西部对口支援以来，一批批像张健松这样的支教教师用心用情用力，让贫困地区的孩子接受良好的教育，为云南未来的发展储备宝贵的智力资源。

近年来，云南省着力加强乡村教师队伍建设，实施集中连片特困地区乡村教师生活补助差别化政策，2019 年，人均每月补助达到562.5 元。2018 年起，每年对 500 名乡村学校从教 20 年以上的优秀教师每人给予 10 万元奖励，留住一批扎根乡村的好老师。

——一个都不能少

为了"不让一个学生因贫困而失学"，云南省健全家庭经济困难学生资助制度，实现建档立卡贫困家庭学生"应助尽助"。

2020 年 8 月 26 日一早，会泽县邮政局的投递员将一封特别的高考录取通知书送到了距离会泽县城 130 多公里的迤车镇迤北村委会老街子小组。

这封通知书的主人是迤北村建档立卡贫困学生——19 岁的张沁

四、幸福的日子

芳。2020年高考，她以文科数学150分（满分）、总分674分、全省前50名（成绩被屏蔽）的成绩被北京大学历史系录取，也是迤北村第一个考上北京大学的学生。

从投递员的手里接过通知书，张沁芳一家人格外高兴。在大家的目光注视下，张沁芳小心翼翼地拆开通知书，抚摸着"大学堂"三个字，久久舍不得放下。

"高考完，很多人向我的数学老师孙老师打听我错了几题，我告诉孙老师我都做完了，但不敢对答案，心里特别慌，总觉得有算错的。看到数学满分的时候，我很意外，因为高考前满分只拿过一次。"张沁芳说，"我五岁半开始求学，每天天还没亮就要独自打着手电筒走40多分钟的山路去上学，放学回家还得做家务，很辛苦。在求学的这10多年里，很多和我家庭情况差不多的同学都放弃上学外出务工了，但我一直咬牙坚持，因为我坚信读书可以改变命运。"

从进入茚旺高级中学的第一天开始，张沁芳就把北京大学作为目标，为此一点时间也不敢耽搁，学习就是她最重要的事情。如今如愿考上了梦寐以求的大学，张沁芳特别开心，她说，她信了"努力会有回报"这句话。

迤北村气候条件恶劣、交通条件落后，村民一直靠种植传统农作物为生，属典型的山区贫困村，曾有建档立卡贫困户378户1288人。脱贫攻坚战打响后，在各级党委、政府的倾情帮扶下，迤北村于2019年脱贫出列，贫困群众也甩掉了"贫困帽"。

张沁芳一家5口人，父亲患有残疾，母亲在家务农，哥哥外出务工，弟弟还在读高中。张沁芳读高中的时候，家里被识别为建档立卡贫困户，除减免学费外，张沁芳每年还有2500元的生活补助和爱心人士的资助，读书期间基本没花过家里一分钱，村里还给张沁芳的母亲安排了公益性岗位，每个月都能领到工资。

"小芳太苦了，小时候一个人去距离2公里多的地方上学，每天来回4趟，我们从来没有接送过，放学回家还要做饭等着我们。上了高中后，经常一夜一夜地看书，困了就在桌上趴一会儿……"说起女儿的求学路，张沁芳的母亲激动落泪，她说，以前村里有人说她家不像是能供孩子上学的家庭，她听完非常难过，所以心想虽然自己没有上过一天学、不识一个字，也一定要坚持供孩子读书，她不怕苦也不怕累，如今苦尽甘来，自己的辛苦付出都是值得的。

得益于教育扶贫，云南省有很多像张沁芳一样的寒门学子如愿通过读书改变命运。

山路崎岖，从大理白族自治州洱源县县城出发，翻过海拔3300米的罗坪山，经过2个多小时的车程，便来到了炼铁乡翠坪村。这里是何丽兰从小生活的地方，坚信知识改变命运的她，终于如愿走出大山，开启新的人生旅程。

何丽兰在2020年高考中以616分的好成绩被云南大学生命科学学院生物科学专业录取。然而，在这份好成绩的背后是一个困难家庭苦苦支撑的故事。

何丽兰是家里的老大，妹妹2020年也因为成绩优秀选拔到洱源玉湖二中成为一名初中生。在2018年2月的一天，何丽兰因不小心从家中二楼楼梯上跌了下来，造成左腿骨折，不得已只能休学在家养伤。屋漏偏逢连夜雨，就在手术刚刚做完出院后的第十三天，爸爸和妈妈骑着三轮摩托车在外出种庄稼的途中又发生了车祸，造成母亲王胡英骨盆骨折以及右下肢多发骨折。经过多方抢救，母亲王胡英的腿算是保住了，但仍需长期在床休养，后续至少还要做几次大手术，王胡英才有下地走路的希望，巨额的医疗费用让这个普通的农村四口之家几乎陷入绝望。

何丽兰说，当时她觉得自己的天塌了，天天以泪洗面，恨自己的

四、幸福的日子

脚不能快点好,恨自己不能照顾母亲还拖累了家庭。面对这突如其来的变故,她作出一个重大决定:放弃学业,打工挣钱,偿还母亲的医疗债务。这个决定立即遭到父亲何碧和的坚决反对。"家里再苦再难也要供你上学,你要通过知识改变命运,钱的事你不用担心。"何碧和斩钉截铁地说。

于是,何丽兰变压力为动力,2018年9月她重回大理州实验中学复读高二。从此,何丽兰比以往更加努力拼搏,晚上总是最后一个睡,早上总是第一个起床,教学楼、操场上都有她学习的身影,每每想到家里的情况,她就鼓励自己:"千金难买少年贫!人穷志不穷,要自强不息,才能给自己和家里带来希望。"

2018年7月,就在这个家庭一筹莫展的时候,翠坪村委会以及驻村扶贫工作队来到家里了解实际情况,经过"三评四定"后,何丽兰家被评为建档立卡贫困户,一家4口人被纳入低保,领到了产业补助,王胡英后续的治疗费用也能报销90%。王胡英经过多次手术,伤情已有好转,治疗费用共计18万余元,其中,通过社会捐款、民政救助、医保报销等解决了11万元,极大地缓解了家庭的经济负担。

当收到云南大学的通知书时,一家人又高兴又担忧,为了治疗王胡英的伤,家里实在没有能力供何丽兰读大学了,何碧和陷入深深的忧愁。正当一家人愁眉不展时,洱源县扶贫开发工作指挥部联合县教育局对建档立卡贫困户子女高校录取情况进行排查,在详细了解了何丽兰的情况后,为她积极争取到大理州扶贫基金会5000元,并为她申请了助学贷款以及建档立卡户子女一本补助和路费资助。何丽兰听到县扶贫开发工作指挥部和县教育局工作人员的讲解后,激动不已,握着一行工作人员的手不停地说:"感谢上级党委和政府,感谢你们,我的大学梦能够实现了……"

父亲何碧和感慨地说:"在我家里面临各种困难时,总能及时得到上级党委和政府的政策帮助，以及村里乡亲们的帮助，不然我们怎能迈过生活的一道道坎，孩子怎能取得这样的好成绩……"

何丽兰说："能迈进大学的校门，我能做的就是一如既往地努力读书，为了我的家人，还有那些帮助过我的好心人。将来我还要回报社会、报效祖国。"在何丽兰内心深处，还有一个小小的心愿：她希望将来工作以后，能带着父母去外面的世界走走看看。

在云南就读的建档立卡贫困家庭学生，学前教育享受助学金；义务教育在免学费、免教科书费和享受寄宿生生活补助的基础上，2019年将非寄宿制学生纳入生活补助范围；普通高中免除学杂费，给予生活费补助；中职学生免除学费，给予国家助学金和"雨露计划"生活费补助；高等教育本专科学生享受国家一等助学金、生源地信用助学贷款和学费奖励等政策。

经过多年的努力，云南省九年义务教育巩固率从2015年的93.3%提高到2019年的94.77%，129个县（市、区）实现县域义务教育发展基本均衡，云南成为全国第22个、西部地区第5个整体通过基本均衡验收的省份。

"不上学永远不知道他们能学会什么、创造什么，或许这次机会改变了一个人，甚至一个家庭的命运。"怒江傈僳族自治州福贡县普职教育融合班副校长王锦武说。在好政策的支持和铆足了劲的努力下，相信会有更多云南山区的孩子走出大山，拼出一个美好未来！

（四）健康托底　让群众有"医"靠

健康，人民幸福之源，全面小康之基；人人健康，是时代的呼唤，更是百姓的期待。没有全民健康，就没有全面小康。

党的十八大以来，云南省把人民健康摆在优先发展的战略地位，加快健康云南建设，全力推进卫生健康事业高质量发展。实施健康扶贫以来，云南全省因病致贫建档立卡贫困人口112.6万人全部实现脱贫，云岭大地城乡居民小康路上有了"医靠"，云岭各族群众健康水平大幅提升，为云南全面小康增添了健康温暖底色。

——家门口就医　看病不再难

云南是多山、多民族聚居的边疆省份，是全国脱贫攻坚的主战场之一。在脱贫攻坚工作开展之前，很多群众都住在不通车路的高山峡谷，看病就医成了大难题。

为了方便群众看病，云南省率先在全国制定基本医疗有保障工作标准，对标对表，全面解决基本医疗有保障突出问题。实现88个贫困县每县至少有一家公立医院达到二级医疗机构服务水平，每个乡镇和每个行政村都有一个卫生院和卫生室并配备合格医生，贫困群众看病有地方、有医生。目前，云南88个贫困县县、乡、村医疗机构全部达标。

2020年9月的昆明市东川区，当车辆行驶在宽阔、干净的柏油马路上时，道路两旁绿树成荫，放眼望去，远处山峦叠翠，已不再是那个红土"飞扬"的东川。

东川区位于昆明市东北部，素有"天南铜都"之称。东川区是国家级贫困区，在125个行政村中，有省级贫困村59个，全区2016年建档立卡贫困人口11757户59544人，贫困人口占昆明市贫困人口的41.3%，贫困发生率居昆明市第一位，因病致贫、因病返贫人口占比较大。东川区2017年贫困人口疾病筛查数据显示，在全区59544名建档立卡农村贫困人口中，"因病致贫、因病返贫"的贫困人口有

15398 人，占全区贫困人口的 25.86%。

在铜都街道铜源社区、铜润社区两个易地搬迁集中安置点，墙面上诸如"走出大山心敞亮，农村旧貌换新颜"之类的标语尤为醒目。贫困群众不仅搬出了"一方水土养不起一方人"的穷山区，搬进了宜居的新家园，配套的医疗服务也"搬"进了新社区。方便、服务好、医生专业是当地搬迁群众对周边几个社区卫生服务站的统一评价。不仅头疼脑热可以去社区卫生服务站看病拿药，现在康复病人都可以在社区卫生服务站做康复理疗了。病慢慢养，日子一天天好过起来，东川区的"新居民"正在品咂"健康奔小康"的幸福滋味。

55 岁的林芝珍是铜源社区的易地搬迁贫困户，搬来此地之前由于生产过程中的失误导致了腰椎神经受损，从此丧失了大部分劳动力，是典型的因病致贫家庭。

提起过往的看病经历，林芝珍把一摞厚厚的检查片子放在家里的小餐桌上。她用"跑断腿"来形容以前的"看病难"问题。

林芝珍以前住在舍块乡九龙村委会，从村里到舍块乡卫生院没有车路，摩托车也走不了，她的腰受伤后，家里人只能用马把她驮去乡卫生院看病。一趟需要 2 个多小时，有时候还需要在乡镇住一晚。后来腰伤稍微缓解一些，林芝珍和家里人就去昆明市求医。"现在好了，下楼就看病，家庭医生来看过，经常打电话来问。从我家走过去也只要四五分钟，我自己一个人就能照顾好自己。有时，我还能帮家里做一些简单的家务，再也不是家里的累赘了。"

林芝珍说，自己的病慢慢恢复，相信日子也会越来越好的。她的女儿已经出嫁，未来，她希望儿子也能组建一个幸福的家庭。

很多住在铜源社区的搬迁户，对林芝珍的经历都表示深有同感。铜源社区卫生服务站已成了当地搬迁户口中"家门口的医院"。

铜都街道中心卫生院有着整装待发的救护车、摆放整齐的数字化

X线摄影仪、彩色超声多普勒诊断仪、心电图机等医疗设备。2019年9月，东川区2019年东西部扶贫沪滇协作项目——铜都街道对门山易地扶贫搬迁安置点社区卫生服务站"地方病"诊疗功能提升建设项目全部建成投入使用。该项目完善了铜源社区卫生服务站医疗服务设施，让对门山易地扶贫搬迁安置点的群众更好地在家门口看病。

在东川区铜润社区卫生服务站，家住铜润社区龙康园的张发美正巧在这里做针灸理疗。她说自己肩膀疼，趁着闲暇时间来做理疗。"太好了，在家门口就可以作治疗！"

为切实解决贫困人口"因病致贫、因病返贫"问题，东川区聚焦让贫困群众"方便看病、看得起病、看得好病、尽量少生病"四个目标，设立定点扶贫医院，实施"先诊疗、后付费"、"一站式"即时结报、"四全四免"、"四重保障"等健康扶贫措施，让贫困人口"脱贫"先"脱病"，"健康"奔"小康"，东川区探索出了行之有效的健康扶贫路子。

健康扶贫开展以来，家庭医生签约服务团队冲锋在前，他们骑摩托、开越野车、步行，翻山越岭克服重重障碍，进村入户开展精准识别、健康体检等工作，成为云南省健康扶贫路上不可或缺的政策宣传员和贫困群众健康的"守门人"。

丽江老君山以丰富的高山植被、奇异的丹霞地貌组合成了绮丽灵秀的独特风光。然而山背面的黎明乡黎明村一到雨季泥石流塌方等自然灾害频发，在2019年村组水泥路修通前，一度是个出行难的穷地方。

出行难意味着就医难。当地共有134户建档立卡贫困户，478名贫困群众。为解决当地群众看病就医难问题，黎明乡卫生院家庭医生团队从2017年起开展家庭医生签约履约服务——每年4次以上集中与入户结合的随访,每年1次大型体检。

黎明乡家庭医生签约服务团队跨过了两个月前被泥石流冲毁后临时搭建的木桥,一路上山。作为健康扶贫第一线的基层医疗卫生人员,和继珍和同行的几名女同事七嘴八舌地说着自己在履约服务中能够独当一面的过往。

时间紧任务重,还有很多住在高海拔地区的高血压和糖尿病贫困户,他们只能入户随访。往往,一趟上山随访六七户人家,下山时天就全黑了。

由于没有适合的易地搬迁安置条件,当地群众很多还是散居在山上。和继珍说,由于雨季当地泥石流塌方等自然灾害频发,自己有时候也担心安全问题,长期照顾不了家庭也怕和孩子家人越来越疏离。但是如果自己不上山入户,不救治这些山区贫困群众,生病会让他们的生活雪上加霜。"所以必须上山!"

黎明乡卫生院院长王丽荣说,在当地的家庭分工里,一般是男主外女主内。但卫生院的几个女同志都是丈夫管着家。"有时候忙起来,十天半月才能跟丈夫和孩子见上一面。"即便这样,很多家庭医生、乡村医生也会几十年如一日地坚守。

"现在条件好很多了,村组道路修到了家门口。我们还能开车上山给老乡体检。"王丽荣说。黎明乡卫生院结合乡、村两级医护人员配备情况,重新调整充实了7个家庭医生服务团队,通过集中培训,明确签约服务细节;通过划片包干,明确服务片区,以高血压、糖尿病等慢性病为重点,建立了基本公共卫生服务、基本医疗服务、家庭医生签约服务"三融合"的服务机制,实行一站式健康管理服务。

随着脱贫攻坚向纵深推进,云南省的家庭医生签约服务工作做到为常住的建档立卡贫困人口提供家庭医生签约服务,其中患有原发性高血压、2型糖尿病、严重精神障碍、肺结核等4种慢性疾病的建档立卡贫困患者，做到"应签尽签"。截至2020年8月，履约服务率已经达到99%以上，并持续推进"签约一人、履约一人、做实一人"。

家庭医生团队签约服务的重点人群包括贫困人口、孕产妇、0—6岁儿童、老年人、慢病患者、残疾人等。根据要求，要为建档立卡贫困人口中高血压、糖尿病、肺结核和严重精神障碍患者，严格按照国家基本公共卫生服务项目技术规范，提供健康知识和扶贫政策宣传、发现病情变化转诊建议等服务。

25岁的蜂铁燕是个傈僳族女孩，几年前被发现患有先天性心脏病。"之前不想医，因为没钱治，怕医不好。家庭医生来家里给我家讲解健康扶贫政策，来了很多次，不停地鼓励我。"在家庭医生签约服务团队反复宣讲健康扶贫政策下，打消了疑虑的蜂铁燕抱着试一试的心态下山治病。结果，她不仅治好了病，还享受了健康扶贫的减免政策，"手术费国家给报销了90%，剩下的自己才掏了3000多元"。

黎明村家庭医生团队对蜂铁燕在术后展开了签约服务管理。"家庭医生一年来家里五六次，解决了术后康复的后顾之忧，没有刚查出先天性心脏病时那么大的压力了。"蜂铁燕说，"我感谢家庭医生团队，因为有他们我才能恢复得那么好，因为有他们的鼓励我才能过得越来越好。"

同样，迪庆藏族自治州香格里拉市小中甸镇向卡村的张红梅也是在当地村医的鼓励下，才鼓起勇气做了乳腺手术。她说，家庭医生团队经常到她家随访，以前看病买药要去大理下关，现在处在恢复期的她只需要在家门口就能随时观察后期病情。

这些分布在云南各山区的家庭医生签约服务团队对自己负责片区内家家户户的情况了如指掌，他们一户一户地宣讲健康扶贫政策、一家一家地做体检，在日复一日的坚持中，打消了贫困群众看病就医的顾虑，真正意义上打通了群众看病就医的"最后一公里"。

因为医疗水平和条件落后，怒江州、昭通市多数县乡医院长期无法开展普通手术和治疗，治病难一直是山区贫困群众的切肤之痛。广东医生如阵阵清风吹进怒江大峡谷和乌蒙山区，带来了许多新的医疗技术，给山区患病群众带来了惊喜和希望。

2019年6月，珠海医生张寒进行了怒江傈僳族自治州福贡县的第一例腹腔镜手术，并首次开展了宫颈癌筛查和病理组织检查，从此福贡病人不用赶路去六库检查病理组织。10月，珠海医生杨俊做了福贡县第一例泌尿外科手术和第一例肾囊肿切除手术。2020年4月以来，珠海产科护士周悦欢通过培训帮助福贡县医院产科提高了接生技术水平，新生儿窒息率明显下降。

"过去兰坪县中医医院内科主要是输液，通过我们三年的帮扶，医院内科现在能治疗85%的病人，我们帮助中医医院新建了肛肠科、脾胃科等4个科室，使中医医院医疗服务能力提升了1倍。"在怒江州兰坪县中医医院帮扶的广东省中医院珠海医院原副院长张世明说。

在东莞市的帮助下，昭通市鲁甸县医院两年内建成眼视光诊疗中心、皮肤科、胸痛中心联盟、妇幼保健等4个县、镇、村三级的医疗帮扶项目，让1000多名眼病患者重见光明。

广东医生不仅带来了先进医术，还为怒江州、昭通市培养了大批专科医生。2020年10月17日，中山市火炬区的医生赵相军和郑炜宏结束在昭通市大关县医院1年的支医，回到家乡。2019年以前，大关县医院还没有妇科，许多妇科病人不得不翻越高山到昭通市医院看病。妇科医生赵相军到大关县后，很快帮助县医院组建了妇科，并培养了5名妇科医生。赵相军说："现在宫颈癌病人很多，因为很多农村妇女宫颈疾病以前耽误太久了，错过了手术时间。"此外，在骨科医生郑炜宏的指导下，大关县医院的骨科医生们现在也能做较复杂的手术了。

珠海医生黄宜发2019年来到怒江州贡山县独龙江乡卫生院，他发现患颈肩腰腿疾病和卒中的病人较多，于是尝试用针刺技术来治疗，病人病情都有明显改善。黄宜发还创办了"贡山针刺学习"微信群，有66名县、乡、村医生加入微信群向他学习针刺治疗技术。

"珠海医生医疗帮扶成效非常明显。过去县医院有CT、血液透析等设备，可没人能操作，珠海医生教会了当地医生，把这些设备利用起来，还帮助县医院建立了儿科和骨科。"福贡县卫健局局长肖建梅赞不绝口。

2020年新冠肺炎疫情期间，乌蒙山深处的大关县突然成为疫情重灾区。两个被确诊的村民从湖北回大关农村过春节，导致15人被感染、940人被居家隔离。大关县医院顿时成为抗疫前线。回中山市过年的郑炜宏闻讯后迅速回到大关县医院，投入到新冠肺炎病人的救治中去。郑炜宏坚守在第一线，和同事们合力救治了18个新冠肺炎病人，有一名病人长期阳性，郑炜宏耐心用中医治疗，第105天，这名病人终于转阴。

2019年9月，珠海医生张寒在福贡县医院准备做一台宫外孕微创手术，术前，她被告知手术病人是一名艾滋病患者。张寒一时愣住了，"感染风险很大！"可不做手术，这名病人就有生命危险。张寒心一横，救人要紧，她随即戴上防护眼镜走上手术台，圆满地完成了手术。后来张寒说："虽然有些后怕，可如果我当时选择不做手术，我就对不起医生这个救死扶伤的职业。"

怒江峡谷贡山县丙中洛有一个美丽的"背篓医生"，她就是"最美支边人物"——珠海医生管延萍。2020年4月，结束了三年医疗帮扶的管延萍卸下背篓返回珠海。三年中，每个月管延萍都用背篓背着设备药品进村入户为村民服务。两年前多数村寨没通公路,她只能走又陡又滑的山间小路,走一遍全镇46个村组要2个月左右,年过五旬的管延萍走了六轮。管延萍在珠海曾遭遇车祸,到丙中洛后因车祸后遗症发作,三天下不了床,走山路看望病人时曾多次摔跤,引起旧伤复发。

重症精神分裂症患者罗军家住丙中洛海拔3000米的山顶上,20多年来,他把自己关在黑色木屋中,大小便都在屋内,村民们不敢接近。管延萍几次爬上山到他的黑屋中,耐心劝解。罗军终于答应去医院治疗,和管延萍一起走出黑屋来到阳光下。

一些广东医生支医期满时,因为乡亲们的挽留,主动留下,坚守

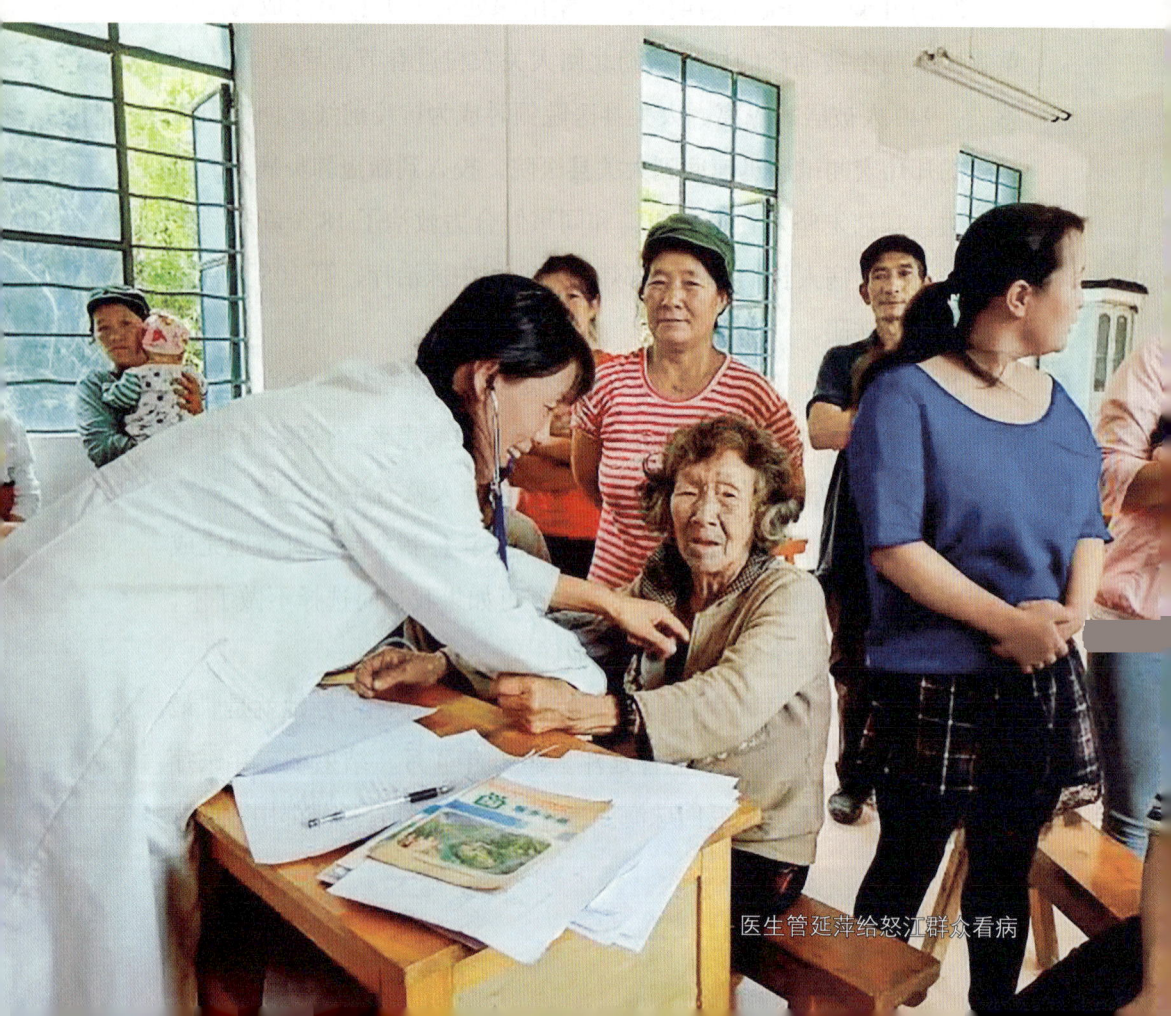

医生管延萍给怒江群众看病

了一年又一年。管延萍到怒江扶贫的时间只需半年，可她四次申请延期，最后延期三年。"村民们舍不得我走，我也舍不得离开。"管延萍吐露心声。福贡县医院护士周悦欢家里有4个八旬老人需要照顾，原本在2020年10月她就可以回珠海，可她决定再留半年，她说："福贡医院太缺人才了！产科许多新技术才开了头，需要我帮助大家巩固完善。"

2016年以来，广东省珠海市、东莞市、中山市与云南省怒江州、昭通市开展东西部扶贫协作，作为粤滇协作扶贫的重要措施，珠海、东莞、中山先后选派医生骨干深入怒江峡谷和乌蒙山区，组织53所医院结对帮扶46所医院，为云南贫困山区培养了大批优秀医生，让农村患者在家门口就能享受优质医疗，为他们推开了健康之门。

——困难群众看得起病、用得起药

为了让贫困群众看得起病，云南省将贫困人口全部纳入城乡居民基本医保、大病保险、医疗救助制度，做到应保尽保。贫困患者在县域内定点医疗机构住院享受"先诊疗后付费"和"一站式"即时结报服务。贫困患者住院报销比例从2016年的61.15%提高到2020年的90.17%，人均自付费用从2441.63元降低到692.89元。目前，云南省建档立卡人口基本医保、大病保险、医疗救助全覆盖，实现贫困人口看病有制度保障，生了病看得起，看病更方便。

2018年11月的一天，大理白族自治州宾川县医院外一科杨子君医生接诊了一名患者——小魏。小魏是宾川县金牛镇仁和村委会自所营村的15岁初三女学生，听小魏的父亲说，小魏腹痛已经6天了。经医生初步诊断为阑尾炎，须尽快进行手术。当杨子君把这一情况告知家属后，小魏的父亲面露难色，哽咽着说："由于家里困难，无钱看病，孩子的病情就一直拖到现在，现在好不容易借到了1000元钱才来，做手术恐怕钱不够。"

听患者父亲这么一说，杨子君便询问患者是否为建档立卡贫困户。建档立卡贫困户患者入院实行"先诊疗、后付费"，不需要交任何费用，出院时按健康扶贫的一系列优惠和保障政策进行报账。

打消了家属的疑虑后，医院立即安排手术的准备工作。在做静脉穿刺时，由于小魏营养状况欠佳，血容量严重不足，护士一时间无法完成静脉穿刺。问起原因，小魏的父亲告诉医生，孩子已经3天没吃下任何东西了。

原来，小魏的家庭由于照顾瘫痪的舅舅等原因，一度负债累累，遗憾的是，小魏舅舅最终还是撒手人寰，小魏一家四口的生活仍处于贫困之中。

手术过程很顺利，但手术的结束并不意味着帮助的结束，身为主刀医生的杨子君想为小魏筹集捐款。很快，为小魏捐款的倡议得到积极响应，共筹集到爱心捐款4330元。

11月10日下午，小魏准备出院了。初冬的阳光温暖着病房，小魏的父亲接过县人民医院为他们筹集的4330元捐款时，忍不住流下了眼泪。在工作人员的陪同下，小魏的父亲按照健康扶贫对建档立卡贫困户的一系列优惠政策和就医保障，办理了出院报账手续，用捐款支付了775元的自付费用，剩余的钱用于孩子的营养和康复。这样的结果，小魏一家是没有想到的。先前还面有愁容的父亲，露出了欣喜的笑容，连声说道："没想到现在的健康扶贫政策这样好，谢谢宾川县人民医院的医生和各位好心人！"

在健康扶贫政策的帮扶下，同小魏一样得到医疗救助的人不在少数。

怒江傈僳族自治州兰坪县易地扶贫搬迁点——永安社区吉祥小

四、幸福的日子

区,和秀娟家就住在这里。小区内道路宽敞干净,有设施齐全的幼儿园和社区卫生服务中心,10分钟就可以走到县人民医院。

"等我完全康复,我想重返校园好好学习,毕业以后当一名好医生。"即将摆脱困扰自己15年的病魔,和秀娟对未来充满期待,"听说杭州很美,我想去杭州看看。"得益于健康扶贫政策,这个贫困家庭的学子有望重返校园,开启新的人生。

说起自己生病的经历,和秀娟感触良多:"我家有4口人,父母、姐姐和我挤在两间土坯木楞房里生活,曾经家里吃不起米饭,我和姐姐是吃洋芋长大的。"13.6亩的田地种植所得和一两头母猪就是当时和秀娟家里全部的经济来源。

2005年,和秀娟的腰椎上长出一个"大包",村子里医疗条件差,骨结核被误诊为发炎,虽一直在村里治疗,但和秀娟的病情却越来越严重,小学期间曾三次因病休学。2010年,家里几乎花光所有的积蓄送和秀娟到昆明市第三人民医院进行手术,却由于生病之初没有及时治疗,和秀娟的腰椎畸形未获矫正,只能佝偻着身子继续学业。

不能长时间走动,时常痛得彻夜难眠,让和秀娟饱受苦楚。"我从小学二年级开始,从来没有上过体育课,初中时我到镇上读书,别人两三个小时就能走完的路程我要走四五个小时。"然而,贫困的生活和无情的病魔没有打倒和秀娟,她最终以高于当年理科一本线36分的成绩考上了昆明医科大学全科医学专业。

2019年,和秀娟的病情已严重影响学习和生活,她被家人送到昆明市第三人民医院准备再次手术。除了手术风险之外,高昂的医疗费用该如何解决成为一家人巨大的难题。

兰坪县医疗保障局是营盘镇恩罗村委会挂联单位,部门主要负责人了解到这一情况后,及时到医院告知和秀娟医疗保障政策,与医院医保办协调和秀娟手术费用事宜。"你尽管放心治疗，我们会尽最大努力帮助你，就算最后还有负担不了的部分，我们也可以发动捐款帮你筹钱！"温暖的话语让和秀娟一家放下心来。

2019年8月暑假期间，和秀娟在昆明市第三人民医院接受了腰椎畸形矫正手术。"手术结束之后，妹妹站起来比之前高了7厘米！现在她渐渐能走动了，每天都在努力做复健。"和秀娟的姐姐和秀冰介绍。

据了解，2019年11月至2020年5月，和秀娟在医院期间共发生医疗费用173920.66元，基本医保报销108604.13元，大病保险报销42723.66元，医疗救助和兜底保障报销16486.86元，病人自付6106.01元，实际报销比例96.49%。之后，县医保局又积极向县民政局、县红十字会申请了临时生活救助3000元，进一步帮和秀娟家减轻了负担。

与此同时，在扶贫政策的帮扶下，和秀娟一家于2019年从恩罗村迁入县里易地扶贫搬迁点的新居。目前，和秀娟的母亲和姐姐都担任公益岗位，母亲是护林员，每月工资800元，姐姐是社区播音员，每月工资1350元。和秀娟的爸爸前往广东打工，一个月能有3000多元的收入。"现在生活方便了，我买药也方便。希望我能尽快好起来，返回学校继续学业，毕业后帮家里减轻负担。现在有这么多人帮助我们，我相信以后会越来越好！"和秀娟说道。

近年来，云南省在脱贫户因病返贫、边缘户因病致贫方面，实施大病集中救治、慢病签约服务管理、重病兜底保障"三个一批"行动计划，做到贫困大病患者应治尽治、慢病患者应签尽签，负担较重的大病、重病贫困患者，通过兜底确保其基本生活有保障。

家住红河哈尼族彝族自治州开远市大庄回族乡老寨村委会老寨

四、幸福的日子

村的彝族大妈王呢某（化名），在乳腺癌反复发病的情况下一度放弃了治疗，可村干部和医院没有放弃。在他们的反复劝说下，王呢某前前后后总共住了6次院，经历了数次的放化疗，病情终于有了好转。更让王呢某感动的是，作为五保户（即农村分散供养特困人员）的自己，在医院和乡干部、村干部的帮助下，通过政策减免，几乎所有住院费用都由政府报销了。特别是最后这次住院，王呢某一分钱没花。

王呢某从2016年1月开始发病，在开远市人民医院做了穿刺活检后，被诊断为左乳浸润性导管癌Ⅲ期，也就是人们常说的乳腺癌。鉴于自身家庭情况，王呢某因担心自己负担不起医药费及住院没人照顾而拒绝了治疗。

但是老人的身体每况愈下，看在眼里的村干部非常着急。在乡、村、组领导干部和医务人员多次劝说下，王呢某于2016年12月走进了医院。她先后4次在开远市人民医院肿瘤科进行化疗，病情终于不再恶化。王呢某的5次住院费用共计27401.54元，自费2876.8元（未含民政救助）。

2018年7月27日，王呢某左胸部疼痛难忍。乡党委副书记、驻村扶贫队队长马立伟联系了开远市大庄卫生院，院长王进峰立即组织医务人员驱车赶往老寨社区王呢某家中对其进行诊查。

初步诊查，王呢某的乳腺癌病情恶化，但她拒绝到医院住院治疗。大庄卫生院院长王进峰及时与乡政府党政主要领导汇报，并与驻村工作队及村委会领导共同做患者的动员工作，终于说服王呢某入院治疗。住院期间，医院协调村委会的人员和乡村医生负责轮流护理，并给予她500元的生活费。由于王呢某不属于建档立卡户，经报请乡党政领导同意，住院费用参照健康扶贫30条，即患者所患病症属于13类19种大病，费用由政府兜底。

大庄卫生院先后对王呢某进行常规检查和对症治疗。通过住院20天的治疗,王呢某病情好转,转诊到村卫生室继续观察治疗。她住院期间所产生的3048.76元费用全部由政府兜底。

从生死线上把自己救下,6次住院费都被政府兜了底,特别最后一次,自己没花一分钱,这个不会讲汉语的彝族大妈被感动了。她用彝族语言告诉护士:"就没有见过这么负责的政府,治我的病还给我付钱,感谢乡村干部,感谢医院医生,感谢政府!"

——抓实疾病预防控制　提高全民健康水平

为了让贫困人口尽量少生病,云南省坚持预防与救治相结合,贫困地区重点传染病和地方病得到有效防治;农村妇女"两癌"检查、儿童营养改善、新生儿疾病筛查项目实现了88个贫困县全覆盖;深

洱源县为农村妇女开展"两癌"筛查

入开展健康促进和爱国卫生运动，贫困地区健康环境全面改善，贫困群众健康水平明显提升。

"现在的政策真好，免费检查，不用自己掏钱，不用搭车去，就在家门口，很方便。"在大理白族自治州洱源县西山乡开展的农村妇女免费"两癌"筛查及常见病普查活动现场，一名刚参加完"两癌"筛查的妇女高兴地说。

自2018年6月19日起，洱源县妇幼保健计划生育服务中心在全县开展为期70余天的农村妇女免费"两癌"筛查及常见病普查活动，旨在降低"两癌"对农村贫困妇女的健康威胁，使国家妇幼保健惠民政策最大限度惠及农村每一名35至64周岁贫困育龄妇女。

为做好此次筛查工作，洱源县妇幼保健院计划生育服务中心通过广播、电视、微信、短信和发放"两癌"筛查内容宣传单、张贴筛查通告等形式，广泛宣传"两癌"筛查的重要性，全面普及妇女卫生健康生活理念，切实提高适龄妇女的参检率。

在筛查中，医务人员用真实病例向前来检查的妇女们讲解养成良好生活习惯和做到每年自觉到医院作防癌检查的重要性，收到了良好效果。

在丽江市玉龙县，自健康扶贫工程实施以来，当地针对建档立卡贫困户制定了6项健康促进攻坚专项行动，覆盖了玉龙县全部贫困地区、贫困患者家庭、贫困患者，努力让当地群众"尽量少生病"。

肺结核病一直是导致玉龙县群众"因病致贫、因病返贫"的重点疾病，为切实减少结核病的发病和死亡人数，玉龙县通过结核病预防、鼓励医疗机构对结核病可疑症状进行筛查转介、规范治疗管理等方式，肺结核防控工作取得了显著成效。据统计，2018年以来，玉龙县肺结核患者规范管理率都达到90%以上。

此外，玉龙县于2015年达到消除疟疾标准，并于2017年通过麻风病省级验收考核。2018年以来，玉龙县全县无甲类传染病报告，所有突发传染病疫情都得到及时处理，突发传染病疫情及时处置率达到100%，切实做到了将传染病及突发事件危害缩小到最低，对居民健康伤害减到最低。

值得关注的是，玉龙县地方病综合防治工作也取得了不错的成绩：碘缺乏病防治工作达到消除标准；血吸虫防治工作达到消除血吸虫病标准；寄生虫疾病中的包虫病患病率控制在0.5%以下，犬感染率控制在5%以下，包虫病得到基本控制。

2018年，云南省制定了《云南省健康扶贫攻坚行动实施方案》，玉龙县积极落实健康促进攻坚行动，以发放健康宣传材料和设置健康宣传栏并定期更新，定期开展健康知识讲座、健康咨询活动、标语横幅宣传、有针对性的个体化健康教育等为手段，借助各乡各村的健康教育队伍、玉龙县卫生健康局与玉龙县融媒体中心合办的《康行玉龙》电视专栏、玉龙县疾病预防控制中心的"玉龙疾控"和"玉龙之窗"微信公众号等健康宣教平台，实现健康教育进家庭、健康教育进乡村、健康教育进学校、健康阵地建设行动、基层健康教育骨干培养行动、慢性病健康教育专项行动，六项行动覆盖全部贫困地区、贫困患者家庭、贫困患者。

为了尽量保证贫困群众少生病，玉龙县把健康教育宣传工作做实做细。对贫困患者家庭开展一家一张"明白纸"（健康宣传材料）、一家一个"明白人"（家庭健康素养带头人）、一人一份"健康教育处方"（为患有慢性病和地方病的患者制定个性化健康教育处方），实现健康教育进家庭行动覆盖全部贫困患者家庭。玉龙县还定期在贫困村举办健康讲座，应用"健康丽江"公众号、基本公共卫生服务项目集中宣传健康卫生常识，还把广播、口号、文艺演出等形式融入健康宣传，传播健康素养基本知识，实现健康教育进乡村行动覆盖全部贫困村。通过"健康家庭"、"健康村"和"健康促进学校"创评活动，树立健康促进先进典范，以点带面，在贫困地区营造重视健康的社会氛围，倡导健康的生活方式。

小康路上，云南卫生健康事业的一件件民生实事、一项项惠民工程，无不让云岭儿女感受到健康服务的"温度"、幸福生活的"质感"。如今，只有把工作重心转移到巩固健康成果、提升质量成色上来，强势推进健康扶贫与健康云南的深度融合，才能让人民群众健康有"医靠"，全面小康路上幸福更牢靠。

（五）就业保障 托起"稳稳的幸福"

就业是民生之本。云岭战贫，就业是最有效、最直接的脱贫方式，也是稳定脱贫的根本之策、长远之计。

"十三五"以来，云南省立足省情实际，把促进农村劳动力稳岗就业作为脱贫攻坚工作的重中之重，从支持全省贫困劳动力参加职业培训、激励贫困劳动力外出务工、支持自主创业、鼓励用人单位（包括就业扶贫车间）吸纳贫困劳动力就业、加大对易地搬迁点资金支持等方面，抓紧抓实抓细就业扶贫工作，帮助云南贫困群众搭上脱贫"快车"。

从移居到安居，从安居到乐业，乡亲们的腰包越来越鼓，通往幸福的道路越来越宽广。

——家门口就业 群众生活有奔头

2020年，怒江傈僳族自治州大山里的建档立卡贫困户陆续搬下山。对他们很多人来说，这是从原始社会到社会主义社会的千年跨越，面对全新的生活，困难重重。当地政府想了很多办法，让他们参加技能培训，为他们提供公益岗位，在家门口建起扶贫车间帮助他们就业……

早上8时，木里春出门开始一天的工作。半个小时前，他的妻子和肖妮就已经在扶贫车间的工位上开始上班了。2020年3月，木里春一家从大山上搬迁到福贡县城。下山前，木里春一直在外打工，下山后，他很快就凭着之前的工作经验，在家门口的物业公司找到了一份水电工的工作。

木里春的服务对象是易地扶贫搬迁安置点的居民，一下楼，他就接到了小区居民的求助电话。了解情况后，木里春在楼道的电箱里倒腾了一会儿，电力恢复了。对于搬迁下山的居民来说，水电的使用很陌生，因此常常状况百出，所以木里春在上门维修的时候又多了一项工作，就是给他们普及知识。

虽然忙得不可开交，但木里春不觉得累。之前在外打工，一摊活换一个工地，离家远还折腾，所以现在家门口这份稳定的工作让他格外珍惜。下山前，木里春就和妻子商量好了下山后的生活。

"不能闲"是夫妻二人的共识，但对之前没工作过的和肖妮来说充满了挑战。在搬迁下山的居民中，像和肖妮这样没工作过的人不在少数。于是，当地政府在社区里给他们办起了技能培训班和扶贫车间。在社区干部的鼓励下，和肖妮报名参加了培训。和肖妮努力学习技能和普通话，培训后，在扶贫车间上了岗。

和肖妮还在努力适应自己的新工作，丈夫木里春因为表现优异已经被提拔为物业主任，升了职，管的事也多了。

物业公司里都是从山上搬下来的"特殊"员工，他们既没有工作经验也没有服务意识，甚至连基本的卫生意识都没有。如何带领他们服务好居民，这对木里春来说不是件容易的事。想要提供好的服务，首先员工的自身意识得尽快改变，到员工家串门走访便成了木里春经

四、幸福的日子

怒江州扶贫车间

常要做的事。

经过一段时间的适应，这些大山上下来的员工已经有了很好的卫生意识，把家里收拾得井井有条，这为服务好其他居民打下了良好的基础。现在，老员工基本不用木里春操心，只是新来的员工有时还需手把手带一带。木里春说，光是物业服务的质量上去了还不行，小区居民的素质也要提升，这样才能创造更好的生活环境。平时去了脏乱差的居民家或者看到不好的现象，木里春总是忍不住要提醒几句。

下山后，面对新环境，要做的改变很多，但木里春觉得与自己最初下山打工时相比，和他一起搬迁下山的这些居民要幸福得多，因为政府给了他们更多的帮助和机会。过不了多久，他们就能像自己一样适应新的生活。

在扶贫车间工作不到半年的时间，和肖妮已成了能手，每天能做三四百个电子部件。车间为鼓励员工努力工作，还设立了积分奖励和光荣榜。

从山上到山下,一步跨千年。这些新居民的生活要从学习用电、用水、用马桶开始,工作对于很多人来说更是从来没接触过,但他们正逐步适应着新的生活。

搬迁下山的新居民有的选择在家门口就业,也有的选择自主创业。在福贡县开办的露天集市,每到周末,都有不少人前来赶集,在这里做生意的摊主有很多都是搬迁居民。

对很多搬迁居民来说,出门工作已经是很大的挑战,直接创业做生意更是难上加难,但选择创业的居民还真不少。

王全娜,易地扶贫搬迁安置点的新居民。下山前,王全娜一家养猪养鸡种地,一直过着自给自足的生活,下山后,他们突然感觉到了生活的紧迫。

面对新生活的压力,王全娜打算找点事做。看周围的邻居有人做生意,又听说政府免费提供摊位,她也打算试试。可做生意就得和陌生人打交道,这对久居大山里的她来说有点困难。

心理的障碍要克服。怎么进货,进哪些货,进多少,王全娜也一窍不通。

王全娜意识到做生意并不像想象中那么简单,她开始向周围有经验的人讨教。

慢慢地,王全娜的生意开始转好,也开始盈利了。

搬下山后,日子越过越红火。住进县城新居,在家门口就业,有更好的收入,从前想都不敢想的事,现在都一一实现了。

曲靖市麒麟区东山镇卑舍新村,建成不过几年。

村民张粉正在村头的食品车间忙活。不高的个头、充满笑意的眼

四、幸福的日子

睛,对眼下这份工作,张粉很知足:"收入可以养活一家子,还不耽误带孩子,这就是以前盼着的好日子!"

时间回到2017年以前,那会儿张粉还生活在卑舍村民小组,住着土基房。位于山沟里的卑舍村民小组有很多滑坡隐患点,一到下雨天,老房子的裂缝眼瞅着越来越宽。可家里条件有限,盖房、修房对张粉来说有些难。

后来,随着脱贫攻坚工程的深入实施,当地动员张粉所在的卑舍村民小组整体搬迁。当时的建档立卡户基本不用出钱就能搬进新房,但部分村民也面临新问题:玉米没处放,家畜没地方养,"搬下去后的生活咋办?"

一边动员搬迁,一边监督新址施工质量,那段时间,卑舍村党总支书记杨克妹十分忙碌。杨克妹深知,要想搬得出、稳得住,主要得增加村民收入。

搬迁之初,张粉面临两难:要照顾生病的丈夫、上学的孩子就不能出去挣钱,可丈夫治病,又需要花钱。她靠着扶贫政策,加上自己种玉米、打零工,脱了贫。"但打零工不是长久之计,万一找不到活,生活的压力就会一下变大。"她担忧地说。

正当张粉发愁时,杨克妹主动找上了门。"区里整合50万元专项资金,镇里帮着联系销售,村上新成立合作社负责加工学校的营养餐。车间就在村头,要不要试试?"张粉喜出望外,马上答应了下来。车间用工12名,8名是张粉这样的建档立卡户。

张粉算了笔账:扶贫车间打工每个月能挣2500元,加上土地流转所得,2020年,自己的收入超过4万元。更让张粉开心的是,易地扶贫搬迁后,孩子上学花在路上的时间缩短了一半,丈夫的病也因为有了更好的医疗条件,逐渐好转了。

"关键是让群众就近就业!"杨克妹说。依托村里预留的产业发展用地，卑舍村引进企业，创造了近百个工作岗位，一下子解决了大多数青壮年的就业难题。营养餐供应利润稳定，加上招商引资入股分红，2020年，卑舍村集体经济一年收入超过百万元。

如今，卑舍村富了起来，村民也有了不错的收入。前不久，村里统计加盖二层的名单，几乎家家都报了名。卑舍村的未来，一定会越来越红火！

罗富燕是昭通市鲁甸县卯家湾安置区春熙社区干部，"我家是2018年底从鲁甸县乐红镇乐红村搬来的，乐红村地处牛栏江大峡谷，进出都不容易。搬到这里后还有活干，2019年就脱了贫"。

衬衫、帽子、灯泡、香皂……仓库里，为居民准备的小礼品摆得满满当当。罗富燕一整个上午都在逐一清点，忙得顾不上喝水。

卯家湾安置区承接了来自鲁甸、巧家、彝良、永善、盐津5个县的近3.6万名易地搬迁群众，还配套建设了产业园、扶贫车间、果蔬基地等。

在家门口就能挣钱，罗富燕的干劲更足了："平时就在附近工地上打工，照顾家里很方便。"

过上了好日子，罗富燕还担任了社区干部，倾力为居民服务。

"在卯家湾安置区的6个社区里，九成社区干部都是搬迁群众。"看着罗富燕忙上忙下，卯家湾安置区砚池党工委副书记阚云华说，"罗富燕是个'外来媳妇'，但能挑大梁！"

刘双剑也是"外来媳妇"，老家在曲靖市宣威市，丈夫袁洪向家在鲁甸新街镇坪地营村。脱贫前，夫妻俩在昆明打工。2018年底搬到卯家湾安置区后，第二年就脱了贫。见社区里活多人手少，刘双剑主动报名当志愿者，帮着照顾老人，还带着搬迁妇女学缝纫。

阚云华说："从搬迁户到社区工作者，她们做工作有优势，和搬

四、幸福的日子

迁群众感情近,能说到关键处。"

从一块平地到一片城,卯家湾安置区的变化大。"家门口稳稳增收,买车的多了,成家的多了,搬迁户的生活越来越好。"每天下班时遇到提着肉、菜回家的居民,罗富燕感觉现在"日子过得舒心"。

离开卯家湾时,正赶上社区老年乐器队排练《歌唱卯家湾》——"卯家湾来变了样,修起多少电子厂,吃苦耐劳把班上,幸福生活跟得上……"

新生活充满挑战更充满希望,他们深知,要想让这幸福持续下去,最终还要靠自己努力奋斗。

为稳定就业,近年来,云南省就近"挖潜",奖补支持各地项目开工、企业用工、物流体系建设等优先使用本地劳动力,引导鼓励无法外出的劳动力就地从事种养殖、现代农产品加工流通、特色手工等

昭通市鲁甸县龙头山镇甘家寨受灾群众喜迁新居

鲁甸县龙头山镇中心小学教育扶贫取得实效

行业工作。开发"扩容",对产业发展不充分的地区,大力建设扶贫车间,截至2020年底,全省认定扶贫车间2408个,吸纳农村劳动力就业18.21万人。规范开发公益性岗位,兜底安置贫困劳动力40.37万人。

——外出务工"挣票子" 奔向幸福"好日子"

过去,贫困劳动力想外出务工,却面临"出不去、留不下、稳不了"等困难,脱贫只能被动"等靠要"。

2016年,云南省出台了《云南省农村劳动力转移就业行动扶贫计划(2016—2020年)》,对农村劳动力转移就业促进脱贫攻坚的任务作出了安排,并明确了具体实现途径。2017年,云南省又出台《关于切实做好就业扶贫工作的实施意见》,明确提出要继续实施农村劳动力转移就业扶贫专项行动。"转移就业扶贫"被写入云南"十三五"

规划，明确加大就业帮扶力度，通过就地转移就业或外出务工实现稳定脱贫。

大理白族自治州洱源县凤羽镇庄上村地处罗坪山脚下，土地贫瘠，气候寒冷，4000多总人口中，外出务工的就有1000多人，留在家里的几乎为没有劳动力的老人、妇女和儿童。外出打工的人挣到钱后回家建房、娶妻、买车，庄上村成了远近闻名的"打工村"。

杨志铭是村里的河道协管员和炊事员，两份职业加起来每月有1800元的薪资。2016年，他盖了一幢新房，政府补助了好几万，还欠了一些贷款，只有一楼进行了装修，二楼仍旧是毛坯房，这让他觉得"鸭梨山大"。为此，一家八口人里，杨志铭年轻的儿子、女儿、女婿都外出务工，2017年，3个人一共带回了6万多元，暂时缓解了家里的压力。杨志铭和妻子留守在家里，负责照顾年迈的父母和幼小的孙子。

除了村委会的工作，杨志铭还饲养着1头奶牛，种植有3亩地的蚕豆，待蚕豆结果后一部分用来喂奶牛，另外一部分则拿到市场上去售卖，这也是一笔收入。眼下，有施工队正在村里铺设排污管道，而工人们租住的地方正是杨志铭新房的一楼。

庄上村委会党总支书记何品烈说，90年代初期，庄上村破天荒出去了8个人到沿海地区的工厂里打工，自此以后，每年外出务工的人数都不少于1000人，解决了建新房、孩子学费等问题。

"如今，村里外出务工的大部分人都挣到了钱，有的在省外开办工厂，有的干脆买了房子，相当可观的务工收入和在家种庄稼形成鲜明对比，所以我们村被外界称为'打工村'。"何品烈说。

2017年春节前，村里曾召集回家过年的务工人员开了座谈会，听取大家在外一年的情况和诉求，解决大家的后顾之忧。

2015年，杨正华跟着哥哥杨国华到上海的一个工厂里做工，此时，家里已经没有了留守人员，因为他们的父母也在外打拼，4个人一年的收入有10万元左右，跟其他家一样，他们只在逢年过节时才会回来。家里的经济条件大幅提升后，杨正华家建了一幢120平方米的新房，而他自己也娶了打工时认识的同村姑娘做媳妇，如今已为人父。

据杨正华介绍，村里的很多同龄人基本上都选择外出打工，在大家的心里，只有这样才能有出人头地的机会。等到孩子再大一点，他还会继续外出打工养家。"我的小目标是买一辆小轿车，然后做点小生意。"

在庄上村委会办公地点的对面，路边上有一栋大门紧闭的房子，这是村民杨元兴的家。何品烈说，这一家四口人也只有老人和孩子在家，杨元兴夫妻俩在外打工的时间加起来已有10年，春节回来时，还花了10万元请了两个施工队装修房子。

据了解，2015年8月，洱源县启动脱贫攻坚工作，下派工作队驻村，工作队通过多轮走访，了解到该村外出务工人员多，他们紧紧抓住这一特点，积极加大劳动力转移培训力度，还说服长期务工带头人回乡帮助引导和开展劳务输出培训，实现以就业促发展，带领贫困户增收的目标。

大理市太邑彝族乡桃树村委会沙河村的傈僳族村民张利军，全家六口人以种植苞谷为主要经济来源。每天挖地、喂猪，"一身力气百身汗"地苦一年，全家年收入才2万元左右。大女儿读小学需要钱，患有先天性心脏病的小儿子医治需要钱，家庭收入的增加赶不上支出，让这名年轻的全职妈妈备感压力。

沙河村由于山高路远、道路险峻、村落偏僻，是太邑乡高山村落中经济发展较为落后的村落。近年来，随着太邑乡经济社会的发展，沙河村的基础设施得到了极大改善，道路修通后，村民走出大山的愿望得以逐步实现。但受制于家中一亩三分地的农活，大部分村民仅在沙河村周边的村子做做工。

2016年8月，在太邑乡开展劳务输出促进建档立卡户外出就业的契机下，大理爱君家政公司到桃树村开展家政服务就业培训。得知消息后的张利军为了让家庭经济状况有所改善，向爱君家政公司提出求职申请，并成功得到试用机会。

张利军从打扫卫生开始，每月有了固定的收入。随着生活的改善和视野的开阔，张利军向专业技能人员发展的愿望更加强烈。她不断学习专业知识，参加育婴师、月嫂的专业培训，并通过了考试，获得了相关资质证书，从以前的"体能型"工作者转化为"技能型"工作者，月薪也从2000元提升到3000—5000元。

"她出来工作几个月，不仅工作水平，就连本人的气质都有很大转变，人也变得活泼开朗起来。"大理爱君家政公司的张银凤这样评价张利军。

作为劳务输出大省，2020年，云南省出台措施，针对外出务工且稳定就业3个月以上的贫困劳动力，按照省外就业每人最高不超过1000元、省内（县外）就业每人最高不超过500元的标准予以外出务工奖补，贫困劳动力凭收入证明每年可享受一次。

2020年春节前，不少外出务工人员从务工城市回到家乡，计划过完年就返程继续工作。但新冠肺炎疫情来势汹汹，工厂推迟开工，交通、集市等公共场所施行管制。云南多地协调了返岗务工人员专车，采取统一的"包车"方式，让复工务工返岗人员集中乘坐，点对点运输，把大家安全、按时送到工作岗位。

蜂永光，傈僳族，家住迪庆藏族自治州维西县保和镇腊八底村王平下组,是建档立卡户。2019年,蜂永光在维西县城附近打零工,务工收入6000元,加上中药材等收入,蜂永光一家人均纯收入达6388元,住进了好房子,过上了好日子。

2020年3月,在新冠肺炎疫情防控形势严峻的情况下,通过村"两委"动员推荐,蜂永光由维西县人社局有序输出到广东省东莞市务工。

蜂永光收到母亲从老家发来的信息:"儿子,政府发放的1000元稳岗补贴我帮你代领了。你阿爸和我身体很好,孩子也很好,你就安心工作吧!"

"我在广东吃得好、睡得好,收入也不少,每个月4000元,还开阔了视野、学会了技术。过去,人们常说'在家千日好,出门一时难',如今,我想说,在家苦熬一年不如外出务工一月。阿爸、阿妈要把身体养好,帮我把娃娃管好!"蜂永光给母亲回了信息。

这是以往蜂永光一年到头收入的几倍,让他尝到了外出务工的"甜头",这才引发了他"在家苦熬一年不如外出务工一月"的感叹。

不仅如此,蜂永光还享受着对外出务工人员的"两免一补"政策,父母还代他领着建档立卡户外出务工人员500元/人的稳岗补贴。外头赚,里头稳,两头都安心,蜂永光喜滋滋地表示:这全得益于政府给他们建档立卡户"撑腰"!

——返乡创业 带领村民唱响"致富歌"

近年来,随着国家扶贫政策和乡村振兴战略的实施,一些人纷纷回乡创业,成了当地的致富带头人,他们以产业带动村民脱贫和乡村振兴,实现社会效益同经济效益齐头并进。

2020年7月3日下午,红河哈尼族彝族自治州屏边苗族自治县湾塘乡伍家村,村民项会英家里,又凑齐了全村的绣娘。屏边县绣娘

陶琼莉带领老乡做刺绣增收致富

扶贫车间负责人陶琼莉乘车2小时,再次进村指导刺绣技艺。

2000年,陶琼莉和丈夫侯振伟下岗,夫妻俩搞过种植,发展过养殖,还做过餐饮,卖过汽车配件,但都不成功。2002年,两口子一起去打工,一干就是9年。其间,侯振伟从事民族工艺产品营销,陶琼莉从事丽江东巴文化产品的设计、制作等工作。

"我们屏边苗族刺绣多好呀,现在也鼓励返乡创业,我们何不回家创业?"陶琼莉回忆当时的想法。2011年,夫妻俩回到屏边开始创业之路。当时资金不够,但因为享受到了"贷免扶补"政策,夫妻俩贷款8万元,加上自己的积蓄,累计投入30万元,建起刺绣加工厂。2014年,正式更名为"绣莉丰乡民族工艺制品厂"。脱贫攻坚工作启动后,一直把刺绣工艺的根扎在农村的制品厂,又成为屏边县绣娘扶贫车间。

企业销售慢慢走上了正轨,熟练工短缺成为瓶颈。陶琼莉想到了进村作免费培训。"先动员刺绣骨干，骨干赚到钱，那些想学刺绣的人自然会加入进来。"如今，陶琼莉的刺绣培训不再难组织，全县参加陶琼莉培训的绣娘已经超过 500 名，覆盖了所有乡镇。"最开心的是，越来越多完全不会刺绣的年轻人，也开始积极报名参加。"

2019 年，越来越红火的扶贫车间计划修缮厂房、购置设备。恰好，对口帮扶屏边县的上海市徐汇区扶贫干部上门调研扶贫工厂，拿出 30 万元资金扶持，给扶贫工厂发展又添了一把火。

虽是扶贫车间，可为了能带动更多建档立卡贫困户，陶琼莉并不要求工人天天进车间，厂里的贫困户大多在家刺绣。"留守妇女要照顾孩子照顾田，她们在家工作更方便。"陶琼莉厂里如今光建档立卡贫困户就超过 20 户，少的一年能赚五六千，多的一年破万。"我们厂一年付给绣娘的工资超过 18 万元，这些可都是绣娘们用农闲时间'绣出来'的收入！"

"做刺绣，能增收，更是一种文化的传承。"来刺绣的越来越多，甚至部分贫困户家里主要收入就是刺绣的工钱，陶琼莉不敢怠慢。

临沧市双江拉祜族佤族布朗族傣族自治县勐库镇白花树村的李沐返乡创业已经 9 个年头了。2013 年，带着对家乡茶园难以割舍的情结，刚毕业半年的李沐毅然辞去外人眼中光鲜的工作，选择回乡创业。

李沐出生于临沧市双江县勐库镇白花树村，从小他就对家乡漫山的茶园有着独特的感情。早在大学期间，他就曾萌生过回家创业的想法，并注册了自己的商标。2013 年，从云南师范大学文理学院毕业后，主修园林景观设计专业的他，曾进入过园林公司工作，但回乡创业的念头一直在李沐内心萌动，工作半年后，他毅然决定放弃外人眼中光鲜的职业，选择回乡发展茶产业。

"辛辛苦苦上完大学，又要回来当'茶农'。"起初，李沐的父母

四、幸福的日子

也对儿子的决定感到不解,在听完儿子的创业规划之后,当了一辈子茶农的父母,开始理解他的决定,并全力支持他的创业梦。

李沐的家乡勐库镇是一个拉祜族、佤族、布朗族、傣族等多民族共同生活的地区,也是云南乃至中国茶原料的核心产区。但由于当地交通和信息的闭塞,茶叶的加工、销售和物流体系不成熟,加之种植管理粗放、交通不便等原因,销路一直不好,也卖不上价。2014年,李沐回乡后,建立起了简易的茶叶初制所。

为了改变家乡的茶产业发展现状,李沐决定先从改变种植管理模式入手。他把自家的茶园当作"试验田",推行茶园生态化管理模式,开始逐步摒弃农药,用人工除草的方式来取代,逐渐带动周边村民实行生态化管理模式。

经过一年的悉心经营,家里的茶树长势良好。除了加工自家茶叶外,李沐还高于市场价收购了村民家里的茶叶,但近1吨茶叶加工出来以后,李沐开始为销路发愁了,眼看着10多万元的茶叶积压,李沐犹如热锅上的蚂蚁。为了寻找销路,他不得不四处奔走取经。

在多次外出学习调研与考察之后,他发现品牌化发展与销售模式的创新才是家乡茶叶的出路。2015年,他创立了"山阁里拉"茶叶品牌,并顺利申请到了同年的大学生创业贷款6万元。带着这笔钱,李沐开启了全国各地茶展的参展之路。

从最初不知如何推销茶叶,到与各地茶商不断签下大单,3年时间,李沐大大小小的茶展跑了60余个,逐渐打开了家乡古树茶的销路。拓展市场的同时,他还不断"充电",参加全国制茶师培训、农业农村职业经理人培训等,为家乡茶叶品牌化发展奠定基础。

2016年,李沐联合村里的返乡大学生、退伍军人创立了双江县勐库镇东西半山茶叶专业合作社,并担任合作社董事,社员辐射勐库镇大部分山头。实行鲜叶协议化(合同化)收购的社员最多时候达

300余户，涉及茶园面积达12000余亩。社员中包含建档立卡户、残疾户等10余户。

2019年，公司全新的现代化标准厂房投入建设，厂房面积从原来的100平方米扩大到了4000余平方米，彻底改变了原来茶山初制茶厂小、散、不规范的状况。同时完成2条生产线建设（晒青毛茶与云南白茶），毛料年产量可达100余吨。2019年获得了县上产业补助30万元，是当地"一县一业"标准化厂房建设的示范基地。

近年来，随着电商行业高速发展，李沐也将目光聚焦到电商平台，实行线上线下同步销售，并于2019年成立了临沧分公司——山阁里拉商贸公司，实行了产销一体化（基地+合作社+茶厂+销售公司）的经营模式。公司组建了5人的直播团队，通过直播带货，将古树茶销往全国。

这些年来，李沐带领村民进行茶园的生态化管理，将家乡茶叶推销至全国各地，带动当地拉祜群众增收致富的同时，也令万亩茶园重新焕发生机。

未来，他还有更远大的目标：希望借助乡村振兴的契机，建设以体验为主的精制茶车间、熟茶发酵车间，发展茶山民宿，助力乡村旅游，打造三产融合的新型农村企业。

骤雨初歇，乌蒙山脉云雾缭绕。菜农们在层层梯田间缓慢移动，手起刀落，一棵棵圆滚滚的大白菜便被收割在手。

蔬菜种植户雷英满载着一铲大白菜，小心翼翼地从田间移动到路边装车。他熟练地操控着方向盘，眼睛直勾勾地注视着挖机铲里的大白菜，生怕有一棵掉落，误了大自然对这一季辛勤的回赠。

回到几年前，曲靖市会泽县驾车乡大水村的雷英家庭贫困，他跟妻子常年在昆明的菜市场靠倒卖蔬菜勉强糊口，但两个孩子还在上

四、幸福的日子

学，一家人的日常开支很大，日子过得十分拮据。那时的雷英一直在想如何才能赚到更多的钱，给妻子和孩子一个更好的生活环境。

凭着几年在菜市场"混迹"的敏锐嗅觉，雷英意识到，随着经济社会的不断发展，人们对生活品质的要求越来越高，对绿色有机蔬菜的需求也越来越大。倒卖蔬菜做的是小买卖，既不能赚到更多的钱，也不能从源头管控蔬菜品质，何不自己回家种？

种植的资金从哪里来？种出来的菜有没有销路？市场价格如何？种植技术是否容易掌握？……雷英整整谋划了几个月，每提出的一个问题都要经过多方论证。确定可行之后，雷英决定抓住这个机遇，闯一次！

说干就干！雷英回到家乡后，立即从同村人手中流转200亩土地。考虑到自己创业成本及种植生态环境两个因素，雷英流转土地并未选择村中山平地阔的"坝子"，却反其道而行之，选择了距离主干公路较远的近山梯田。这样的选择，使每亩土地可以节省近300元的租金，且能保证蔬菜种植在依山傍水空气清新的"原生态"土地上，但也在无形中提高了运输成本。"总体来说，这算是利益最大化的选择了！"雷英非常坚信自己的选择。

土地有了，种什么呢？面对市场上五花八门的蔬菜品种，雷英一下子犯了难。综合气候的适宜性、技术要求及市场需求，雷英在创业初期作了个相对保守的选择，他决定用大白菜来"试水"。刚开始，因为技术欠缺，管理没有跟上，雷英种出来的菜卖相不好，口感也不好，第一茬菜亏了几万块。雷英并未气馁，他一股脑钻进菜园子，研究大白菜生长周期各环节可能遇到的病虫害，不断总结管理经验，推动绿色种植、规范生产。几茬之后，雷英的大白菜不仅卖相远超市场水准，口感也非常不错。然而，大白菜市场价格的直线下滑又给了雷英当头棒喝。前两年的种植，雷英基本上处于入不敷出的状态，有的时候亏损达十多万。

但雷英依然没有放弃，在不断总结经验之后，他除了种植大白菜外，又种植了在市场上备受消费者青睐的娃娃菜。几茬下来，雷英不仅扭转了前两年持续亏损的态势，还小赚了一笔。"我们这批菜是要出口到越南的，按照现在2元多一公斤的市场价格，每亩菜能赚五六千吧！"雷英说道。

做蔬菜种植，雷英不忘带动村民一起脱贫，共奔小康。这几年，雷英的种植专业合作社吸纳了65户贫困户，100多个贫困劳动力，300多个村民就业，人均年增收1.5万元。同时，探索出"党支部+合作社+贫困户"的"一企三金"致富模式。

一是土地流转得租金。雷英成立的英强种植专业合作社种植蔬菜200余亩、草莓100余亩，共盘活土地资源200余亩，每亩租金200—500元不等，初步形成了土地增效、产业增势、农户增收的共赢发展态势。二是就地务工挣薪金。合作社为老百姓提供家门口的就业机会和就业岗位，300多个村民实现了就地务工挣薪金。三是入户分红赚股金。英强种植专业合作社吸纳大水村集体资金60万元入股，每年按照不低于8%的比例为大水村分红，村集体再将分红得到的资金发到贫困户的手中。

"因为老伴带着残疾需要人照顾，我出不了远门打工，再加上年纪大了出去也找不到合适的岗位。跟雷老板打工就在自家村子门口，老伴能照顾到，一天能挣100块，还供一顿中午饭，确实比以前好很多啦！"正在装车的村民赵桂珍抬头说道。

在雷英的种植基地，一棵棵圆滚滚的大白菜和娃娃菜肥嫩诱人，它们尽情吸收着乌蒙山脉的阳光和雨露，奋力成长着。它们寄托了大水村老百姓脱贫、增收、致富的美好愿望，也将跨越万水千山，成为越南人民餐桌上的暖心美食。

近年来，云南省结合乡村振兴战略，积极开展返乡创业能力提升行动，加强返乡创业重点人群、贫困村创业致富带头人、农村电商人才等培训培育。截至2020年底，全省通过"贷免扶补"共扶持农村劳动力创业5.15万人，带动就业10.3万人，发放贷款76.03亿元。

人无业不立，无稳业不安。就业扶贫，从根本上斩断了贫困群众的穷根，让他们用勤劳双手改变现状，端牢端稳饭碗，获得感、幸福感和安全感不断增强，托起了属于自己的"稳稳的幸福"。

（六）山乡巨变展新颜，走上幸福小康路

在中国人的传统观念中，"家"的归属感无一不落在对住房、对美好人居环境的向往与期许中，有"房"才有"家"，住房是安居乐业的根本，也是最终的情感归宿地。

云南作为一个多民族边疆省份，自古以来就是众多民族繁衍生息之地，民族色彩多元，文化丰富，抓好抓实云南各地各族群众住房、人居环境等方面的共同发展，是携手云岭儿女安居筑梦共赴幸福小康的重要依托。

"十三五"以来，云南省把易地扶贫搬迁作为脱贫攻坚的"头号工程"，全力推进搬迁安置和后续扶持各项工作，确保搬迁群众搬得出、稳得住、能致富。

搬出土坯房、茅草房、危旧房，迁进宽敞明亮、安全牢固的新房；住有所居、住有优居，勤劳奋斗有了生活保障，群众的幸福日子"芝麻开花节节高"！

——搬进幸福新生活　心安处即是故乡

云南境内名山大川横亘交错，山高谷深、江河深切、地势险峻，

"一方水土养不起一方人"的问题尤为突出，独龙族、基诺族等11个"直过民族"和人口较少民族世代居住在大山深处和峡谷腹地，脱贫难度极大，实施易地扶贫搬迁比起全国很多地区来说，显得更为迫切。

"十三五"期间，云南省实施了99.6万建档立卡贫困人口的易地扶贫搬迁任务，易地扶贫搬迁真正成为云南"十三五"时期促进贫困人口减贫、地方投资增长，有序推进新型城镇化、人口市民化、生态环境治理的有效措施和途径。

2020年盛夏时节，昭通市鲁甸县卯家湾易地扶贫搬迁安置区阳光明媚、热闹祥和，一栋栋崭新的高楼拔地而起，一条条市政大道纵横交错，学校、医院、商超、集贸市场、文化广场等配套设施一应俱全，一座跨县易地扶贫搬迁新城在鲁甸县城北部崛起。

"美丽新家园，幸福卯家湾。"2019年前，这片小山坡还是成片的玉米地，经过17个月的不懈努力，一个功能完善、环境优美、宜居宜业的美丽新家园如期建成。在各级党委、政府和广大党员干部的帮助下，来自鲁甸、巧家、彝良、永善、盐津5个县的偏远山区群众8322户35585人搬出大山进入县城，开始幸福新生活。

"享共产党的福，搬进城来住上这么好的楼房。"眼瞅着搬进城的日子一天比一天好，卯家湾安置区和悦社区搬迁群众邹文昌脸上满是幸福的笑容。

60多岁的邹文昌来自鲁甸县梭山镇甘田村，老家山高坡陡、道路崎岖、土地贫瘠，他们一家五口挤在狭小破旧的土墙房里。2019年底，在各级干部的帮助下，邹文昌一家欢欢喜喜搬进卯家湾安置区，住进100多平方米的新家。

"党和政府不仅帮助我们建起新家，还给家人联系工厂落实工作，学校、医院、超市都在家门口，这种好日子打着灯笼都找不到。"邹

四、幸福的日子

文昌说。

为破解"一方水土养不活一方人"难题,卯家湾安置区坚持"建档立卡户与随迁户同步、住房建设与各类综合配套同步、人员安置与产业就业同步、硬件建设与建立完善社区管理机制同步"原则,在卯家湾选址一次性规划用地3.31平方公里,其中安置区占地面积3700亩,建设安置房66栋8866套,配套新建2所学校、4所幼儿园、1个卫生院、6个社区卫生室,承接来自鲁甸、巧家、彝良、永善、盐津5个县的搬迁群众。2020年3月31日,最后一批建档立卡贫困群众实现搬迁入住。

蓝天白云下,卯家湾安置区食用菌产业园的香菇大棚整齐排列成一片,棚内的格架上摆满了菌包,朵朵香菇破膜而出,长势喜人。正在摘香菇的搬迁群众李德东说:"2019年底搬到卯家湾后,我到食用菌产业园承包了2个香菇大棚,到现在已经采摘了1.7万多斤,毛收入有6.8万多元。"

为解决好搬迁群众的后续发展问题,鲁甸县借助东西部扶贫协作机遇,引进广东粤旺集团食用菌项目落地卯家湾安置区,发展特色产业带动搬迁群众增收致富。食用菌产业园负责人介绍:"我们规划建设了1000个标准化大棚和4.8万平方米分加工厂房,可帮助卯家湾安置区500户建档立卡贫困群众就近就业,间接带动2000余人就业增收。"

鲁甸县按照"短期靠就业、长期靠产业"的思路,分级建立劳务微信群,成立劳务输出协会,搭建互联网掌上"就业平台",建立"工作站+社区+楼栋长"的网格化就业服务机制,大力推动劳动力安全有序转移就业。同时,制订实施"两园两基地"产业规划,在卯家湾片区建设3000亩现代物流园和2200亩高原特色绿色食品加工园,打造万亩苹果基地、万亩蔬菜基地,带动群众增收致富。

此外，鲁甸县还配套建设了一个4万平方米标准化厂房的扶贫车间，加上安置区配套产业及周边企业可提供的6000个就业岗位，可实现搬迁群众户均一人就近就业。

"社区干部是亲人。"回想起社区工作人员对自己的关心和照顾，卯家湾安置区雨露社区69岁的独居老人明在翠热泪盈眶。

明在翠老人中年丧偶，两个儿子常年外出务工，搬到安置区后独自一人生活。根据安置区"红、黄、绿"分类管理精准服务机制要求，社区将其标注为"红色"家庭户纳入"日随访"管理，社区干部及楼栋长每天开展至少一次入户随访。

一天，明在翠老人肠炎发作，无人照料。入户随访的社区干部了解到情况后，及时把老人送到鲁甸县人民医院救治，并轮流值班帮助办理手续、照料一日三餐，直到老人在外务工的儿子赶回来。

为了让搬迁群众早日融入新环境、成为新市民，卯家湾安置区临时党工委在抓好产业就业支撑的同时，充分利用社区党群服务中心、新时代文明实践站等阵地，常态化开展政策理论、产业就业、人居环境、文明新风等10项文明实践主题活动，把"自强、诚信、感恩"融入易地扶贫搬迁工作全过程，从物质生活、思想认识、致富能力、适应新家园等方面进行全方位帮扶，不断增强搬迁群众的幸福感和安全感。

"小康路上跟党走，脱贫致富感党恩。"夕阳西下，安置区高楼外墙上的大型红色标语格外醒目。路对面的小广场上人头攒动，搬迁群众相聚在一起对唱山歌，"搬迁住进新房子，啊来来……""感谢党的好政策，啊来来……"深情的歌声唱响了搬迁后的幸福生活。

易地扶贫搬迁作为脱贫攻坚的"头号工程"和"标志性工程"，是解决"一方水土养不起一方人"地区贫困群众脱贫问题的根本途径。一户户贫困群众离开闭塞的大山搬入新的家园，易地扶贫搬迁给

四、幸福的日子

当地各族群众带来了新生活。

崭新的楼房整齐划一，独具民族特色的金色小楼在明媚的阳光下格外耀眼。在怒江傈僳族自治州贡山独龙族怒族自治县易地扶贫搬迁幸福新区安置点，整洁的道路、成排的新房、完备的生活设施，在蓝天白云的掩映下，构成了一幅自然和谐的美丽画卷。

在距离贡山县城30多公里的丙中洛镇双拉村毕比利一组，因易地扶贫搬迁，村民们告别了陈旧的木板房，住进了新房。走进双拉村毕比利一组，只见25幢独具特色、漂亮整齐的安置房伫立在山间，五星红旗在每家每户的屋顶高高飘扬。

40多岁的李福春就住在这里，在易地扶贫搬迁之前，他从未想过自己能住上如此"洋气"的新房。突然搬进大房子，除了必要的家具外，整个房子显得较为宽敞。李福春说，他很满意政府给他们盖的这个房子，孩子和老人都有了独立的房间。

"以前住在老房子里，都是厨房当客厅用，客厅当厨房用。"李福春最满意的是，二楼顶还有露台，可以晒晒核桃和羊肚菌。

回忆以前的生活，李福春一言难尽，一家5口人，平时妻子要在家照顾老人打理家务，只能靠自己打零工来补贴家用。"两个娃娃要开学了，张口要零用钱和路费，我愣是拿不出来。"这是2015年8月底的事情，可李福春依然记得当时的窘迫。当时因为工地老板不结账，所以只能去借钱，但借了好几家都没借到。那时候他就想，如果能有一份稳定的收入就好了……

庆幸的是，2016年12月底，李福春被选聘为生态护林员，有了一份稳定的收入，同时也住进了国家新建的安置房。偶尔还可以打打零工，家里的生活条件发生了翻天覆地的变化。

每逢开学及节假日，再也不用像以往那样四处借钱来解燃眉之急了。孩子从学校回来，随时可以杀只鸡补补身体，每年还能给孩子买上一些新衣服、新鞋子和学习用具。"我的母亲拿着低保，小孩上学也是免费的，医疗保险国家也帮我们买着，除了孩子的零用钱和路费，现在我家基本上用不到什么钱。"李福春感念道，感谢共产党，让他们过上了如此幸福的生活。

自从搬进新家，娜四哈脸上的笑容就没少过。"我很开心，很幸福！"2019 年，娜四哈作为第一批入住幸福新区的易地搬迁户，凭借着地域资源优势和勤劳的双手，成为这批搬迁户中最先富起来的人。

娜四哈 30 多岁，白手起家的她，一心想凭借自己的双手打造出一片属于自己和家人的小天地。

5 年前，娜四哈怀揣 1500 元钱，从交通闭塞的茨开镇撒孜木克村，来到贡山县城创业。因为没钱，她低价租了亲戚家的房子暂住，自己在农贸市场卖菜。

"直到我搬走，住到新家来，才补了一部分房租给我家亲戚。"娜四哈开朗地笑着，一点都没有不好意思，但感激是有的。她说那几年过得不太好，亲戚家的房子也是先给她住着，根本就没有收钱，不然她连卖菜的本钱都没有。

虽然赚得不多，但娜四哈看中县城的地理优势，想在这里买套房子。"穷怕了！"娜四哈说。家里有三个哥哥，她是最小的，因为穷，她很早就辍学了。但她从来没有放弃过，一心想着改变生活，所以才会选择到县城打工。

"就像做梦一样，我能在这里有一套房子。"2019 年，娜四哈一家三口高高兴兴地入住幸福新区。房子不大，60 平方米，两室一厅，正好够住。

在家中，娜四哈穿着傈僳族的服装，笑意盈盈地分享着自己的脱贫致富历程："城里就像一个信息交易中心，市场随时有变化，大家需要什么，我就做什么生意，以前太闭塞了。"

四、幸福的日子

娜四哈说，小时候住在山上，家里没钱买糖吃，父亲就养了两窝野蜂，于是她从小吃蜂蜜长大，练就了分辨蜂蜜真伪的技能。她笑说，没想到自己的"吃货本领"现在成了她脱贫致富之路的助力。

"有人买蜂蜜请我帮忙辨真伪，有了口碑，后来他们直接让我帮忙买，让我赚点差价。"于是，娜四哈和丈夫从老乡家里收购蜂蜜来卖。后来，根据客户的需求，开始卖羊肚菌、漆油等农产品。她性格开朗、热情，讲诚信，生意越来越好，越做越大。

"要不是政府给我们盖了房子，我哪有钱出来做小生意。"娜四哈说。本来打算攒钱在城里买房，谁知钱都还没怎么攒，党和政府就有易地搬迁的好政策，老家地处地质灾害隐患点，她家又是建档立卡户，正好符合搬迁条件，于是她才可以第一批入住幸福新区。

受益于易地扶贫搬迁政策，许多像娜四哈一样的贫困户得以改变命运，易地扶贫搬迁给他们带来的不仅是居住地和生活方式的改变，更重要的是帮他们圆了致富梦。

——人居环境提升　云岭山乡处处展新颜

乡村要发展，环境是底色。

党的十八大以来，云南省围绕美丽乡村建设，不断加强农村人居环境整治工作。2013年，云南省政府出台的《关于开展城乡人居环境提升行动的意见》，提出了"1年起步、3年见效、5年变样"的目标。2016年8月，省委、省政府制定了《云南省进一步提升城乡人居环境五年行动计划（2016—2020年)》，提出以村庄"七改三清"(改路、改房、改水、改电、改圈、改厕、改灶、清洁水源、清洁田园和清洁家园）为主要内容的环境整治。2018年5月27日，省委办公厅、省政府办公厅印发了《云南省农村人居环境整治三年行动实施方案（2018—2020年)》；2018年7月6日，省政府印发了《云南省"厕所革命"三年行动计划（2018—2020年）》。推进实施了一批重点工程、重大项目和重要行动，云南省农村整体面貌发生了很大变化，改善农村人居环境工作成效显著。

如今，走进云南的乡村，乡村绿化全面提升，污水治理逐步完善，村容村貌改善显著，生活垃圾清仓见底，厕所革命持续推进，生活习惯逐渐养成……

七彩云南，美丽乡村。生态宜居，心向往之。

在昭通市大关县上高桥乡龙堡村，有一条被鲜花点缀的乡间道路。从村委会至丫口村民小组蜿蜒的4公里，道路两旁全部种上了五颜六色的百日菊，放眼望去，各色鲜花姹紫嫣红，成为龙堡村一道亮丽的风景线。

为改善村庄环境、提升村庄"颜值"，2019年4月，龙堡村驻村扶贫工作队从驻村经费中拿出1万元，购买了150斤百日菊花种发放给村民们。同时带领大家投工投劳，在龙堡村主干道沿线及各家各户的房前屋后进行播种，平土地、撒花种、盖土壤，大家干劲十足，很快将花种播下并期盼着能早日开花。

2019年7月，百日菊花朵相继盛开。龙堡村道路两旁盛开了万紫千红的鲜花，家家户户都生活在鲜艳的花丛中，推开房门便能闻到微微的清香，看到蜜蜂、蝴蝶在花丛中嬉戏。"白色垃圾没有了，路边种上了花。"瓦厂沟村民小组村民杨艳说。

从垃圾遍地到被鲜花包围，这只是龙堡村人居环境整治的一个小片段。龙堡村党总支书记马关华说，龙堡村一位党员在俞家沟村民小组育了几万株二月花，免费给村里提供2000株，村组公路沿线全部种植。

一年多来，龙堡村充分利用宣传标语、"三讲三评"、入户走访等方式，调动广大群众参与环境卫生整治的积极性，从根本上治理环境"脏乱差"的现象,倡导讲文明、讲卫生、树新风的社会风尚,呼吁大家行动起来,共建美丽家园。同时,发挥好党员干部的模范带头作用、公益性岗位的职能作用,定期对龙堡村公路沿线进行清扫,维护公共区域卫生。针对收家理屋能力较差的农户,进行示范带动,让大家养成爱收勤理的好习惯。

"垃圾靠风刮,污水靠蒸发!"这曾是大部分农村"脏乱差"的真实写照。在人居环境提升工作中,龙堡村把垃圾治理作为重要任务,固定垃圾堆放点,安排专人负责每月清理,对随意倾倒垃圾的群众采取惩罚措施,鼓励群众养成到指定地点倾倒垃圾的习惯。

如今的龙堡村,已变成村美民富新时代的新农村。

在云南,不同的农村产业基础、交通基础等参差不齐,在推进农村人居环境整治工作中把好脉、抓好药,才能治好病。

德宏傣族景颇族自治州梁河县九保阿昌族乡横路村沙坡自然村是一个阿昌族聚居村寨,在改善农村人居环境中,横路村使出"绝招",有效解决了"发动难、整治难"两个难题,积极为村寨增"颜值"、添"气质",一幅"宜居昌寨"的美丽画卷正徐徐舒展开!

沙坡自然村全部是阿昌族村民,曾经,村寨内垃圾乱堆乱放、畜禽乱窜乱跑、粪便随地排放……"脏乱差"是沙坡村的代名词,也因此成为人居环境挂牌整治的难点村。

为啃下这块"硬骨头",横路村不断深化思想认识,明确工作任务,围绕"党旗飘起来、干群动起来、环境美起来"的工作思路,通过画格子、想法子、结对子、定日子等举措,由挂钩领导、驻村工作队员、村组干部、党员等带领群众掀起了人居环境整治的热潮。

实行"画格子"的办法,各司其职,分工合作,做到"统"有章法、"分"有活力。实行网格管理,落实"片区长+巷道+农户"的卫生包干制度，将全村分成5个卫生清洁区，每个区确定专门的片区长及巷道责任人落实环境卫生综合整治各项工作要求，并对区域内的农户进行宣传教育和指导督促，落实整改措施，努力达到人居环境整治Ⅰ类标准。

"由于没有垃圾箱和卫生厕所，群众都将垃圾倒到公路边、树林里，人畜粪污随意排放，垃圾靠风刮，污水靠蒸发，环境极其脏乱差。"针对村民反映的普遍问题，横路村积极想法子、争项目，不断完善相关基础设施建设。通过借助2016年阿昌族整乡推进整族帮扶项目，横路村建成了垃圾热解处理厂，并借此契机为沙坡村争取到垃圾箱3个、垃圾桶4个，有效解决了垃圾乱堆乱放的问题。

横路村一方面激发广大群众参与人居环境整治的主动性、创造性，一方面通过"结对子"的方式探索和尝试人居环境长效管护的有效机制。针对室内环境，采取"村民小组长＋党支部书记"结对帮扶的形式，每人挂钩20户农户，进行入户排查，掌握各户存在问题，引导村民勤洗、勤扫、勤擦、勤收拾，很多农户达到了"家庭院内干净、卧室干净、厨房干净、厕所干净、个人卫生干净和院内物品摆放规范"的标准。针对户外环境，由保洁员和党员负责，集中清理环境卫生难点区域，带领群众参与公共卫生清扫，既保证了"大家的事大家干"，又确保了啃不下来的环境顽疾"党员、保洁员干，干彻底"。

环境整治不是少数人的"独奏"，而是涉及千家万户的"合唱"。为充分发动群众，横路村采取"定日子"的方式，把每月的1日、11日、21日定为环境卫生整治日，全面进行卫生检查和整治行动。同时，专门成立沙坡卫生检查整治小组，每月1日进行一次检查和监督，每月对检查结果进行公示，曝光卫生"差评户"和不文明行为，年终评选出环境卫生最优的片区，用村集体经济进行奖励，激发群众主动参与的热情。

四、幸福的日子

此外，横路村还按照人居环境整治Ⅰ类标准，加大项目投入，动员群众出资出力，进行改厕、改厨、改卫、改圈等人居环境提升工程，开展"小手拉大手"爱护环境活动，制定完善村民公约，持续发力改善农村人居环境。

如今，走进沙坡村，干净整洁的乡村道路、收拾整齐的农家庭院映入眼帘，处处绿意盎然，一幅环境优美的农村画卷展现眼前。

自2018年实施农村人居环境整治3年行动以来，云南全省农村人居环境明显改善，长效管护机制基本形成。截至2020年5月底，全省129011个自然村中，已有105228个自然村达到农村人居环境Ⅰ类标准，占比为81.57%。

凤凰湖畔，白墙青瓦的村庄镶嵌在青山绿水中。村口的一片格桑花海里不少游客正在拍照，走进红河哈尼族彝族自治州开远市乐白道街道仁者村，整洁的村内环境，美丽的房屋外墙，雅致的小桥流水，村民在秀美村庄中幸福生活。

沿着青石板路向前，村丰小院里，品尝农家美食的游客大快朵颐，小院外，穿村而过的东沟从一旁流过。

"以前进村路都是泥巴路，村民们一步一个印，垃圾顺着东沟水在村里流，又臭又脏，村委会下定决心要改变村容村貌。"仁者村委会村务监督委员会主任阿永忠介绍，"第一步，村委会就进行了道路拓宽、硬化，改变大家对仁者村的第一印象。同时，村委会还实施了雨污分流配套、完善人饮管道等工程。"路好走了，水变清了，村民们也渐渐养成了打扫卫生、爱护村容的好习惯。"以前都是把自家的垃圾扫到外面就不管了，现在大家都自觉主动地打扫自家门外的卫生，地上一点垃圾都看不到了。"谈起村里的变化，阿永忠认为最大的变化是村民们的思想。

村民李勇华家门口，由乐白道街道办事处评选的"美丽庭院"的荣誉牌挂在最显眼的位置，家中庭院内的花草繁茂，木亭石桌成为一家人聊天最喜欢的地方。"大家都想赢得'美丽庭院'的荣誉，争着把自己家打造得越来越美丽。"阿永忠说道。

随着村庄变美，到仁者村的游客也越来越多。以水为笔，以地为纸，仁者村正在书写山湖美景、村美仁和的田园诗。

美丽环境是获得感，又是生产力。让天更蓝、地更绿、水更清，随着城乡环境越来越美，生态红利拓宽了群众致富路，绿色小康路上人们更加有奔头。未来，云南还将持续发力，担当作为，全力推进农村人居环境整治各项重点任务，把广大农村建设成"产业兴旺、生态宜居、乡风文明、治理有效、生活富裕"的美丽家园。

——文化赋能　为乡村振兴"铸魂"

2018年10月，西双版纳傣族自治州勐海县顺利通过国家第三方检查验收，成功摘下了"贫困帽"，曼吕驻村扶贫工作队从文化建设着手，以提升村民民族文化意识为宗旨，挖掘自身文化特色，并将自强、诚信、感恩等先进意识融入民族文化中。

作为文化的重要表现形式，文艺在文化建设中具有独特的优势，发挥着重要的作用。2018年10月底，曼吕村特别邀请了勐海县拉祜族学会来到曼吕村委会对9个拉祜族村各村文艺骨干进行文艺培训，教授拉祜族歌舞乐器。在老师的精心教授下，短短一天半的时间，参加培训的村民就学会了几首拉祜族著名迎宾曲、祝酒歌，对弹奏拉祜三弦琴、芦笙曲有了初步了解。

课堂上、舞场上，老师教得耐心，学员学得认真，从开始的羞涩及不敢开口，到后来可以分组比赛对唱，大家都融入了音乐带来的快乐中。

四、幸福的日子

"以前也知道拉祜族的一些民族歌曲,但都是只会唱几句,都不能唱全,这次老师不仅教了双语版的歌曲,还纠正了一些我们以前错误的唱法。"南温村小组文艺队队长娜拉说。

2017年澜沧一行,让曼吕村的拉祜同胞们看到传承发扬民族文化的意义,临别时热情地向澜沧同胞发出邀请,希望澜沧同胞能到曼吕欢聚。2018年11月6日,云南省拉祜族研究委员会班子成员带领老达保文艺队应邀到来。

"哈列加,哈列加,哈列哈嘎哈列加!"穿着本地传统拉祜服装的曼吕村村民带着满腔的喜悦和激动,早早就在入村路口等待,用曼吕醇香甘甜的纳卡茶,热烈欢迎远道而来的澜沧拉祜族同胞。

文化交流会上,云南省民族学会拉祜族研究委员会会长李忠瑞为村民们讲授了一堂有分量有内容的文化讲座。李扎拍副会长用通俗易懂的语言,生动形象地讲述了拉祜族发展历程,使村民对自己的民族历史及民族文化有了更进一步的认识。

在文艺联欢中,澜沧老达保文艺队、勐海拉祜族学会、曼吕村纳卡文艺队及民间文艺队用群众喜闻乐见的表演方式为大家带来了多种多样的拉祜族文艺表演,纳卡村民还为大家带来了富有特色的老式拉祜语对唱。在澜沧如天籁般的多声部合唱中,文艺联欢会接近尾声,在场的人手拉着手,伴着芦笙、三弦,围成圈跳起了著名的"三跺脚"舞,欢庆拉祜文化交流盛会。临别时,两地村民依依不舍,曼吕村村民唱着拉祜族著名的《实在舍不得》为远道而来的同胞送别。没有血缘的人们,相隔甚远的村寨,因为相同的语言而亲密联系在了一起。

文化无形,却在潜移默化中影响人民群众的内心。用先进文化占领乡村思想文化阵地、丰富群众文化生活是文化扶贫的重要任务。贫困群众在哪里,文化服务的触角就应该延伸到哪里。

仲夏时节的保山市龙陵县象达镇营坡社区朱家庄，绿树掩映，屋舍俨然，山水田园风光宜人，一道道气势雄伟的石牌坊，一座座雕刻精美的洗衣亭，一面面饱含深厚历史底蕴的文化墙，名人故居里满满的红色记忆，小桥村巷流淌着侨乡风情和文化气息，让人流连忘返。

近年来，象达镇营坡社区以"抓党建促脱贫"为主题，以加强基层党组织建设为主线，以红色历史文化为主轴，立足村庄、院落、农耕、民俗等文化，发扬革命优良传统，弘扬红色文化，用文化软实力凝聚正能量，力促全村巩固脱贫成果、助力乡村振兴。

营坡社区的"党建+文化"主要围绕"一个核心、一条文化墙、一条线路"来做，首先以朱家璧故居为中心，对原址重新进行修缮，对群众进行红色教育；其次沿着朱家庄农居道路，利用图画形式再现旧时生产、生活、抗战等历史，全面彰显地域特色文化；最后通过重点修复，打造一条"朱家庄—侨乡文化广场—晓东中学"的红色路线，以此追忆历史、激励后人。

"象达姑娘龙陵雨，芒市谷子遮放米。"勤劳胆大，率先闯市场的象达姑娘成为勤劳、善良、能干的代名词。据了解，象达是保山市历史文化名乡，也是滇西著名的侨乡，有侨务工作对象2.8万余人，占总人口的77%，其中归侨、侨眷7095人，华侨、华人2.1万余人。为搭好"侨台"，打好"侨牌"，象达镇积极规划建设侨乡特色小镇，以"美丽乡村"建设和传统村落保护为契机，积极争取项目资金，加快基础设施建设，为发展乡村大众旅游打牢基础。

文化是旅游的灵魂，旅游是文化的载体。从"卖农产品"到"卖文化"，这正是象达镇营坡社区"文旅扬村"和"文化扶贫"的一大亮点。据了解，镇、村两级把培植产业和培养人才相结合，发挥乡土文化能人在手工技艺培训、文化遗产保护等方面的作用，为油纸伞制作、竹器编织、八仙桌雕刻、铁艺加工等申请专利、塑造

四、幸福的日子

品牌，并与新兴媒体相结合，加大宣传力度，不断提高象达文化产业知名度。

营坡社区南海寨自然村历史悠久、文化积淀较深，已于2017年列入第四批中国传统村落名录，闻名遐迩的象达人面竹油纸伞就出自该村。沿着曲折的小村巷，走进南海寨王立魁家，只见老人儿媳杨翠丽正在制作油纸伞，院子里摆放着一把把亮丽多姿的油纸伞成品。70多岁的王立魁是象达油纸伞省级非遗传承人，虽年岁过大不亲自制伞，但还悉心指导儿子王亮毕两口子制作人面竹油纸伞。

"我老公主要负责刀工和配件制作，我主要负责组装和绘制图案，我们夫妻二人每年制作人面竹油纸伞600多把，差不多有7.2万元的收入，今年因为疫情影响，我们多半通过微信、电话预订和快递寄送的方式，销路也还是可以的。"杨翠丽一边为油纸伞伞骨穿花线一边说。

文化扶贫不仅带来了经济效益，更带来了源源不断的社会效益。营坡社区大力发展文化旅游业之余，还开展丰富的乡村文化活动，广泛利用村级综合文化服务中心、新时代文明实践站点开展文艺演出、节日民俗、农民阅读等健康有益活动，积极宣传党的扶贫惠民政策，凝聚党心民心、淳化民风，增强贫困群众脱贫致富内生动力，以"精神脱贫"引领"物质脱贫"。

非物质文化遗产是历史的真实见证和延续，是一个民族的根和魂。非物质文化遗产绝大多数在民间、在乡村，有的甚至是在老百姓家里、在某一个人身上的展现。各地借助实施乡村振兴战略的大好机遇，注重挖掘和扶持具有地域特色、乡土味道的非遗项目，进行生产性保护和产业化发展，用非遗文化、非遗产业带动群众脱贫奔小康，让非物质文化遗产在乡村振兴中绽放异彩。

流传于迪庆藏族自治州维西县叶枝镇的同乐、新洛一带的"阿尺木刮"歌舞是云南少数民族非物质文化遗产。"阿尺木刮"的特点是不用乐器，自始至终踏歌起舞，乐歌以领唱和伴唱合成，每一乐曲开头，都有一个无唱词内容的起音，其音颤抖悠扬，宛如旷野里山羊的悠悠长鸣。随着文旅融合发展，"非遗＋旅游"让越来越多的游客感受到了维西非遗文化"阿尺木刮"的魅力，这也为当地群众在脱贫奔小康的致富路上带来了更多的发展契机。

2020年10月21日，维西县非物质文化遗产保护业务知识培训班开课。云南省非遗保护中心胡荣海等专家和维西县国家级、省级、州级非物质文化遗产传承人以及各乡镇文化站负责人参加培训。在培训现场，云南省民族团结进步示范户、藏族传统古典热巴舞传承人黄照清听得很认真。

迪庆藏族自治州维西县叶枝镇"阿尺木刮"歌舞

四、幸福的日子

　　黄照清家住塔城镇塔城村阴都弯村民小组，他们一家由藏族、纳西族、汉族等5种民族组成。这些年，黄照清老人亲眼见证了发展民族民俗文化给塔城乡村旅游业带来的好处。他说："近年来，我们塔城乡村旅游业蓬勃发展，加快了塔城镇各族群众脱贫致富步伐，促进了民族团结进步。文化是我们塔城乡村旅游业发展之魂，作为非物质文化遗产传承人，我有责任、有义务把热巴舞保护好、传承好，促进文化维西建设，让更多的群众吃上'旅游饭'。"

　　黄照清的话引起大家的强烈共鸣。打响精准脱贫攻坚战以来，尤其是近年来，维西县高度重视非物质文化遗产的保护与传承工作，让非物质文化遗产"活起来"：文化资源变成资本，资本转化成为旅游文化产业。

　　截至2020年10月，维西县建成阿尺木刮、热巴、瓦器器三个国家级非物质文化传习所，走出一条"非遗+旅游+精准扶贫"之路，建立"非遗作坊"，以非遗传人一户带动多户的方式，引导建档立卡户、非建档立卡户及各级工艺类传承人进行非遗文化的传承，并给予一定的经费补助和奖励。

　　如今，维西非遗手艺"活起来"了。同乐村建档立卡户余念芝在非遗传承人的帮带下加入了傈缘同乐文化专业合作社。2019年，她们家卖傈僳族手工艺品收入8000多元，加上其他经济收入，她们家摘掉了贫困帽。

　　余念芝说："我只管在老师的指导下生产手工艺品，销售由合作社帮忙。现在，我的技术提高了不少，手工艺产品的质量也上去了，收入也增加了。"

　　打好非遗这张牌，对于这些学习非遗手艺的建档立卡贫困户脱贫增收很关键。维西县文化和旅游局副局长李娜在主持开班仪式上说："文化兴则旅游兴，旅游兴则群众富。我们要认真实施文化维西战略，当好新时代民族民间文化遗产的保护人、传承人，努力实现民族文化传承和旅游业发展双推进双赢，带动更多的群众脱贫致富奔小康。"

心安即稳，致富即乐。尤其是对于云南全省2832个安置区内的99.6万易地搬迁脱贫群众而言，有了这些强劲有力又细致入微的保障措施，大家伙儿便能撸起袖子、甩开膀子、迈开步子，共同书写好"后半篇文章"，一起向着更富裕、更幸福的生活继续奋斗！

（七）移风易俗入民心，时代新风扑面来

"物质文明建设和精神文明建设是贫困地区脱贫致富过程的两个方面。两者相互关联，相互协调，相互促进。"30年前出版的《摆脱贫困》一书中这样写道。天价彩礼、薄养厚葬、愚昧迷信等陋习，一度困扰着云南农村贫困地区。

习近平总书记指出："要大力弘扬时代新风，加强思想道德建设，深入实施公民道德建设工程，加强和改进思想政治工作，推进新时代文明实践中心建设，不断提升人民思想觉悟、道德水准、文明素养和全社会文明程度。"

移风易俗不是喊喊口号、做做样子，而是需要实实在在的行动、真真切切的方法。于是，一张张更新版的《村规民约》贴在了公告栏里，"面子"文化也被用来倒逼村民主动脱贫……

——"约"出新风尚 "会"出新活力

近年来，云南大力开展弘扬时代新风推进移风易俗活动，破除大操大办、厚葬薄养、人情攀比等一系列不良风气，让更好的精神注入

乡村，改变农村千百年来形成的一些不良生活习惯和落后观念。

一天之内，参加婚宴、周岁宴、乔迁宴等大大小小的宴席13场，送礼金超千元。回忆起2016年前的经历，红河哈尼族彝族自治州泸西县金马镇新坝村村民钱乔英感慨万分："短短两年就发生了翻天覆地的变化，村里的宴席少了一大半，大家的负担小多了。"

钱乔英所说的变化，是很多新坝村村民对革除陋习实实在在的感受。

由于村大人多、人心不齐，新坝村一直是远近闻名的难点村、问题村。2016年6月，新组建的新坝村委会班子成员通过走访调研，向村民征求意见建议5000余条。调查结果显示，近年来，新坝村经济社会发展了，但群众的生活习惯、生活品质、文明素养却没有得到相应提升。"四堆"（土堆、粪堆、草堆、沙石堆）、"三乱"（垃圾乱倒、污水乱流、房屋乱建）、"三占"（占沟、占路、占林地），以及脏、乱、差、堵是反映最强烈的难点问题，制约着全村健康持续发展。

移风易俗，刻不容缓。

找准症结所在，就要对症下药。经过分析研究，村"两委"决定从占沟占道这个最难啃的"硬骨头"入手，解决多年形成的"顽疾"。由于前期宣传动员到位及拆除工作公开透明、公平公正，在村干部的带动示范下，不少村民从观望、抵触到自愿参加。最终，2000多名村民7天就清除占道建筑1047处，清通排水沟2600米、河道2000米，拆除桥梁35座，圆满完成了既定目标。随后，新坝村按照整治方案，接连开展清理"四堆"、整治河道沟渠、清洁田园专项活动及林地清理整治等工作。

"以前，屋顶的灯罩里停满了苍蝇，光线都被挡住了，打坏的苍蝇拍也有几十个。自从村子统一设置了垃圾箱、垃圾站并建成垃圾处理厂，苍蝇也少多了。"村民郭惠萍说，"大家不仅不再往山上倒垃圾，还参加义务植树活动，让多年不长树木的山披上'绿装'。"

走在平整的新坝村主干道上，只见街面洁净，家家户户门前屋后花红柳绿，过去堆放"四堆"的空地也变成了绿地。

"很难想象两年前这条河两岸还全是垃圾。"在村史馆，钱乔英指着墙上一张风景如画的照片说。随着环境变好，大家还常常自豪地在微信朋友圈"晒"村里的美景。

"以前，一天参加13场宴席的经历虽不常有，但婚丧娶嫁办席盲目攀比、大操大办却十分普遍。"谈到从前，64岁的村民张玉学摇头叹息。在新坝村，一场丧事程序复杂，短则几天，长则十几天。办丧事的人家每天要负责准备前来帮忙的几十个村民的伙食，经济负担沉重。同时，出殡日理直气壮堵主干道，还要在新坝中心完小门前的街心广场一次燃放数十箱鞭炮，严重破坏环境，干扰其他村民的正常生产生活。

"2006年，家里的三位老人接连过世，我们总共贷款7万元办丧事，还影响了两个孩子上学。"一旁的钱乔英插话说，"这些在当时可以建3间房子的钱，我家用了10年才还清。"

"革除陈规陋习好是好，但要短时间彻底改变这些长期形成的习惯，恐怕不容易。"张玉学说，"我父亲去世时，遵循厚养薄葬理念的我从俭办理了丧事，还遭到了其他村民的非议，有人认为我太小气。"

如何保证问题不反弹，让村规民约和管理上的硬约束转化为群众的自觉行动？新坝村党总支书记张自华说："从推动社会主义核心价值观入心入脑上下功夫，以宣传教育转观念，以建章立制管长效。"

新坝村利用村组干部工作会议、村民代表会宣传提升农村人居环境、革除陈规陋习、树立文明新风的重要意义；在街道、入村路口悬挂农村环境综合治理宣传标语、张贴警示标语。同时，印制村规民约

四、幸福的日子

发放到各家各户，并采取"小手牵大手"的办法，将村规民约列为小学生教学内容，在每天早上上课之前，由任课教师向学生讲15分钟的村规民约课程，然后通过学生回家向家长宣传，让群众熟知村规民约内容。通过一系列的综合施策，村民素质在潜移默化的教育和环境氛围的熏陶中得到提升，全村群众思想观念和落后意识有了较大改观，陋习逐步被摒弃，为形成文明新风尚创造了条件。

新坝村"两委"结合实际，制定《新坝村环境卫生综合整治实施方案》《新坝村门前"五包"责任制》，在泸西县文明办指导下完善村规民约等管理办法和制度。此外，还建立了"总支牵头、村委会负责、村组干部包组、网格长包片、农户包段、评先选优"的党群共建划片制，实现了农村环境卫生责任区域的"无缝化"管理。

新坝村从"问题村"蜕变成为"先进村"，是泸西县推动移风易俗、树立时代新风的缩影。通过开展包括营造一个全民参与的良好舆论氛围、搭建一个群众展示自我的舞台、开展一场环境卫生整治行动、打造一个抑恶扬善平台载体、建立一套移风易俗自治管理机制、夯实一个群众精神文明阵地、创建一个"一村一品"工作品牌在内的"七个一"主题活动，文明之花在泸西县各个乡镇村寨悄然绽放。村民逐渐告别过去，迎来新生活。

1月底的云南大理，天气转凉，农事渐少，客事增多。

在大理白族自治州巍山彝族回族自治县南诏镇新村村委会大院，新村党总支部书记何成林正在忙："搁以前，我这一星期得有两三天考虑去哪家做客吃饭。"

曾经，大理州的"客事"已从单纯的人情变成赤裸裸的"人情债"。"人情"少则一两百，多则一两千。请客的，你家八大碗，我家就上十六个菜。村民深受其害，又无可奈何。

"在不少村，客事成了脱贫最大的敌人。"南诏镇纪委书记陈树坤说。为此，南诏镇出台建议性规定：除婚事、丧事、长寿客外，满月、周岁、升学、应征入伍、老人生日、竖大门、乔迁、开业等原则上仅限于近亲属参加，禁止以任何方式变相请客收礼。简化办客方式，婚事客、长寿客不得超过50桌（每桌10人计），丧事客应尽量从简。正席不超过10个菜，荤素各半，不招待高档烟酒饮料。

巍山县马鞍山乡红旗村委会芝麻坎村易地搬迁点新居落成后，40户易地搬迁户入住新居。村小组长罗朝元算了笔账：要是村里每户办一次，每户需要两天，40户村民就有80天在办客事。两个多月都是在请客帮忙，怎么做活计？就算每户都按照最少的礼金50元来算，每家都得送出去2000块。

芝麻坎村建档立卡贫困户闭永华说："不办搬家客不仅省了2000元礼金，关键不用再担心别人请自家不请被人看不起。"

象图乡位于剑川县西南部，象图村党总支部和老年协会牵头，在全村范围内掀起了简办客事、杜绝浪费、勤俭节约、共同脱贫致富奔小康的倡议，积极引导群众主动参与讨论和制定村规民约和客事简办规定，大力提倡在客事办理过程中，移风易俗，不再收、送火腿。通过这一办法，在号召广大群众简办客事的同时，可以大大降低全村广大群众"杀年猪"的数量，进而增加全村生猪出栏走向市场销售的数量，对减轻群众负担、增强自我发展能力、增加经济收入、加快脱贫步伐的作用不言而喻。

移风易俗客事简办，从少杀一头猪、多卖两只羊做起，不仅有利于减轻广大群众的经济负担和精神负担，而且也有利于在广大农村营造出风清气正的社会环境和培育社会主义文明新风尚，让群众们在美丽乡村建设和脱贫致富的道路上越走越宽广。

四、幸福的日子

——实干催生文明花　发展铺就小康路

"精神贫困"是脱贫攻坚路上难过的坎、难爬的坡。跨越发展的壮丽征程，本身就蕴含着"精神力"的塑造和比拼。打好脱贫攻坚战，首先要攻克"懒汉思想"，从思想根源上斩断"穷根"，既扶志也扶智，让广大贫困群众生活得更有质量、更有尊严，不断提振精气神。云南省引导贫困村树立良好新风，建立符合脱贫需求的乡规民约，让贫困户"富脑袋"。广大人民群众发扬滴水穿石般的韧劲和默默奉献的艰苦实干精神，进行长期不懈的努力，从而从根本上改变贫困、落后的面貌。

破解"懒汉"问题，要让"懒汉"红脸出汗。2018年以来，普洱市西盟佤族自治县力所拉祜族乡设立了"红黑榜"，"红榜"赞扬文明美德，"黑榜"鞭策反面典型，不断强化榜样引导力量，创新道德惩戒模式，以舆论压力促进乡风文明的培养，推进移风易俗乡风文明，有效提升广大农村群众文明素质。

近年来，随着脱贫攻坚工作不断深入和推进，村民们都住上了安居房，水泥路村村通，过上了好日子。然而，不良风气依然存在，公序良俗受到破坏，少数村民存在好吃懒做、自私自利等现象，严重破坏了乡风民俗，阻碍了拉祜人民脱贫奔小康的前行步伐。

力所乡党委、政府经过分析研判后，决定用乡风文明"红黑榜"的形式来激发群众内生动力，最早在南亢村富倮村民小组开展起来。

富倮村有48户164人，其中建档立卡户29户109人，均为拉祜族，民族团结，民风淳朴，但也不乏一些陈规陋习。近年来，富倮村率先开展乡风文明"红黑榜"评议活动，持续推进乡风文明建设。由市委宣传部牵头，修改完善村规民约，制定了《富倮村民自治巡查制度》，并制作《南亢村富倮组乡村文明"红黑榜"》，实行一季度一评议，通过脱贫工作委员会入户检查达到红榜的要求，再召开群众会议进行表决最后决定上榜。

"红黑榜"内容包括对劳动光荣、勤俭节约、孝老爱亲、环境优美的正面事例进行宣传弘扬,对环境"脏乱差"、酗酒、赌博、懒汉等不文明行为进行曝光。

这种一目了然的方式,在广大农村群众中引起强烈反响,文明行为得到倡导和弘扬,反面典型得到鞭策和改正,一举扭转了富倮村的不良风气。南亢驻村扶贫工作队队长罗嫣介绍:"到南亢村驻村扶贫以来,最初经常看到村民家中散乱,还爱聚在一起喝酒,不会维护自家环境卫生,村委会还不时会收到村民因喝酒闹事的上访。后面通过乡风文明'红黑榜'的实施,要把好吃懒做、酗酒闹事上黑榜后,一种比、学、赶、超的良好社会氛围逐渐形成,大家处处争当模范先进,争着上红榜。"

走进富倮村,呈现在眼前的不再是脏乱差,而是干净整洁的道路、花果飘香的绿化和村民们幸福的笑容。村民娜发说:"在看到我家上个季度上了'黑榜'名单后,我真是感到羞愧。我去看了上'红榜'的家庭,他们家的卫生真的很干净,我也开始打扫自己的家。后来我也上了'红榜',我感到很自豪。"

在富倮村取得实效后,乡风文明"红黑榜"润物细无声,一种无形的力量向越来越多的村组延伸。这股文明之风吹到了最难治理的力所村阿佤来村民小组。

阿佤来村由4个村民小组组成,各组村民交叉居住,共有205户711人,其中建档立卡户125户430人。一直以来,阿佤来村的环境卫生整体情况不容乐观,乡村治理迫在眉睫。针对阿佤来村人居环境卫生的现状,乡党委、政府联合力所村"两委"、驻村工作队、党支部及脱贫工作委员会开展"五个一行动"推进阿佤来村的人居环境卫生整治。"五个一行动"即成立一个片区组、开展每周一次清扫、建一个垃圾堆放池、新建立一个"红黑榜"、组织一次取经学习,文明乡约,改变陋习。

通过多方面的综合治理,阿佤来村对比前期的环境卫生,取得了良好的整治效果。

阿佤来片区大组长岩科说:"乡风文明'红黑榜'对村民产生的作用十分明显,他们会觉得上'红榜'的人是大家公认的榜样,而上'黑榜'的人通过对比会认识到自己的错误并逐步改正,这样长期坚持的话,陋习也会慢慢减少。"

通过"红黑榜"的实施,村民从自发接受变为主动追求,从而形成一种全新的《村规民约》,让移风易俗施行起来更接地气、更得民心。

为让贫困群众"心热起来、行动起来",云南省还积极推行爱心超市、"三讲三评"、小喇叭工程等创新做法,引导干部群众比学赶超,有效激发贫困群众脱贫攻坚的内生动力。

"我承包的这一段路,随时都会去逛逛看看,发现有垃圾就会赶紧清扫,已经形成一种习惯了。我就是想让大家知道,别人能做到的,我这个贫困户也可以做到。"保山市腾冲市曲石镇江南社区的建档立卡贫困户钏茂奇说。

2019年以来,江南社区建起了爱心脱贫超市,建档立卡贫困户可以通过参加"三讲三评",保持院落卫生和良好生活习惯,主动宣讲脱贫政策、投身扶贫产业、参加公益劳动、参与扶贫工作等获得相应积分,每积1分抵现金1元,到爱心脱贫超市里兑换生活用品,每户每年积分上限500分。

钏茂奇过去有"等靠要"思想。爱心脱贫超市建立之后,他对"以积分兑换商品"的方式非常感兴趣,他希望在政府的帮助和支持下通过自己的双手收获美好生活。抱着试一试的态度,他主动承包了一段村内道路的清扫工作,结合其他日常表现,钏茂奇当月获得积分52分,当天就到社区的爱心脱贫超市兑换了盐、味精、酱油、肥皂、镰刀等物品。其他建档立卡贫困户看到后,也纷纷参与进来。目前,江南社区的181户建档立卡贫困户都主动分段承包了村内道路的清扫,积极参与村上开展的公益活动和扶贫政策宣传。

"自从村里有了爱心脱贫超市,对建档立卡贫困户的带动非常明显。现在,我们村整村环境变干净了,家居环境变整洁了,邻里变得和睦了,产业带动也很明显,社会风气不断向好。"曲石镇江南社区党总支部书记赵兴健高兴地说。

据悉,江南社区村"两委"和驻村工作队结合实际修改完善了爱心脱贫超市积分兑换管理办法等规章制度,创新农村党员积分制管理运行模式,党员分片对建档立卡贫困户进行挂包监督,在建档立卡贫困户获得积分的同时党员也获得积分,并将党员积分情况作为年终考核和评先评优的依据,进一步提升基层党组织的战斗堡垒作用。

这样的改变不仅发生在江南社区,在腾冲市建有爱心脱贫超市的其他村(社区)也是如此。每到集中兑换物品的日子,各村(社区)的爱心脱贫超市门口就排着长长的队伍,前来兑换物品的群众络绎不绝。

家住五合乡象山社区的建档立卡贫困户尹安荣用50分积分券兑换了面条和香油等生活用品,他笑呵呵地跟工作人员说:"党和政府的扶贫政策真是好,我们自己干活、发展产业还给积分,现在我们私下还会较劲儿比比积分,害怕自己干得少了,攒的积分少,兑换不到更好的东西。"

腾冲市爱心脱贫超市有效激发了贫困群众的内生动力,从单纯的"输血"转变到既"输血"又"造血",加快了脱贫步伐,呈现出一

四、幸福的日子

股"勤劳改变生活，积分改变习惯"的新风尚。

当你从香格里拉市虎跳峡镇向西北一路上山来到海拔2800米的金星村士碑子村后，你就会被这个傈僳族小山村的巨变所震撼！水泥路修进村，家家户户住上美丽宜居新楼房；群众的日子一天比一天红火，地里种出"金疙瘩"，文明新风吹进村……精准扶贫让迪庆高原上这个小山村旧貌换新颜，人人安居乐业。脱贫致富的小康路上，士碑子村完成了从"贫困村"到"幸福村"、从"三无村"到"三有村"、从"问题村"到"文明村"的嬗变。

在几年前，说起士碑子村民小组，很多人会摇头，说那里是一个"三多"、"三无"的村落，意思是"喝酒的人多、贫困的人多、不识字的人多"、"无公务员、无大学生、无外出务工的"。

以前"农忙大忙、农闲大闲"，这是该村民小组群众的真实写照，村子忙完农活后，大家没事经常聚在一起喝酒晒太阳，谁也不愿意外出务工。

"脱贫不脱贫，关键看老乡"，为了激发广大群众的内生动力，士碑子村民小组不断转变群众顽固落后的思想观念，群众从"要我脱贫"转变为"我要脱贫"。

针对士碑子村民小组的实际，镇党委、政府对有外出就业意愿且有外出务工条件的贫困劳动力，加大推荐就业岗位力度，对有就业意愿且有培训需求的劳动力进行培训，落实就业扶贫政策，鼓励外出务工就业，实现转移就业，增加农户收入。对从事农业生产且有培训需求的劳动力，开展种养殖劳动技能培训，促进产业增收。对"无法离乡、无业可扶、无力脱贫"且有就业意愿的贫困劳动力，申报保洁、生态护林员等扶贫公益岗位，促进就近就业，共安置生态护林员14人、保洁员4人，确保了群众通过自己的努力实现增收致富。

如今,在镇党委、政府的积极引导下,村里吹起了一股文明新风,走村串户,村里没有见到一个闲人,大家都在为脱贫致富忙碌奔波。

"脱贫摘帽不是终点,而是新生活、新奋斗的起点。"全面小康,不仅是物质上的丰裕,更是精神上的富足,破除农村陋习,斩断精神"穷根",让美丽乡村不只有"面子"的光鲜,更有"里子"的温润。老百姓告别"精神贫穷",摆脱乡村陋习的困扰,美好的生活正迎面走来。

小康是老百姓的幸福安康,是贫困群众脱了贫之后的"更好的日子"。脱贫攻坚的汗水与泪水,正是全面小康路上的筚路蓝缕;铺就的"扶贫+扶智+扶志"之路,正是乡村振兴路上,脱贫群众通往书写中国梦云南篇章的康庄大道。

站在这个新起点,我们当以更加无畏的勇气、更加务实的作风、更加坚定的底气,撸起袖子、甩开膀子、迈开步子,共同书写好"后半篇文章",一起向着更富裕、更幸福的生活继续奋斗,绘就更足更亮的云岭大地小康社会底色。

后 记

"纪录小康工程"是党中央交给宣传思想战线的一项重大政治任务，出版丛书是"纪录小康工程"的重要组成部分。

《全面建成小康社会云南变迁志》作为省级丛书之一，由中共云南省委宣传部统筹，云南日报报业集团、云南出版集团有限责任公司共同编撰出版。

本书编撰工作，由中共云南省委常委、宣传部部长曾艳同志任组长的"纪录小康工程"丛书领导小组领导指导；中共云南省委宣传部副部长、云南省人民政府新闻办公室主任彭斌，省委宣传部一级巡视员杨安兴牵头负责；云南日报报业集团党委书记、社长何祖坤，云南日报报业集团总编辑田静分工组织；云南日报报业集团副总编辑王雪飞，省委宣传部新闻处处长张莹、新闻处二级调研员王松具体负责。

《全面建成小康社会云南变迁志》大纲拟定和全书统稿工作由胡晓蓉同志负责，胡晓蓉、王丹、翟芯冉、王茜婷等同志参与编撰。

"坚决打赢脱贫攻坚战，确保全面小康路上一个贫困地区都不掉队、一个兄弟民族都不落伍、一个贫困群众都不落下，与全国同步全面建成小康社会。"这是云南省委、省政府向中央立下的"军令状"、向全省人民作出的庄严承诺。云南以贫困不除、愧对历史的使命感，以群众不富、寝食难安的责任感，坚决兑现脱贫攻坚庄严承诺。云南各族人民拧成一股绳，跑出加速度，推动大变化。"直过民族"一步越千年，百万群众出穷山，人民群众获得感、幸福感普遍提升。云南的变迁，深刻诠释了共同富裕的社会主义本质要求。

本书参考使用了省委、省政府有关文件、有关部门总结、有关专家著作和权威主流媒体报道，因该书通俗性可读性要求，不能做注释标明，特此说明并深表谢意。

殷筱钊、柳文娟、王成、朱海涛、高婧婕、连惠玲、刘蕊等同志做了大量的工作，为本书的出版提供了保障。云南人民出版社解彩群同志对本书进行了编辑加工整理。

本书图片由罗金合、赵家琦、柴峻峰、张彤、李建国、张四伟、陈飞、李秋明、李晓超、胡超、苏金泉、贾翔、杨峥、代保忠、高伟、崔永江、徐雁、林海等同志，以及云南日报报业集团、怒江州扶贫办、华坪县融媒体中心等单位提供。

在此谨对所有给予本书帮助支持的单位和同志表示衷心感谢。

本书编写时间较紧，不足之处，敬请批评指正。

本书编写组

2022 年 6 月